本研究得到了
北京东宇全球化人才发展基金会的支持

CCG | 全球化智库

大潮澎湃

中国企业"出海"40年

王辉耀 苗绿 ○ 著

RISING TIDE
40 YEARS OF CHINESE
ENTERPRISES "GOING GLOBAL"

中国社会科学出版社

图书在版编目（CIP）数据

大潮澎湃：中国企业"出海"40年 / 王辉耀，苗绿著. — 北京：中国社会科学出版社，2018.12
ISBN 978 - 7 - 5203 - 3690 - 1

Ⅰ.①大… Ⅱ.①王… ②苗… Ⅲ.①改革开放－关系－企业发展－研究－中国 Ⅳ.①D619②F279.23

中国版本图书馆CIP数据核字（2018）第267640号

出 版 人	赵剑英
责任编辑	黄　山
责任校对	张文池
责任印制	李寡寡

出　　版	中国社会科学出版社
社　　址	北京鼓楼西大街甲 158 号
邮　　编	100720
网　　址	http://www.csspw.cn
发 行 部	010－84083685
门 市 部	010－84029450
经　　销	新华书店及其他书店
印刷装订	环球东方（北京）印务有限公司
版　　次	2018 年 12 月第 1 版
印　　次	2018 年 12 月第 1 次印刷
开　　本	710×1000 1/16
印　　张	19
字　　数	280 千字
定　　价	58.00 元

凡购买中国社会科学出版社图书，如有质量问题请与本社营销中心联系调换
电话：010－84083683
版权所有　侵权必究

序

时值中国改革开放 40 周年。

40 年间,中国由封闭走向开放,从保守趋于革新,从单一渐变多元;中华民族从经济一度濒于崩溃的边缘到今天屹立于世界之巅。2010 年,中国 GDP 超越日本,成为世界第二大经济体。2013 年,中国货物贸易进出口总额达到 4.16 万亿美元,跃居全球第一。2015 年,中国对外直接投资(ODI)首次超过中国实际使用外资(FDI),中国成为双向直接投资项下的资本净输出国。40 年,中国企业从青涩蜕变为成熟,从蜗居国内到闪耀于世界舞台的中间。2018 年,世界 500 强企业中,中国企业总数达到 120 家,与位居第一位的美国仅有 6 家的距离。40 年,在历史长河中虽不过弹指一瞬间,却足以书写一个国家的沧桑巨变。

20 世纪 80 年代,笔者就职于原外经贸部,负责中国企业"走出去"方面的工作。当时,我曾撰写了一份关于中国企业在海外开展承包工程和劳务合作的建议,得到胡耀邦同志的亲笔批示。三十多年来,我一直关注和研究中国企业"走出去",致力于帮助中国企业顺利"出海"并在海外健康发展。2008 年,我和苗绿博士共同创办了全球化智库(CCG),致力于企业全球化、人才国际化领域的研究。成立至今，我们已经连续五年在中国社会科学院社会科学文献出版社推出《中国企业全球化报告》蓝皮书，并连续五年举办"中国企业全球化论坛"，获得国家领导人、外国政要、知名企业家、国际商务专家及跨国高端商务精英的鼎力支持，成为中国民间最具影响力的"中国企业走出去"论坛，其规模和层次都属于国内领先的专注于企业全球化战略的国际高端交流平台。多年来，来自国内外政、商、学界的上千名国内外企业家围绕"中国企业全球化发展"这一主题，展开精彩务实的探讨，聚焦全球化最新动向，为新时代下建设中国开放型经济集思广益，共谋中国企业全球化路径。

回首中国企业"走出去"40年，大概经历了四个阶段：

第一个阶段：1978—1991年。1978年，尽管与世界的距离是那么遥远，但是中国毅然坚定迈出了追赶的第一步。1978年秋天到1979年春天，短短数月，中日缔结《中日和平友好条约》、确定改革开放路线的十一届三中全会召开、中美正式建交……一系列改变中国历史进程的重大事件接连发生，而此时，作为时代主角之一的企业也开始登上历史舞台。国企纷纷踏上改革探索之路；民企如大草原上的星星之火；外企则在改革开放后，有机会到中国一试身手，他们通过销售商品或合资等方式进入中国，从1979年到1989年，有超过2.1万家外国公司在中国开业，跨国公司的进入催生了中国的轿车、家电、饮料等现代产业的发展，并在无形中为这些企业日后走出国门，驰骋海外打下了基础。这一时期中国企业走出国门进行海外投资只是零星出现，全球化经营的意识和实践水平都较低。

第二个阶段：1992—2000年。20世纪90年代，经济全球化浪潮以史无前例的迅猛之势席卷全世界，中国企业全球化意识逐渐觉醒。1992年中国确立了建立社会主义市场经济体制的改革目标，备受鼓舞的中国企业由此进入生机勃勃的春天，创业成为那个时代的鲜明烙印，也由此推动了民营经济的蓬勃发展。90年代中后期，中国提出"走出去"战略，先后采取一系列优惠政策和措施，鼓励中国企业走出国门，开拓海外市场。一方面，国内大量企业如雨后春笋般破土而出；另一方面，中国企业海外投资活动日趋活跃，以海尔、海信、华为、万向、首钢等企业为代表的佼佼者开始远征海外。根据联合国贸发组织统计数据，1991年中国企业对外投资进入10亿美元时代，经过1992年、1993年的两个小高峰以后略有回落，整个90年代实现了年均23亿美元的对外直接投资水平。这个时期，直接出口仍是这些企业最主要的海外经营活动，其次是在海外建销售网、工程承包、合资等。这一时期，中国企业在海外市场开拓，更多地是在黑暗里摸索，没有经验，亦缺乏借鉴。

第三个阶段：2001—2007年。2001年12月，经历了多年的谈判，中国终于迈入世界贸易组织的大门，世界贸易组织为中国企业提供了广阔的国际化平台，中国企业也在这一时期全面融入世界市场。为了适应世界贸易组织的规则，全面与国际市场接轨，中国国内开始对法律和关税进行重新调整，以适应世界规则。"入世"从外部为中国企业走向世界提供了良好的历史机遇，在中国内部，社会形势也发展了巨大的变化。经由20世纪90年代初步发展的"走出去"战略在这一时期正式上升为国家战略，鼓励企业走向海外，参与全球竞争成为企业发展的基调。为了配合"走出去"战略的落地实施，国务院于2004年7月正式出台了《国务院关于投资体制改革的决定》，该文件取消了中国企业对外投资实施多年审批制，成为中国对外投资政策历史上的重大转折性文件，为中国企业"走出去"，在世界范围内参与国际竞争提供了更为便利的政策环境。国内外形势的变化为中国企业全球化提供了重大历史机遇，中国企业对外投资开始出现爆发性增长，与此同时大量的企业纷纷走出国门，在世界市场上与国际企业同台竞争。

"入世"为中国企业打开了通往世界的大门，削平了中国企业走向世界的门槛，使中国企业有更多的机会接触、了解与融入国际市场，有更多机会学习、借鉴与吸收国外企业先进的技术、运作与管理，使中国企业距离"世界500强"的目标更近一步。如联想并购IBM的PC业务，吉利并购沃尔沃轿车业务，都使中国企业在国际市场上的知名度在短时间内得到提升。TCL

并购德国三大民族品牌之一的施耐德，京东方收购韩国现代显示技术株式会社（HYDIS）的 TFT-LCD 业务，则帮助中国企业在短时间内获得了技术或市场。中国企业在国际竞争中逐步加深了对"游戏规则"的理解，在有得有失的海外历练后，开始学会利用国际规则，超越一国的范围配置资源。

第四阶段：2008 年至今。金融危机爆发后，"反全球化运动"逐渐发展成为"逆全球化现象"，从民间走向政府，其思想和主张在一些发达国家甚至开始影响政策。以美国外国投资委员会（CFIUS）加强投资审查为代表的投资保护主义盛行。此时，我国政府在对外投资方面采取了国际国内"双管齐下"的方式，以开放与合作的态度不断融入全球经济体系。中国企业抓住机遇，实现了跨越式发展。2015 年中国企业对外直接投资实现历史性的突破，位列全球第二，并超过了同期吸引外资水平，成为资本净输出国。这一阶段，中国企业全球化实现了全方位、宽领域的全面发展。

企业"走出去"是一个包含经济、政治、文化等各种因素的系统工程。"走出去"路径也呈现出多样性，从绿地投资、跨国并购到海外上市，从商品输出、资本输出到战略布局。通过对"走出去"企业案例的长期追踪，我们提出安营扎寨、借船出海、借鸡生蛋、海外产业园区、互联网模式复制海外、海外战略资源获取、"星火燎原"、"农村包围城市"、海外战略股权投资、对外承包工程与劳务合作等企业全球化的十大路径，这些道路是对中国企业"走出去"40 年的实践总结，路径本身并无优劣之分，每种路径都有成功的典范，关键在于对路径的选择上，企业需要结合自身所处的产业特性、企业特点、国际环境、国内环境进行综合考虑，斟酌定夺。

作为新兴市场的后来者，中国企业在走向全球化的道路上必然承受着额外的负重。国际人才缺乏难题、异域文化碰撞与冲击、合规风险的挑战、社会责任、品牌之殇等都是中国企业在全球化之路上面临的挑战与困难。这些关键性问题是否能够得到很好地解决，将决定中国企业在全球化之路上能够走多远。

全球化的今天，中国企业只想在国内或区域市场偏安一隅是不现实的，国际化是中国企业的必由之路。作为一家专门致力于企业国际化研究的智库，CCG将一如既往地持续追踪研究，汇聚跨国投资领域的学者、企业家和政府官员的智慧，共同为"走出去"事业献计献策，为中国企业全球化发展保驾护航。

航程虽漫漫，巨轮已起航。期待中国企业能够百折不回，在国际竞争中不断学习，在学习中不断提升竞争力，最终在全球舞台上长袖善舞，开启高质量发展的新征程，为新型全球化贡献更大力量。

是为序。

全球化智库（CCG）主任　王辉耀　博士
全球化智库（CCG）秘书长　苗　绿　博士
2018年9月

目　录

序   1

上篇　风云40年——回顾与总结

改革开放40年的历史就是一部中国不断融入全球化的历史。中国企业从最初的睁眼看世界到探索徘徊，再到鏖战全球。回首40年，越来越多的中国企业坚定地踏上全球化之路，对外投资几乎涉及了国民经济的所有行业，覆盖了全球大部分国家和地区。虽然今天各国民粹主义与贸易保护主义此起彼伏，"逆全球化"隐忧日益凸显，但是"中国开放的大门永远不会关上"，"一带一路"倡议付诸实践，亚投行成立，丝路基金设立，一系列便利化政策的出台，必将进一步释放中国企业赴海外投资的活力，中国企业驶往全球的巨轮已然起锚。

第一章　（1978—1991年）国门陡开：中国企业睁眼看世界   3
　　历史大转折   3
　　改革·探路   5
　　向世界敞开大门   9

第二章　（1992—2000年）探索徘徊：中国企业崭露头角   18
　　改革再出发   18
　　公司的躁动   23

初踏远征路	25

第三章　（2001—2007 年）风云际会：中国企业鏖战全球　32

中国"入世"	32
"走出去"战略	39
中国企业鏖战全球	42

第四章　（2008 年至今）重塑版图：中国企业引领全球化新征程　51

全球危机重重	51
改革开放新蓝图	59
重塑全球版图	67

中篇　条条大路通罗马——十大"出海"路径

企业"走出去"是一个包含经济、政治、文化等各种因素的系统工程。"走出去"路径也呈现出多样性，从绿地投资、跨国并购到海外上市，从商品输出、资本输出到战略布局。通过对"走出去"案例的长期跟踪，本书提出企业国际化的十大路径，这些路径是对中国企业全球化40年的实践总结，路径本身并无优劣之分，各种路径都有成功的典范，关键在于对路径的选择上，企业需要结合自身所处的产业特性、企业特点、国际环境、国内环境进行综合考虑，斟酌定夺。

第一章　安营扎寨　91

海尔"三位一体"	91
"福耀大道"	93
海外研发中心	94

第二章　借鸡生蛋　96

海外上市历程	96
"里外镀金"	98
遵守游戏规则	99

第三章　借船出海　　101
　　联想"蛇吞象"　　101
　　吉利"迎娶"沃尔沃　　102
　　三一重工收购德国"大象"　　104

第四章　海外战略资源获取　　106
　　中海油：从优尼科到尼克森　　106
　　中石化：延布炼厂　　109
　　"国民"联合出手海外能源　　110

第五章　海外产业园区　　112
　　"走出去"的海外园区时代　　112
　　埃塞·华坚国际轻工业城　　116
　　中埃·泰达苏伊士经贸合作区　　117

第六章　互联网模式复制海外　　119
　　购物平台　　119
　　支付工具　　121
　　物流平台　　122
　　教育平台　　124

第七章　"农村包围城市"　　126
　　华为的海外路线图　　126
　　中兴的海外版图　　128

第八章　"星火燎原"　　130
　　温州模式　　130
　　借力华人华商　　131

第九章　对外承包工程与劳务合作　　133
　　传统模式的广阔新天地　　134
　　土耳其安伊高铁　　134
　　安琶铁路隧道　　136

第十章	海外战略股权投资	138
	工行投资南非标准银行	138
	中投海外十年"答卷"	139

下篇　谋定而后动——挑战与建议

作为新兴市场的后来者，中国企业在走向全球的道路上必然承受着额外的负重。不同的行业、不同的发展阶段、不同的全球化动机……共同编织出中国企业全球化的多彩路线图，路线虽多样，却有一条线将一个个关键因素穿起，使这些因素成为中国企业全球化之路可以走多远的关键所在。

第一章	人才难题	143
	中国企业的难题	143
	国际人才素质清单	146
	国际人才路线图	150
第二章	风险挑战	160
	企业"出海"：风急浪高	160
	风险地图	166
	如何化险为夷	171
第三章	文化碰撞	179
	不同文化的碰撞	179
	跨文化探索	183
	跨文化融合	187
第四章	品牌之殇	192
	制造大国 VS 品牌小国	192
	探路品牌国际化	198
	合力打造"世界名牌"	204

第五章	**合规经营**	208
	合规警钟长鸣	208
	全球合规治理浪潮	211
	合规经营　坚守诚信	216
第六章	**社会责任**	227
	社会责任的国际浪潮	227
	中国企业的社会责任之路	235
	迎接挑战，砥砺前行	250
附录1	改革开放40年中国企业对外投资相关政策	259
附录2	改革开放40年100个中国企业海外投资重大案例（按投资金额排序）	276
参考文献		287
后　　记		291

上 篇
风云40年——回顾与总结

改革开放40年的历史就是一部中国不断融入全球化的历史。中国企业从最初的睁眼看世界到探索徘徊，再到鏖战全球。回首40年，越来越多的中国企业坚定地踏上全球化之路，对外投资几乎涉及了国民经济的所有行业，覆盖了全球大部分国家和地区。虽然今天各国民粹主义与贸易保护主义此起彼伏，"逆全球化"隐忧日益凸显，但是"中国开放的大门永远不会关上"，"一带一路"倡议付诸实践，亚投行成立，丝路基金设立，一系列便利化政策的出台，必将进一步释放中国企业赴海外投资的活力，中国企业驶往全球的巨轮已然起锚。

第一章
（1978—1991年）国门陡开：中国企业睁眼看世界

中国企业的全球化进程可追溯到改革开放初期，1978年至20世纪80年代末，中国企业全球化处于起步阶段。改革开放伊始，外资企业逐渐进入中国，通过商品出口、与来华投资的外资企业合作、融合，中国企业开始参与国际分工。同时，少数具有前瞻性的企业开始尝试跨国经营。80年代中期开始，经济全球化和地区经济一体化加速发展。据联合国贸发组织统计，1984年中国投资者对外直接投资首次超过1亿美元，并在接下来的5年里保持了年均6.7亿美元的对外直接投资水平。但这一时期中国企业走出国门进行海外投资只是零星出现，全球化经营的意识和实践水平都较低。

历史大转折

在邓小平同志指导下，1978年12月召开的党的十一届三中全会，重新确立了解放思想、实事求是的思想路线，停止使用"以阶级斗争为纲"的错误提法，确定把全党工作的着重点转移到社会主义现代化建设上来，作出实行改革开放的重大决策，实现了党的历史上具有深远意义的伟大转折。

——习近平在2014年纪念邓小平同志110年诞辰上的讲话

在中国当代发展史上，1978年是一个十分重要的年份。在这一年的5月10日，中央党校内部刊物《理论动态》上刊登了经胡耀邦同志审定的《实践是检验真理的唯一标准》的文章，5月11日，《光明日报》以特约评论员名义进行发表，当日，新华社便进行了转发，次日，《人民日报》《解放军报》和中央人民广播电台全文转载和转发，这可以被视为当年度中国最重要的政治宣言，由此引发了一场席卷全国的真理检验标准大讨论，启动了一场思想解放运动。12月，邓小平在中央工作会议上发表讲话，"首先是解放思想，只有思想解放了，我们才能正确地以马列主义、毛泽东思想为指导，解决过去遗留的问题，解决新出现的一系列问题。一个党，一个国家，一个民族，如果一切从本本出发，思想僵化，迷信盛行，那他就不能前进，他的生机就停止了，就要亡党亡国……再不实行改革，我们的现代化事业和社会主义事业就会被葬送。"这篇讲话成为随后召开的十一届三中全会的主题报告。

1978年底，经历了36天的中央工作会议的准备后，划时代的十一届三中全会召开，全会否定了"两个凡是"，确定了"解放思想、实事求是、团结一致向前看"的指导方针，作出了把工作重点转移到社会主义现代化建设上来的战略决策，由此正式拉开了改革开放新时期的序幕。

这一年也是笔者①收到翘首企盼的大学录取通知书的一年，很幸运地被当时全国最好的三所外语学院之一——广州外国语学院录取，与全国27万年轻人一起，成为恢复高考后的第一届大学生，带着国家与社会寄予的厚望，投身改革开放大潮，成为改革开放40年的亲历者与见证者。

一个伟大事件对社会发展的影响，往往随着岁月的推移、历史的前进而不断显现出来。时至今日，中国依旧受惠于40年前这次伟大的会议。正如习近平主席在2018年博鳌亚洲论坛上所讲的那样，"改革开放是中国和世界共同发展进步的伟大历程。中国人民坚持对外开放基本国策，打开国门

---

① 这里指本书作者之一王辉耀。

搞建设，成功实现从封闭半封闭到全方位开放的伟大转折。中国在对外开放中展现大国担当，从'引进来'到'走出去'，从加入世界贸易组织到共建'一带一路'，为应对亚洲金融危机和国际金融危机作出重大贡献，连续多年对世界经济增长贡献率超过 30%，成为世界经济增长的主要稳定器和动力源，促进了人类和平与发展的崇高事业。今天，中国人民完全可以自豪地说，改革开放这场中国的第二次革命，不仅深刻改变了中国，也深刻影响了世界！"

这一切，都要从 1978 年说起。

改革·探路

最成功的改革，我认为有三个：一是农村家庭联产承包责任制改革；二是国有企业股份制改革及在此基础上形成的证券市场；三是民营经济的兴起。这三块大石头投进水里，溅起了层层波浪，从此，中国的经济再也不能平静下去。

——厉以宁

国企改革"第一枪"

1978 年 7 月 28 日的《华盛顿邮报》上，刊登了记者杰伊·马修斯发表的一篇中国桂林一家国营丝厂的观察记。他写道："中国工人把他们的工作看成是一种权利，而不是一种机会。工厂管理人员对于工人阶级中的成员不敢压制。在这种企业里，工人的身份是可以世袭的，当一名工人退休时，他或她可以送一个子女到这家工厂工作。桂林丝厂有 2500 多名工人，从来没有解雇过一个人。"一位日本记者在重庆炼钢厂发现了一台 140 多年前的机器。这家年产 30 万吨原钢的工厂，使用的机械设备全都是 20 世纪 50 年代之前的，其中，140多年前英国制造的蒸汽式轧钢机竟然还在使用……① 透过这些外国人的眼睛，改革开放初期中国企业，尤其是国有企业的大致形象跃然纸上。对上万家国有企业的改造可谓迫在眉睫，那么究竟如何通过放权改造激发出生产的积极性？

1978年，在成都西郊文家场，四川省社科院组织了一场展销会。他们请来上海、南京等地的企业，把氧气瓶、六头刨、钻床等可能找到的机器设备，摆在一间大会议室里。一家手表生产厂的采购员看到生产手表用的精密机床，激动得不得了："这些都是物资部门分配的啊！"几家企业一起竞争，最后的采购协议上，达成这样的条款："包退、包换、送货上门、维修培训。"②在那个"物资部门管原材料、计划部门管生产量，商业部门决定销售渠道，企业完全不能决定自己的生产和销售"的时代，以扩大企业自主权为特征的国企改革就这样在巴蜀之地拉开了序幕。

1979年，首都钢铁公司③（简称首钢）刚刚走出"文革"阴影，偌大的厂区，仅有一个炼钢的高炉，国家下达多少任务就生产多少，时任首钢总经理兼党委书记的周冠五，虽然管理20万名职工，但却没有权力签字改造一个厕所。当四川省率先对省内部分企业进行扩大自主权试点的消息传来，敏锐的周冠五亲自组织报告，送交北京市和冶金部领导，主动请缨，争当改革试点单位。是年4月，《关于扩大国营工业企业经营管理自主权的若干规定》等5个文件一并发布，这预示着以放权让利为重点的企业改革在全国范围内正式开始了。首都钢铁公司与上海柴油机厂、天津自行车厂等8家大型国企则成为此次改革的重大试点。1980年，首钢产品第一次出口，创汇120万美元，10年后，首钢出口已经突破亿元大关，这就为首钢尝试海外经营提供了充足的外汇，1988年，在美国宾夕法尼亚州匹兹堡，首钢正式注册了第

---

① 吴晓波：《激荡三十年》，中信出版社2007年版，第10页。
② 《"四川一直都是弄潮儿"——与林凌一起回顾国企改革30年》，《四川日报》2008年12月3日。
③ 首都钢铁公司始建于1919年，中华人民共和国成立前30年累计产铁28.6万吨。1958年，首钢建起了我国第一炉钢，结束了首钢有铁无钢的历史，1964年，首钢建成了我国第一座氧气顶吹转炉，揭开了我国炼钢生产新的一页，在我国最早采用高炉喷煤技术，二号高炉使用37项国内先进技术，成为我国第一座现代化高炉。

一家海外独资企业——宾州首钢机械设备公司。随后三年间，首钢海外投资可谓"一发不可收"，先后成立了近十家海外子公司，在即将到来的90年代，作为改革"排头兵"的首钢，将在海外大放异彩……

国企改革是贯穿中国改革开放的一条重要主线，也是中国经济体制改革的缩影。"国企承包制""抓大放小""兼并重组"等一系列国企改革相关词汇将在此后40年中陆续成为媒体热词，更因为其关系到千万人的切身利益而成为老百姓饭后茶余的重要谈资。

民营企业的星星之火

1979年4月，国家工商行政管理局召开局长会议，提出各地可以批准一些有正式户口的闲散劳动力从事修理、服务和手工业个体劳动，但不准雇工。这是十一届三中全会以后第一次允许个体经济发展。温州姑娘章华妹成了"全国第一个个体工商户"、安徽芜湖个体户年广久注册了"傻子瓜子"商标……一个又一个的故事，开始从全国许多地方陆续传来。虽然大多数人仍然推崇国有企业的铁饭碗，然而，民营经济的星星之火已经点燃。

20世纪80年代初，北京中关村开始呈现繁荣景象，一大批民营科技公司先后在这里成立。1982年底，中科院计算所负责机房建设的工程师王洪德创办京海；1983年的"五四"青年节中科院物理所"管档案"的陈庆振创办科海；1984年，中科院计算中心的软件工程师万润南创办四通；中科院科学仪器厂的金燕静创办信通。这一年，在中国科学院计算所一间20平方米的传达室里，还诞生了一家企业，24年后，这家名为联想的企业将以167.8亿美元的销售额跻身美国《财富》杂志全球500强，这还是中国民营企业的第一次上榜。

如果说北京的民营企业初露生机，南方的民营企业则可以用繁花似锦来形容。

1969年，25岁的鲁冠球东拼西凑了4000元钱，带着6个人办起了"宁围人民公社农机修理厂",并自任厂长。在鲁冠球的精心打理下,到 1978 年,工厂已有 400 来号人,年产值达到 300 余万元。1984 年,还是乡镇企业的万向选择了走出国门,将产品销往美国,这在中国的汽车行业中还是第一次,此举在当时国内激起不小的浪花,美国驻华商务参赞特地从北京赶到杭州,说一定要亲眼看看这个能够把产品打入他们"汽车王国"的乡间小厂。1990 年,美国《时代周刊》在显著版面上以"中国农民的希望"为题发表了对鲁冠球的专访。1991 年,鲁冠球的照片出现在美国《新闻周刊》的封面上,成为邓小平之后的第二个中国籍的封面人物。

　　1984 年,从华南理工大学毕业的李东生将惠州的一个简陋的农机仓库作为工厂,与香港人合作生产录音磁带,这便是日后赫赫有名的家电公司 TCL。15 年后,这家企业将通过收购陆氏同奈电子公司,进入越南市场,并从越南扩展到东南亚,再到印度、俄罗斯、欧美等国家和地区,在随后的 20 年间,可谓尝遍国际化的"甘与苦"。

　　1986 年,在湖南,梁稳根等 4 人从亲戚朋友那里凑齐 6 万元,成立了涟源茅塘焊接材料厂。在一个地下室里,他们开始了"实业报国"之路,这就是三一集团的雏形。若干年后,三一重工将通过并购混凝土机械行业国际巨头德国普茨迈斯特(Putzmeister),从而占据世界混凝土机械第一品牌的位置。

　　1987 年,在浙江,42 岁的宗庆后承包了一家校办工厂,开发出了第一个专供儿童饮用的营养品——娃哈哈儿童营养液,随着"喝了娃哈哈,吃饭就是香"的广告传遍神州,短短 5 年间,娃哈哈的销售收入就达到 4 亿元,净利润突破 7000 万。再过 12 年,这家企业的首个海外工厂在印尼正式投产。

　　就在同一年,43 岁的任正非以 2 万多元在深圳创办了华为,他从一开始就认识到了"技术是企业的根本",公司创办不久,任正非就决定走一条自主创新之路,他从研制程控交换机开始,一路走来,不断向世界水平高科技发起冲击。

联想、华为、娃哈哈、万科、TCL、海尔[①]等一批诞生于 20 世纪 80 年代的企业，将在日后相继散发出各自的光芒，成为叱咤海内外的风云企业，不过在那时，它们还非常的幼小，并没有引起人们太多的关注。

向世界敞开大门

20 世纪 70 年代末，中国政府邀请世界各国的企业，以资本和关键技术参股于中共中央倡导的工业现代化项目。以西方技术和西方管理知识为交换，中国人首次向外国投资者提供了通往世界上最具潜力的国家市场的通道。

——［德］波斯特《上海 1000 天》

经济特区

40 年前，波澜壮阔的改革开放潮起南粤大地，创造了世界城市发展史上的奇迹，深圳就是最精彩的起笔。

1978 年底，在一次中央工作会议上，邓小平提出，"让一部分城市先富起来"，他当时一口气列举了十来个城市，第一个就是深圳，于是，这个贫穷落后的边陲渔村，在一夜间就变成了中国改革开放的第一试验场。

虽然十一届三中全会确立了以经济建设为中心的工作重点，但由于长期受计划经济的影响，许多人的思想观念一时还转变不过来。当"经济特区"一词出现后，种种杂音也开始沸腾。

"办特区是我的主张，至于办得行不行，能不能成功，我要来看一看。"邓小平决定南下视察：他要去给经济特区和改革开放一个公平的说法。1984 年，邓小平悄然来到南方，在视察了深圳经济特区后，极少题词的他，留下

---

① 1984 年 12 月，青岛电冰箱总厂成立，这就是海尔的前身。

了"深圳的发展和经验证明,我们建立经济特区的政策是正确的。"这一次真正意义上的思想解放,坚定了特区人改革开放的信心,同时也加快了特区对外开放的步伐。

邓小平的南方视察举措,以新闻的方式迅速传遍全国。在他离开广东后的第二个月,中共中央做出重大决定,宣布"向外国投资者开放14个沿海城市和海南岛"。中国的对外开放由点及面,最终形成了沿海—全境开放的格局。

深圳:20 世纪 80 年代改革时间线

1979 年:深圳建市。3 月 5 日,国务院批复同意广东省宝安县改设为深圳市,受广东省和惠阳地区双重领导。以宝安县的行政区域为深圳市行政区域,下辖罗湖、南头、松岗、龙华、龙岗、葵涌六个区,总面积 2 万平方公里,总人口 358267 人。11 月,中共广东省委决定将深圳市改为地区一级的省辖市。

1980 年:经济特区设置。8 月 26 日,中华人民共和国第五届全国人民代表大会常务委员会第十五次会议中通过了由国务院提出的《广东省经济特区条例》,批准在深圳设置经济特区。历史选择了深圳,深圳成了改革开放的先锋。

1981 年:深圳市升格为副省级市。

1982 年:"时间就是金钱,效率就是生命"的标语牌正式耸立在蛇口工业大道路口,震动全国。

1984 年:邓小平第一次南方视察。视察中,小平同志说,深圳的发展与经验证明,我们建设经济特区的政策是正确的。这句评语,给了深圳定海神针,于是,在"不争议"中,深圳继续大刀阔斧进行改革开放,"杀出了一条血路"。邓小平为深圳题词:"深圳的发展和经验证明,我们建立经济特区的政策是正确的。"

1986年：股份制改造。随着深圳特区经济的发展，特区企业需要更多的资金扩大生产，深圳市制定了《深圳经济特区国营企业股份制试点的暂行规定》，一些企业进行了股份制改造，其中个别企业还发行了股票。

1989年：新中国第一个证券交易所———深圳证券交易所诞生。第二年，年轻的深圳股市经历了淡市、热市、死市和跌市。两年后，"股票风波"引发了中国股票市场最激烈的一次抢购潮。

小平访日

1978年的金秋时节，时任国务院副总理邓小平赴日参加《中日和平友好条约》缔约换文仪式，并应日本政府邀请，对日本进行了8天正式访问，这是中国"二战"后首位访问日本的国家领导人。邓小平在接受记者采访时说，"中国必须承认自己落后，不是美人就不要硬说自己是美人。在科学技术和经营方面，我们需要很好地向发达国家，特别是日本学习。"

在8天的访日行程中，邓小平挤出时间，参观了新日铁、日产汽车和松下电器等三家著名日本企业。

新日铁的君津钢铁厂，坐落在君津市海边一片填海建造的土地上。邓小平访日的前一年，宝钢与新日铁已经开启了合作的序幕，宝钢一期工程从新日铁引进了成套的装备、技术和管理制度，有千余名宝钢技术人员在新日铁接受培训和实习。邓小平访问的时候，来自中国的管理和技术人员正在这里实习……今天，宝钢这位"学生"的体量早已超过"老师"。

坐落于神奈川县的日产汽车公司的座间工厂当时是日本自动化程度最高的汽车装配厂，当邓小平了解到这里月生产中小型轿车达4.4万辆，是当时中国长春第一汽车制造厂月产量的99倍时，曾经感慨道："我懂得了什么是现代化。"

松下电器的大阪茨木电视机厂，是邓小平访问的第三家企业。那天，细雨纷飞，年届83岁高龄、早已"退居二线"的松下幸之助，冒雨到工厂大门外迎接邓小平。在工厂里,邓小平参观了双画面电视机、高速传真机、汉字编排装置、录像机等产品。在"自动插件机"前,他立足良久,当时中国国内家电产品的生产还多处于手工时代,集成电路板需要工人把无数个电子元件逐一焊接,但松下公司通过流水线的精密器械,却可以自动将元件插到电路板上……邓小平的此次访问促成了中国与松下的合作,1985年前后,包括青岛海信、四川长虹和广东康佳在内,中国相继引进了100多条日本的彩电生产线。1987年,松下与北京市和电子部等有关单位的4家企业合资成立了北京松下彩色显像管有限公司。其后,松下又在北京、广东、浙江、江苏、上海、山东等地投资设厂,建立合资企业……

松下公司的率先入驻,起到了巨大的示范效应,其他日本公司纷至沓来,在其后的10年间,日本公司成为第一批中国市场的外来拓荒者,而那些引进了日本生产线的中国企业也迅速地崛起。

中美建交

1979年1月1日,《中美建交公报》正式生效,中美正式建交。27天后,邓小平访问美国。1979年元旦出版的美国《时代周刊》中写道,"一个崭新中国的梦想者———邓小平向世界打开了'中央之国'的大门,这是人类历史上气势恢宏、绝无仅有的一个壮举!"此番"破冰之旅"如巨人之手推开封闭已久的国门。在这个东方大国冲破束缚,踏上改革开放新征程,探索与世界互利共赢的道路的同时,国际大企业们也蜂拥而至,争抢着来开拓中国这块庞大的市场。

"可口可乐"来了。

就在《中美建交公报》发布后几天,可口可乐与中国粮油集团签署了一份合同,根据当时的协议,可口可乐将采用补偿贸易方式或其他支付方法,向中国主要城市和游览区提供可口可乐制罐及装罐、装瓶设备,在中国设专厂灌装并销售。这份合同是在与北京饭店斜斜相望的外贸部大院签订的。尽管外贸部长在批复中加上一条："仅限于在涉外饭店、旅游商店出售。"但作为改革开放后第一个"吃螃蟹"的外国公司，可口可乐仍然备感兴奋。因为几乎每个人都清楚，水闸一经打开，就再也关不上了。

1983 年，第一家中美合资汽车企业北京吉普落地。

1984 年，中德合资项目上海大众正式签约。

1986 年，联合利华重新进入中国，并在上海成立了第一家合资公司——上海利华有限公司。

1987 年，北京前门旁，肯德基在中国内地的第一家餐厅开业。

………

1978—1991 年，随着中国的大门向世界敞开，著名跨国公司开始通过销售商品或合资等方式进入中国，虽然跨国公司在华投资数额还相对有限，却也催生了中国的轿车、家电、饮料等现代产业的发展，并在无形中为这些企业日后走出国门，驰骋海外打下了基础。

中远"柳林海"号

中国远洋运输集团（以下简称"中远"）诞生于 1961 年，由于其业务性质，从成立之日起，中远就置身于国际市场的竞争之中，但由于成立初期还仅是一家拥有 4 艘二手船，2.26 万吨载重的名不见经传的小型船公司，加之彼时西方大多数国家对中国的封锁政策，改革开放前，中远在开辟远洋航线和设立海外网点等方面，都受到了较大限制[①]。

1979 年 4 月，一艘悬挂着五星红旗的中国货轮经过 20 余天的奔波，抵达美国西雅图港，它就是中远"柳林海"号。这是中美恢复外交关系后首次航行美国的中国远洋船，它揭开了中美外贸运输崭新的一页，同时也揭开了

---

① 1967 年 5 月，中远广州分公司"敦煌"轮从黄埔起航，开往西欧，标志着中华人民共和国第一条国际班轮航线的开通。1978 年 9 月，中国第一艘集装箱班轮、中远上海分公司的"平乡城"轮从上海港起航，驶往澳大利亚悉尼港，这标志着中国远洋集装箱运输经营从此正式开始。

中远海外发展崭新的一页。1980年，中远结束了海外代表处的年代，迈入合资经营新时期。这一年，中远与荷兰派克船斯集团合作在鹿特丹创建了第一家合营公司，这家公司有一个很形象的名字——荷兰跨洋公司（CROSS-OCEAN）。经过将近十年时间，中远又成立了自己的第一家海外独资公司[①]，大踏步地进行着自己的跨国经营之旅。

出国办企业[②]

1979年8月，国务院提出了15项经济改革措施，明确指出要出国开办企业。于是，我国在积极吸引外国投资者前来开办企业的同时，也根据需要和可能开始到海外创办企业。11月，北京友谊商业服务公司与日本东京丸一商事株式会社合资，在日本创办了中国改革开放后的第一家海外企业——"京和股份有限公司"。这家中日合营企业的主要业务是为北京市食品工业企业的改造引进技术、设备，在日本开办北京风味餐馆，提供厨师服务，并出版发行中餐菜谱等。"京和股份"为中日两国同行业间的技术、文化交流及贸易，起着牵线搭桥的作用[③]。

1980年3月，中国船舶工业总公司、中国租船公司与香港环球航运集团等合资成立了"国际联合船舶投资有限公司"，总部设立在百慕大，在香港设立"国际联合船舶代理公司"，公司主要业务是代理中国船舶及船用设备的进出口和经营国际航运业务，最初投资5000万美元，中方占45%，这是当时中方投资额最大的国外合营企业。[④] 同年7月，中国银行与美国芝加哥第一国民银行、日本兴业银行和华润公司在香港合资创办了我国在海外的第一

[①] 1988年11月29日，中远总公司收购"中好船务代理有限公司"英方股份，使之成为中远在英国的独资公司，并于1989年8月18日经交通部批准更名为"中远（英国）有限公司"。这是中远第一家海外独资公司。从此，中远开始了跨国经营的历程。
[②] 改革开放前，中国企业主要通过对外经济技术援助和对外承包工程与劳务输出参与国际经济活动。
[③] 刘治本、马宁生：《我国海外投资企业的兴起与发展》，《国际经济合作》1987年8月。
[④] 王志乐：《走向世界的中国跨国公司》，中国商业出版社2004年版，第28页。

家中外合资金融企业——中芝兴业财务有限公司。9月，中国人民保险公司与美国友邦保险公司共同投资建立了"中美保险公司"，从事国际保险业务，这是改革开放后建立的第一家中外合资保险公司。此外，中国在国外较早开办的企业还有：京连股份[①]、跨洋公司[②]、远通海运服务公司[③]、考斯菲尔航运代理公司[④]、中美再保险公司[⑤]以及五星航运代理股份有限公司[⑥]等。可见，航运服务、承包工程、资源开发、金融保险等行业是20世纪80年代中国企业对外投资的主要领域，国有企业则是企业"走出去"的主体。

中信初"出海"

"从国外吸引资金，引进先进技术，是有必要设立国际信托投资公司，集中统一吸收国外投资，按照国家计划，投资人意愿，投入国家建设"。时任全国政协副主席的荣毅仁这个提案得到邓小平等国家领导人的认可，1979年，中信公司正式成立，这家公司不但在未来相当长一段时间里，扮演着中国引进国际资本的中介角色，而且在成立初期，就开启了其海外直接投资之路。

1984年，美国西雅图，4000万人民币，中信与一家美国公司合资成立了西林公司，从事林业和木材加工，仅仅两年后，中信就将西林变成了独资子公司。

1986年，加拿大，6200万加元，中信收购一家纸浆厂50%的股份。

1986年，澳大利亚，1亿美元，中信收购一家铝厂10%的股份。

1988年，美国特拉华州，中信收购一家钢铁厂。

显而易见，整个20世纪80年代，中信跨国投资标的主要为资源导向型。

---

① 京连股份：在日本从事经济技术咨询服务的公司。
② 跨洋公司：在荷兰从事轮船代理业务的公司。
③ 远通海运服务公司：从事船舶物料供应的公司。
④ 考斯菲尔航运代理公司，在比利时开办的航运代理公司。
⑤ 公司在百慕大。
⑥ 公司在澳大利亚。

1984年,对外经济贸易部制定了《关于在国外开办非贸易性合营企业的审批权限与原则》,1985年,又制定了《关于在国外开办非贸易性合营企业的审批程序与管理办法》,并且在烟台召开了全国第一次国外合营企业工作会议,总结经验教训,统一认识,对外经济贸易部于此次会议后会同有关部门向国务院作了报告,就资金筹措、产品返销、税收减免、外汇留成和设备材料供应等亟须解决的问题提出了建议,得到国务院批准,从而为对外投资的发展创造了有利的条件。[①] 比如在1979—1983年5年间,经中国政府批准的在国外开办的企业只有61家,而1984年一年就有42家,1985年达到77家,1986年则达到92家,此后,更是突破100家,200家……对外投资额也从1979年的53万美元增长到1991年的36699万美元。

表1　　　　　　　　1979—1991年中国对外投资情况

年份	批准海外投资企业数（个）	中方投资额（万美元）	对外承包工程完成营业额（万美元）
1979	4	53	3352
1980	13	3093	13667
1981	13	256	25308
1982	13	318	31920
1983	18	870	31564
1984	42	8086	49431
1985	77	5051	66276
1986	92	15800	81889
1987	124	35000	107341
1988	169	15300	125300
1989	119	23000	148430
1990	157	7470	164414
1991	207	36699	196973

资料来源：根据王志乐《走向世界的中国跨国公司》,中国商业出版社2004年版,第35页资料整理所得。

[①] 王志乐：《走向世界的中国跨国公司》,中国商业出版社2004年版,第29页。

不过，从全局来看，整个20世纪80年代，对外贸易与吸收外资才是中央政府对外经济工作的重中之重，对外经济合作并不是当时的工作重点，直到80年代末期，这一局面才有所改观。这一点从20世纪80年代的政府工作报告中可见一斑，比如1988—1990年，中央政府连续三年在工作报告中提到"积极开拓国际承包劳务市场，加强管理和协调，进一步发展对外承包工程和劳务合作。"但是，政府工作报告中仍然没有提及境外投资一说。[①]

40年前，尽管与世界的距离是那么遥远，但中国毅然坚定地迈出了追赶的第一步。1978年秋天到1979年春天，短短数月，中日缔结《中日和平友好条约》、确定改革开放路线的十一届三中全会召开、中美正式建交……一系列改变中国历史进程的重大事件接连发生，而此时，作为时代主角之一的企业也开始登上历史舞台。国企纷纷踏上改革探索之路，民企如大草原上的星星之火，外企则在改革开放后有机会到中国一试身手，从1979—1989年，有超过2.1万家外国公司在中国开业，使用的直接投资额超过150亿美元。[②]虽然此时，中信、中远、中建等中国企业已先行"出海"，但大多数中国企业还在萌芽、起步，或者改革中探索与生长。

---

① 王志乐：《走向世界的中国跨国公司》，中国商业出版社2004年版，第30页。
② 陆丁：《八十年代中国民间企业家的体制创新活动》，2004年8月8日（http://finance.sina.com.cn/nz/luding/index.shtml）。

第二章
（1992—2000年）探索徘徊：中国企业崭露头角

20世纪90年代，经济全球化浪潮以史无前例的迅猛之势席卷全世界，中国企业全球化意识逐渐觉醒，全球化进程进入第二个阶段——探索徘徊期。1992年中国确立了建立社会主义市场经济体制的改革目标，备受鼓舞的中国企业由此进入生机勃勃的春天。90年代中后期，中国又提出"走出去"战略，先后采取一系列优惠政策和措施，鼓励中国企业走出国门，开拓海外市场。一方面，国内大量企业如雨后春笋般破土而出；另一方面，中国企业海外投资活动日趋活跃。根据联合国贸发组织统计数据，1991年中国企业对外投资进入10亿美元时代，经过1992年、1993年的两个小高峰以后略有回落，整个90年代实现了年均23亿美元的对外直接投资水平。

改革再出发

1984年我来过广东。当时，农村改革搞了几年，城市改革刚开始，经济特区才起步。八年过去了，这次来看，深圳、珠海特区和其他一些地方，发展得这么快，我没有想到。看了以后，信心增加了。

——1992年邓小平南方视察讲话

小平南方视察

邓小平一生有过两次著名的南下,一次是1984年,一次是1992年,它们对中国经济的风向变动都起到了决定性作用。

改革开放以来,中国经济社会发展虽然取得了巨大的成绩,但也并非一帆风顺。20世纪80年代末和90年代初,国际、国内风云变幻,苏联解体、东欧剧变,世界社会主义运动陷入低潮,社会主义前景蒙上一层阴影。"八九"风波后,国内"左"的思想杀气腾腾,有人公然提出和平演变的危险来自经济领域,复杂的形势使相当一部分干部和群众的思想发生困惑。一些人对社会主义前途缺乏信心,一部分干部和群众受传统教条式观念束缚,对改革开放姓"社"还是姓"资"心存疑虑,对党的基本路线出现怀疑和动摇。"改革能否继续"在摇摆中踟蹰不前。改革开放之路,走到了一个历史关键点。

1992年1月17日,87岁高龄的邓小平离开北京,途经武昌、长沙于19日抵达深圳,23日到珠海,31日到上海,2月21日返回北京。沿途与当地领导人作了关乎中国社会主义命运的一系列重要谈话。他强调,党的基本路线要管一百年,动摇不得。改革开放胆子要大一些,敢于试验。判断的标准,应该主要看是否有利于发展社会主义社会的生产力,是否有利于增强社会主义国家的综合国力,是否有利于提高人民的生活水平。计划多一点还是市场多一点,不是社会主义与资本主义的本质区别。社会主义的本质,是解放生产力,发展生产力,消灭剥削,消除两极分化,最终达到共同富裕。社会主义要赢得与资本主义相比较的优势,就必须大胆吸收和借鉴人类社会创造的一切文明成果,包括当今资本主义发达国家的一切反映现代社会化生产规律的先进经营方式和管理方法,中国要警惕"右",但主要是防止"左"。要抓住时机,发展自己,关键是发展经济。发展才是硬道理。必须依靠科技和教育,经济发展才能快一点。要坚持两手抓,一手抓改革开放,一手抓打击各种犯罪活动。两只手都要硬。在整个改革开放过程中必须始终坚持四项基本原则。①

党中央迅速将邓小平的南方谈话传达到全党，国务院相继做出一系列加快改革开放和经济发展的决定。全党以邓小平南方谈话精神为指导，进一步统一思想，为开好党的十四大做了充分准备，将我国的改革开放和社会主义现代化建设推进到一个新的发展阶段。

1992年，邓小平头像再次出现在美国《时代周刊》封面上，文章写道："航空母舰在13年里转了第二圈，能让一个人口众多的民族在极短时间内来个180度大转弯，就如同让航空母舰在硬币上转圈，难以置信。尽管"邓小平南方视察"这个词汇组合从来没有在正式的公文中出现过，但是它却在民间和媒体上被广为采用，它寄托了人们对邓公的尊重和期望。②

从计划到市场

1992年10月，党的十四大召开，这次会议认真总结了十一届三中全会以来的实践经验，作出了建立社会主义市场经济体制的改革目标等具有深远意义的决策。③而此时，一直试图向世贸组织讲清楚中国经济体制的"入世"谈判代表们终于可以痛痛快快地向全场代表宣布："我们中国也是搞市场经济的，不过它是在社会主义条件下的市场经济。"

---

① 《（共和国的足迹）1992年：邓小平视察南方》，新华网2009年9月23日。
② 参见 https://www.thepaper.cn/newsDetail_forward_1427701。
③ 党的十四大做出了三项具有深远意义的决策：第一，抓住机遇，加快发展的决策和战略部署。十四大指出，我国经济能不能加快发展，不仅是重大的经济问题，而且是重大的政治问题。因此，十四大对经济发展速度作了大幅度的调整，决定将20世纪90年代我国经济的发展速度，由原定的国民生产总值平均每年增长6%调整为增长8%至9%。十四大还对加快经济发展做出了战略部署，提出了必须努力实现的十个方面关系全局的主要任务。第二，确立社会主义市场经济体制的改革目标。十四大指出，我国经济体制改革确定什么样的目标模式，是关系整个社会主义现代化建设全局的一个重大问题。这个问题的核心，是正确认识和处理计划与市场的关系。十四大在党的历史上第一次明确提出了建立社会主义市场经济体制的目标模式。把社会主义基本制度和市场经济结合起来，建立社会主义市场经济体制。第三，确立了邓小平建设有中国特色社会主义理论在全党的指导地位。十四大对建设有中国特色社会主义理论的主要内容作了概括，并将这一理论及以此为基础的党的基本路线写进了《党章》。

中国从计划到市场的 14 年艰辛探索

第一阶段（1979—1982 年）：计划经济为主，市场调节为辅

1979 年 4 月中央工作会议提出，国民经济要"以计划经济为主，同时充分重视市场调节辅助作用"。由此开始，计划经济和市场调节不再被视为截然对立的两方面。党和政府认识到两者必须结合，但在结合中不是平等的结合，而是有主与次的问题，即计划经济和市场经济之间有个"排座次"的问题。党的十二大报告中进一步明确了"计划经济为主、市场调节为辅"的经济管理原则，指出："正确贯彻计划经济为主、市场调节为辅的原则，是经济体制改革中的一个根本性的问题。我们要正确划分指令性计划、指导性计划和市场调节各自的范围和界限。"通过这一阶段的改革，市场主体开始形成，市场机制逐渐发生作用，市场开始成为配置资源的重要补充手段。

计划经济为主、市场调节为辅的原则在当时是有积极意义的。在此原则下，中国沿着放权让利、双轨并行，计划与市场结合的方向进行改革。在所有制结构方面，坚持公有制为主体，允许个体、私人和"三资"企业的存在和发展，放开了一块市场经济；在公有制经济的经营形式方面，农村集体经济实行家庭联产承包经营责任制，国有小企业实行租赁制，国营大中型企业普遍实行承包制和若干企业的股份制试点，减少了国家指令性生产和物资分配计划的种类；在中央和地方的关系方面，权力下放，特别是推行财政大包干制度，大大增强了地方的财政和财力。

第二阶段（1983—1986 年）：有计划的商品经济

1984 年 10 月，党的十二届三中全会通过《中共中央关于经济体制改革的决定》，第一次明确提出社会主义有计划商品经济理论，决定突破把计划经济和商品经济对立起来的传统观念，明确认识社会主义计划经济必须自觉依据和利用价值规律，是在公有制基础上的、有计划的商品经济。按照这一基本原则，1985 年 9 月，《中共中央关于制定国民经济和社会发展第七个五

年计划的建议》进一步勾画出中国经济体制改革的基本轮廓，即"建立新型的社会主义经济体制，主要是抓好互相联系的三个方面：第一，进一步增强企业，特别是全民所有制大中型企业的活力，使他们真正成为相对独立的、自主经营、自负盈亏的商品生产者和经营者；第二，进一步发展社会主义的、有计划的商品市场，逐步完善市场体系；第三，国家对企业的管理逐步由直接控制为主转向间接控制为主，主要运用经济手段和法律手段，并采取必要的行政手段，来控制和调节经济运行。"

第三阶段（1987—1992年）：国家调节市场，市场引导企业

1987年10月，党的十三大报告在有计划商品经济理论基础上对社会主义市场机制问题进行了新的理论概括，提出"国家调节市场，市场引导企业"的模式，这是对有计划商品经济理论的一次重大发展。表现在：第一，报告中不仅不再提"计划经济为主"，而且没有再提计划经济，完全突破了改革初期计划与市场各分一块的老框架；第二，"社会主义商品经济"的概念从内容上把制度与体制区别开来，明确提出社会主义商品经济与资本主义商品经济的区别不在于市场与计划的多少，而在于所有制的不同；第三，在"国家调节市场，市场引导企业"的模式中，市场的地位大大增加了。而且明确了社会主义市场体系包括生产要素市场。在本阶段中，"市场"已在国民经济中占有相当的比重，在某些领域甚至开始起主导作用。如在工业生产方面，国家的指令性计划产品的品种，由1984年的123种减至1988年的50种；同期，国务院各专业部门的指令性计划产品品种由1900多种减至380种。在工业产品流通方面，计划分配的重要物资占其生产量的比重大幅下降：煤炭由1980年的57.9%降至1988年的42.7%；同期，钢材由76.9%降至49.2%；木材由36.96%降至12.6%。在价格方面，1990年，社会全部产品和服务的价值总额中，国家定价仅占25%，其余75%为国家指导价格和市场定价。

党的十四大以后，国内改革的动力转向制度创新。在经济学界，吴敬琏提出了"制度重于技术"的观点，现实生活中，人们也逐渐意识到，只靠大

量引进技术与生产线，无法让中国真正地迎头赶上西方发达国家，技术引进所释放出来的生产力无法实现中国成熟壮大的梦想。在此之后，我们即将看到，国有、民间与外国三股商业力量将展开一场颇为壮观的竞争、博弈与交融。

公司的躁动

1992年注定是一个有转折意义的年份。"小平南方视察"令人们的内心有了波澜，那真是一个知识分子大迁徙的年代，一部分人选择继续留在体制内，而另一部分人则毅然投身市场，中国历史里又一个追逐财富的时代轰轰烈烈地开始了。

——《九二派："新士大夫"企业家的商道和理想》

建立社会主义市场经济体制改革目标的确立，让备受鼓舞的中国企业再一次迈入生机勃勃的春天，北京、四川、江苏、浙江、深圳……全国上下兴起了"公司热"，香港《亚洲周刊》引用辽宁省委组织部的数据说，该省在1992年前后有3.5万名官员辞职下海，另有700名官员"停薪留职"去创办企业。据《中华工商时报》的统计，当年度全国至少有10万党政干部下海经商。人社部的统计则更为精确，1992年政府部门辞职下海者超过12万人，不辞职却投身商海（停薪留职、兼职）的超过1000万人。创业成为那个时代的鲜明烙印，也由此推动了民营经济的蓬勃发展。

1992年，在复旦大学毕业后当了3年老师的郭广昌与梁信军等复旦留校的师兄弟拿着3万多元成立了一家名为广信的科技咨询公司，专门为客户做市场调查，仅半年多时间，他们就赚到了人生的"第一桶金"。第二年，广信更名为复星；一直在国务院发展研究中心做宏观经济研究，同时还担任《管理世界》常务副总编的陈东升辞职下海，他选择了当时在国内一片空白的拍卖业，成立了嘉德拍卖公司，几年后又创办了泰康人寿保险公司；中央党校法学硕士、在国家体改委任职过的冯仑则扛着"万通实业股份有限公司"的招牌兴冲冲地南下到了海南……

1989年以来，中国与西方世界之间一直为不信任的迷雾所笼罩。随着邓小平南方视察等中国在改革开放上呈现出的一系列姿态，美国人与欧洲人都长舒了一口气。

杰克·韦尔奇兴奋地说，中国是目前世界上最激动人心的市场，此时的美国通用已经在南京办起了嘉宝照明工程有限公司；在比尔·盖茨的亲自督导下，微软在北京开设了办事处；宝洁说他们在中国的业务正以50%的速度上涨；雅芳一位产品经理说："我们对市场非常乐观，自1990年11月开张以来，我们已签下了8000名销售小姐"……20世纪90年代，医疗、信息技术、零售、汽车等行业的跨国公司迫不及待地加大来华步伐，他们或以代表处，或以合资、独资等形式入驻中国，而那些一度搁浅的项目也纷纷恢复投资与运营。

表2　　20世纪90年代世界500强纷纷入驻中国

行业	代表公司	事件
信息技术	IBM	20世纪80年代中后期，IBM在北京、上海设立办事处 1992年，IBM在中国注册成立"国际商业机器（中国）投资有限公司"，其在华战略中迈出了实质性的一步。
电子	三星	1992年在广东惠州成立由韩国三星电子株式会社与广东省惠州地产总公司合资的惠州三星电子有限公司
信息技术	微软	1992年，微软进入中国，并设立北京办事处
医疗	强生	1992年，强生（中国）有限公司在上海闵行经济技术开发区注册成立，这是强生公司在中国内地设立的首家独资企业
多元化	美国通用电气公司（GE）	1993年，合资成立通用电气嘉宝照明有限公司 1994年，通用电气（中国）有限公司成立
影像产品	柯达	1994年，柯达快速彩色冲印店进入中国市场并迅速扩张 1998年，柯达（中国）有限责任公司在厦门市市场监督管理局登记成立
银行	花旗	1994年，设立花旗环球金融中国有限公司北京代表处 1995年，在中国开设第一家具备全面业务的分行

续表

行业	代表公司	事件
零售	家乐福	1995年，在中国内地首开大卖场
零售	沃尔玛	1995年，深圳沃尔玛百货零售有限公司成立 1996年，在深圳开设了第一家沃尔玛购物广场和山姆会员商店
汽车	通用汽车	1997年，上海通用汽车有限公司成立
家居用品	宜家	1998年，在上海徐汇区开了第一家商场
个人电脑	戴尔	1997年，戴尔（中国）有限公司成立

资料来源：根据各家公司官网资料整理。

1994年元旦，人民币官方汇率与外汇调剂价格正式并轨，我国开始实行以市场供求为基础的、单一的、有管理的浮动汇率制。人民币兑美元的汇率定为8.72元兑1美元，比之前的官方汇率5.7元贬值33%。德国《商报》对此评论道，人民币的大幅贬值，首先意味着"亚洲四小龙"低廉的劳动力优势从此丧失，中国必将成为全球制造业的中心。这是一个具有标志性的政策变化。中国经济由此走上了外贸拉动型的道路。

初踏远征路

20世纪90年代，通过"引进来"与跨国公司合作，中国公司学习了跨国公司的全球战略，掌握了跨国公司带来的新技术，包括国有企业在内的中国企业迅速成长。在90年代末期，中国企业成长到一个新阶段，一些企业开始从被动参与经济全球化到主动参与经济全球化的发展过程。这一时期中国企业跨国投资的一个新特点，即中国企业更多按照市场经济规则和企业自身发展规律进行跨国投资，家电、石油、钢铁、IT、汽车等行业中的佼佼者开始远征。

获取市场

20世纪80年代末90年代初，中国家电企业在巨额利润的诱惑下实现迅速扩张，在满足了老百姓消费需求的同时，家电产品供过于求的矛盾也迸发出来，市场竞争日趋白热化。此时，以海尔、海信等为代表的企业开始探索海外市场。

海信"起舞"南非

"他带领海信电视连续14年蝉联国内销量第一、全球出货量第三；他跨界布局智能交通、数字医疗、光通信，步履稳健迅速崛起；他赞助世界杯、收购东芝电视，拓展全球版图，领导海信走上一条让世界赞叹的国际化道路。"这是主办方为"2017中国经济年度人物"海信集团董事长周厚健做出的颁奖词。

1982年，从山东大学无线电系毕业的周厚健进入青岛电视机厂，成为一名技术工人，十年后，35岁的他成为青岛电视机总厂厂长。1993年，青岛电视机厂更名为海信集团，周厚健任公司总经理。多年来，海信一直把开拓国际市场作为持续发展的重要途径。20世纪90年代前，海信的产品主要通过整机出口的方式打入国际市场，这种贸易先行的稳健"出海"策略，为海信海外投资建厂打下了坚实的市场基础。90年代中期，随着出口贸易额的不断增加，周厚健意识到，海外投资建厂的时机已经成熟，于是，1996年，海信在南非约翰内斯堡成立了南非海信有限公司，当年产品在南非当地的市场占有率就达到了12%。随着南非消费者对"HISENSE"品牌的认可，海信成为当地最有名的中国品牌。南非的成功经验让周厚健信心备增，1999年，海信在巴西圣保罗市成立巴西海信有限公司，随后成功开拓了巴西及南美市场。

海尔"谋局"美国

在青岛,张瑞敏的海尔公司已经晋升为国家一级企业,他先后兼并了青岛的电镀厂、空调器厂、冷柜厂和冷凝器厂,构筑起了多元化的家电制造格局。1988年,海尔获得中国冰箱行业历史上第一枚国家质量金奖,海尔的名牌战略初获成功。1994年,张瑞敏用一篇充满激情的散文《海尔是海》,勾勒出企业的管理哲学、公司使命与精神。文章写道,海尔应像海。唯有海能以博大的胸怀纳百川而不嫌弃细流;容污浊且能净化为碧水。正如此,才有滚滚长江、浊浊黄河、涓涓细流,不惜百折千回,争先恐后,投奔而来。汇成碧波浩渺、万世不竭、无与伦比的壮观![1] 1995年,海尔在香港成立了贸易公司,并开始向美国出口冰箱[2]。短短3年,海尔冰箱成功在美国市场建立起自己的品牌,1998年,海尔出口美国的冰箱总额达到1700多万美元,占中国出口美国冰箱总额的36%,这个数字已经远远超过了在美国建一个冰箱厂的盈亏平衡点。1999年4月底,在美国南卡罗来纳州中部的一个小镇上,海尔投资3000万美元的海尔生产中心举行了奠基仪式,从此,海尔开始了在美国制造冰箱的历史,这也成为中国在美国制造和销售产品的起笔之作。

华为开启国际化之旅

20世纪八九十年代,随着世界大型电信设备制造商的纷纷入驻,以及国内几百家通信制造类企业的诞生,中国通信市场由原来的产品短缺演变为中外产品撞车,市场严重过剩的尴尬局面。面对日益饱和的国内市场,华为开启了国际化之旅。1994年,任正非发出豪言壮语,"10年后,世界通信行业

---

[1] 吴晓波:《激荡三十年》,中信出版社2007年版,第35页。
[2] 在接下来的1996年和1997年的两年里,海尔分别在印尼成立了莎保罗有限公司,在菲律宾成立了海尔—LKG电器有限公司,在马来西亚成立了海尔工业(亚细亚)有限公司。

三分天下，华为将占一分。""当我们计划国际化的时候，所有肥沃的土地都被西方的公司占领了。只有那些荒凉的、贫瘠的和未被开发的地方才是我们扩张的机会。"在这种思想的指导下，华为于 1996—1998 年，先后进入了俄罗斯市场、拉丁美洲、非洲市场，并于 2000 年进入亚洲市场。

获取自然资源

我国是自然资源相对短缺的国家，20 世纪 90 年代初，中央提出充分利用国内外两种资源、两个市场的战略方针。为了保障国家资源安全，中石油、中石化、中海油、五矿、首钢等企业纷纷开始了海外投资。

在国家支持石油工业"走出去"的大背景下，中国石化企业在油田工程、炼化工程、石油勘探开发等方面开始海外探索。1992 年，中海油提出开拓海外油气勘探开发战略，并于次年成立了由 13 名从事勘探开发的专业人员组成的海外发展部。整个 20 世纪 90 年代，中海油海外扩张的范围主要集中在东南亚地区，比如经过两次收购变成其最大股份拥有者的马六甲油田、收购缅甸海上 M 7/M 9 项目 5.9% 的权益等。也是在 1993 年，中石油中标秘鲁塔拉拉油田 6/7 区项目，开始踏上海外油气合作经营之路。

此时，以首钢为代表的国内部分钢铁企业也开始了海外探索。

1992 年 5 月，一篇题为《1992 年 5 月 22 日邓小平视察首钢》的文章刊登在《人民日报》上，文中写道，"邓小平说，来首钢是我的一桩心愿，我一直关心着首钢的改革。在谈到首钢取得的成绩时，邓小平说，主要是解放思想，换了脑筋就行。脑筋不换，怎么推也推不动。邓小平在听取首钢负责人汇报中讲，路啊，是历来明摆在那里的。走得快，走得慢；走得好，走得坏；那就要看走的路，第一是方向对不对，第二是走得好不好。你们两条路都对了，我赞成你们。邓小平在谈话中强调，国民经济要高速发展，钢要有年产 1.1 亿到 1.2 亿吨的目标。"这年的晚些时候，国务院批准首钢进一步扩大对外投资立项权、外经贸权以及资金融通权，首钢由此加快了国际化的步伐，在继续扩大出口的基础上，进入海外直接投资的迅速膨胀期，仅1992年、1993年两年时间内，首钢就建立了包括首钢秘鲁铁矿有限公司（以下简称"首钢秘铁"）在内的17家海外投资企业[①]。其中，首钢秘铁，是首都钢铁公司以1.18亿美元收购濒临倒闭的秘鲁铁矿公司98.4%的股份及其所属670.7平方公里矿区的永久性开采权、勘探权和经营权后成立的，这是中国在南美洲投资的第一家矿业企业，也成为首钢的海外矿石资源基地。如今，矿区所在地马尔科纳已从一个小渔村发展为繁华都市，首钢秘铁也成为当地的支柱产业，秘铁产量从1992年刚接手时的不足300万吨增加到2015年的1112万吨。

除了首钢，国内部分钢铁企业在20世纪90年代也迈出了国际化的步伐。比如宝钢在日本创办了宝和通商株式会社、在德国汉堡创办了宝欧公司、在美国创办了宝美公司，宝钢的这些海外机构主要从事产品销售、材料采购、第三方贸易、商情搜集分析等业务。

整合全球资源[②]

1994年，万向在美国注册设立万向美国公司。万向将集团主要的国际化业务（如欧洲、北美其他国家的海外业务）从集团剥离，交由万向美国公司来操作。这是万向不同于国内其他公司的一个独特举措，即集团没有国际部，所有的国际业务都由万向美国操作，国内所有的部门都配合万向

---

① 这17家企业分别是首长国际企业有限公司、首钢马来西亚有限公司、印尼萨发利有限公司、首钢迪拜钢丝厂、首钢莫斯科办事处、首钢秘鲁铁矿有限公司、宝佳集团有限公司、首长科技集团有限公司、首长四方集团有限公司、海成集团有限公司、保华国际德祥建筑公司、首钢香港控股公司、超群控股有限公司、宝生国际有限公司、利和国际有限公司、吉泰安企业有限公司及华宇实业有限公司。

② 万向美国的重大并购活动有：1997年收购英国AS公司60%股份，成立万向欧洲轴承公司，成为万向拓展欧洲轴承市场的一个据点，充分利用其较成熟的市场网络，实现销售目标。1998年收购美国舍勒公司的设备、品牌、技术专利及全球市场网络；2000年收购LT公司35%股权，利用其在北美的加工装配基地。2001年收购美国UAI公司21%股权。收购协议中规定UAI必须每年向万向购买2500万美元的制动器，并将他们的知名品牌——"UBP"引进中国；2003年收购翼型万向节转动轴的发明者和全球最大的供应商洛克福特公司。

美国的全球化业务。万向美国先后在美国、英国、德国、加拿大等7个国家设立了11家境外公司，并对他们的资源进行有效整合，建立起海外生产基地、海外研发中心和涵盖50个国家和地区的万向国际市场营销服务网络。

截至1999年年底，全世界6万多家跨国公司，控制了世界生产的40%，国际贸易的60%，国际直接投资的90%。此时，我国虽然已经有部分企业开始了海外探索，但总体来说，我国企业的国际化水平还十分有限。截至2000年，我国经批准的境外企业累计达到6296家，涉及160多个国家和地区，协议投资总额112亿美元，中方协议投资额为76.3亿美元，中国境外投资企业的平均规模为150万美元，不仅大大低于发达国家海外投资平均规模600万美元的水平，也低于发展中国家450万美元的平均水平。[①]

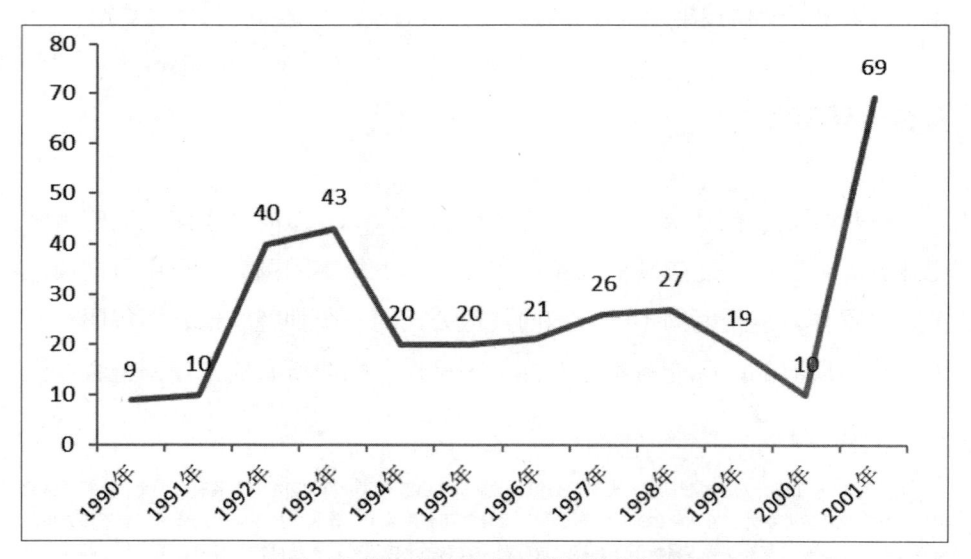

图1　20世纪90年代中国对外直接投资流量

资料来源：根据联合国贸发会议各年度世界投资报告整理。

[①] 博阳、贾康、魏昕：《中国企业跨国发展研究报告（下）》，中国社会科学出版社2002年版，第706页。

国际化之初,任正非用"跌跌撞撞"形容华为当时的步子。其实这个词也可以用来形容20世纪90年代的中国企业,虽然越来越多的中国企业开始海外经营,但直接出口仍是这些企业最主要的海外经营活动,其次是在海外建销售网、工程承包、合资等。他们在海外开拓市场,更多地是在黑暗里摸索,没有经验,亦缺乏借鉴。

第三章
(2001—2007年) 风云际会：
中国企业鏖战全球

2001年12月，经过15年的长途跋涉，中国终于迈入了世界贸易组织的大门。中国"入世"，是中国对外开放的一个重要里程碑，不仅表明了中国政府坚持改革开放的决心，也标志着中国全面融入世界经济的开始。"走出去"战略在这一时期正式上升为国家战略，一系列政府机构调整、改革政策密集出台，对外直接投资管理体制逐渐由审批制向核准制、备案制转变。在"入世"与"走出去"战略的双重辐射下，我国原先偏重招商引资的单向开放，转向"引进来"与"走出去"并重的双向开放格局。在世界经济版图面临重新划分之际，中国的跨国公司正成为中国对外经济战略中不可或缺的行为载体。

中国"入世"

毫无疑问，"入世"对中国和世界其他国家都是好事。它不仅标志着中国为此前20年实施的改革开放政策奠定了更加坚实的基础，更为世界贸易的发展做出重大贡献。

——WTO总干事 拉米

从"复关"到"入世"

2001年12月11日,中国正式成为世界贸易组织(WTO)成员,此时,距离中国首次递交"复关"申请已经过去了整整15年。全球化智库(CCG)主席龙永图先生亲自参与了这其中关键性的10年谈判,并以首席谈判代表的身份目睹了中国加入WTO的历史性一刻。

其实早在20世纪80年代,中国就已经开始参与世界贸易组织的前身——关贸总协定(GATT)的活动,并以观察员的身份[1]列席关贸总协定的相关活动。随着中国改革开放进程的加快,到1986年,中国的对外贸易额已达到738.5亿美元,是改革开放初期的3倍多[2],但与此同时,由于还没有加入《关税与贸易总协定》(简称关贸总协定),出口屡屡受限,尤其是占到出口总额30%的纺织品,总是得不到相应的配额。中国如果想进一步融入世界经济,公平的世界贸易环境必不可少。出于这种对内改革,对外开放的需要,中国于1986年正式提出关于恢复关贸总协定缔约方地位的申请,中国的"复关"旅程由此启动。

"复关"谈判可谓一波三折。由于20世纪70年代前,我们从理论到实践都是讲社会主义计划经济有无比优越性,后来又说,中国是有计划的商品经济,几乎从未触碰过"市场经济"这一概念,所以在"复关"谈判中,围绕"中国究竟是不是市场经济国家""在企业中,究竟是厂长说了算,还是党委书记说了算""何为公有制基础上的有计划的商品经济"等问题就成为

---

[1] 中国是关贸总协定创始国之一。1947年10月30日,中国与其他22个国家和地区在日内瓦签署《关税与贸易总协定临时适用议定书》,宣布在《国际贸易组织宪章》为各国批准之前适用关贸总协定,并自1948年1月1日起生效。1948年4月21日,中国国民政府签署关贸总协定《临时适用议定书》,并于当年5月21日正式成为关贸总协定缔约方。1949年中华人民共和国成立,成为中国的唯一合法政府。但是由于西方国家的阻挠,我国未能继承在联合国合法席位和关贸总协定中的缔约国席位。改革开放后,中国的对外经济贸易迅速发展起来,与有关国际组织开始建立广泛联系。1980年在推动世界经济发展的三大经济支柱机构中,只有关贸总协定没有恢复中国的合法席位。1982年11月,中国第一次派代表团以观察员的身份列席关贸总协定第36届缔约国大会,1984年4月,中国取得了关贸总协定特别观察员地位。

[2] 《艰难的谈判——中国加入世贸组织全程回顾》(http://news.sohu.com/51/55/news147135551.shtml)。

争议的焦点。1987年11月，中国政府向关贸总协定提交了各缔约方对《中国贸易制度备忘录》所提出的329个问题的答复，随后，关贸总协定又陆续向中国提出了诸多问题，中国前前后后回答了总计约有1000多个问题。龙永图先生曾回忆道：为"市场经济"这4个字整整谈了6年。其实1994年，在世界贸易组织取代关贸总协定的前一年，中国已经非常接近"复关"的目标了，但是因为部分发达国家成员漫天要价，不断加高关贸的门槛，最终让人叹息。中国的"复关"谈判不得不转为"入世"谈判。在接下来的"入世"谈判中，世贸组织136个成员中，有37个成员提出要与中国举行双边市场准入谈判。从1997年5月23日中国与匈牙利签署第一个双边市场准入协议，到1999年11月15日中美签署双边协议，中国"入世"的双边市场准入谈判才算真正有了突破。中美达成协议后，中国"入世"道路变得通畅起来，2001年9月13日，中国与第37个成员国——墨西哥达成协议，从而结束了中国"入世"的双边市场准入谈判……

2001年12月11日，经过15年的长途跋涉，中国终于迈入了世界贸易组织的大门，成为"世界经济体制三大支柱"[1]的全部成员。"从没有一个国家加入世贸的过程像中国这样独特，其间的曲曲折折可以写成一本书。"中国"入世"全部法律文件（英文）的起草者杰夫瑞·盖特勒[2]如是说。

中国加入世贸组织，是中国对外开放的一个重要里程碑，不仅表明了中国政府坚持改革开放的决心，也标志着中国全面融入世界经济的开始。

与国际接轨

"我们'入世'的目的并不仅仅是为了'入世'，更重要的是为了推动我们改革开放的进程，促进市场经济体制的建立，推动经济结构调整和参与经

---

[1] 这里指国际货币基金组织、世界银行、世贸组织。
[2] 中国缔约方地位工作组法律专家，1987年3月中国工作组成立，1988年杰夫瑞·盖特勒先生即作为法律专家参与其中，并成为中国"入世"全部法律文件（英文）的起草者。

济全球化的进程。"正如龙永图所言，"入世"意味着中国的贸易制度，相关法律法规需要与国际接轨，需要遵守世界贸易组织的规则。

为遵守 WTO 规则并履行中国加入 WTO 的承诺，从 2000 年底外经贸部成立 WTO 法律工作小组到 2002 年 8 月工作小组正式解散，在历时近两年的"修法"活动中，共修订法律文件 210 件，废止法律文件 559 件，确定保留法律文件 450 件。截至 2002 年年中，全国 31 个省、自治区、直辖市和 49 个较大的市根据清理结果，修改、废止了 19 万多件地方性法规、地方政府规章和其他政策措施。[①] 在 WTO 法的约束下，中国国内法制发生巨变，更重要的是，法治观念也发生了重要变化，"据不完全统计，中国'入世'以来，仅《国务院公报》公开的行政法规和部门规章及行政措施就多达 4500 多件，商务部则通过《中国对外经济贸易文告》履行《中国加入世界贸易组织议定书》要求公布与贸易有关的部门规章及措施等的义务。此外，全国人大常委会和国务院法制办及商务部条法司等，分别通过多种渠道听取公众对法律法规及措施的制定和实施意见。这种从履行国际义务到工作常态的变化，说明透明度观念已开始扎根于中国的法治……中国入世所引起的国内法制的直接变化和法治观念的间接变化，不亚于三十多年前中国法制的重建。"[②]

经过 2006 年、2008 年，以及 2010 年的 WTO 对中国政策的三次评审，截至 2010 年底，中国"入世"的所有承诺已全部履行完毕，基本建立起符合世贸规则要求的经济贸易体制。

表 3   "入世"前后相关法律的制定/修订情况

与我国的法律法规制定程序的相关法律法规	修改或指定与贸易有关的投资、服务、知识产权等领域的法律法规
制定《立法法》(2003 年)	《中外合资经营企业法》(2001)

[①] 黄至瑾：《经济全球化与中国转型发展——暨纪念中国加入 WTO 十周年研讨会综述》，《世界贸易组织动态与研究》2011 年第 5 期。

[②] 张乃根：《论 WTO 法下的中国法制变化》，《法学家》2011 年第 1 期。

续表

与我国的法律法规制定程序的相关法律法规	修改或指定与贸易有关的投资、服务、知识产权等领域的法律法规
制定《行政法规制定程序条例》(2002年)	《中外合作经营企业法》(2000年)
制定《规章制定程序条例》(2002年)	《外资企业法》(2000年)
与贸易体制和政策相关的法律法规	《公司法》(2005年)
修订《对外贸易法》(2004年)	《关于外商投资举办投资性公司的规定》(2004年)
在原有的《反倾销和反补贴条例》基础上分别制定《反倾销条例》(2002年、2004年修订) 和《反补贴条例》(2002年、2004年修订)	《外商投资矿产勘查企业管理办法》(2008年)
制定《保障措施条例》(2002年、2004年修订)	《关于外国投资者并购境内企业的规定》(2006年)
修订与进出口相关法律法规	《企业所得税法》(2007年)
《海关法》(2000年)	《商业银行法》(2003年)、《证券法》(2004年)、《保险法》(2009年)
《进出口关税条例》(2003年)	《电信条例》(2000年)、《外商投资电信企业管理规定》(2008年)
《进出口商品检验法》(2002年)	《专利法》(2008年)、《商标法》(2001年)
《技术进出口管理条例》(2001年)	《反垄断法》(2007年)
《地理标志保护规定》(2005年)	《著作权法》(2010年)

资料来源：根据张乃根《论WTO法下的中国法制变化》,《法学家》2011年第1期资料整理。

除了清理法规，降低关税也是我国的"入世"承诺。在"降低关税引狼入室"的喧嚣声中，我国在各个行业的关税都进行了相应的调整与降低，关税总水平从15.3%降到了9.8%，其中汽车行业的降幅最大。[①] 据龙永图回忆，中国开始进行汽车关税谈判的时候，中国汽车的关税高达180%—200%，因此，汽车关税的谈判进行得十分艰难，人们普遍认为，加入世界贸易组织后，中国汽车行业失去关税保护后将遭受到巨大冲击，但是"入世"多年，关税的大幅度降低并没有击垮国内汽车业，一批国外的知名车企如福特、丰田、宝马、奔驰等先后与中国国内车企成立合资企业进行生产，巨大的规模效应实现了企业、消费者和政府的多赢局面。2000年，中国汽车产量不及

---

① 《中国入世降税承诺完成关税从15.3%降至9.8%》(http://www.chinanews.com/cj/2010/08-03/2444332.shtml)。

美国的 1/6，销量不及美国的 1/8[1]，2009 年，中国成为全球第一产销大国。2001 年，李书福还在为汽车"准生证"问题发愁，2009 年，吉利收购了全球著名汽车品牌沃尔沃，大踏步走向海外。

中国开放的姿态为企业赢得了更为公平的贸易环境，将贸易推向更为广阔的国际市场，并取得了令人瞩目的成绩。据世界贸易组织《全球贸易报告》数据显示，中国出口总额 2001 年排名全球第六，2004 年超过日本，跻身前三甲，2007 年超过美国，位列第 2 位，2009 年超过德国，此后稳坐世界出口第一把交椅。[2]

倒逼产业改革

"入世"将中国各大产业推向世界舞台，中国企业如果想立足，就需要直面来自全球的挑战，通过持续的改革与创新，不断提高竞争优势与适应能力，在竞争中谋求生存与发展。在"入世"的倒逼下，家电、汽车等行业迈开了适应世界经济体系的步伐。

家电行业规模实现飞速发展。2010 年我国家电工业总产值达到近万亿元，比"入世"前增长了近 4 倍，出口产值 2000 亿元，增长超过 20 倍。中国的家电制造商们面对来自国内、国际两个市场的竞争者，不仅守住了国内的市场份额，更成功迈出国际化的步伐。以海尔为例，继第一个设计、生产、营销"三位一体"本土化的美国海尔工业园后，海尔继续着自己的全球布局。2001 年，海尔开始了在欧洲的第一笔投资——并购意大利冰箱厂迈尼盖蒂（Meneghetti），加之海尔在法国里昂和荷兰阿姆斯特丹的设计中心，在意大利米兰的营销中心，真正实现了欧洲"三位一体"的本土化经营。2001 年，海尔在突尼斯成立的合资工厂开始建设；2002 年，海尔约旦工业

---

[1] 《中国汽车业的崛起——累计产销量突破 1 亿辆》(http://blog.sina.com.cn/s/blog_6550042b0100qkt7.html)。
[2] 赵敏、林汉川：《入世十年中国企业出口数据变化评析》，《北京工商大学学报》(社会科学版) 第 27 卷第 2 期。

园生产的产品顺利进入伊拉克市场；2007 年，海尔在印度市场"三位一体"的本土化战略格局基本形成……

根据《中国汽车产业发展报告（2011）》[①]，加入 WTO 之后，中国汽车产业对外合资合作的范围变广、层次变深。人们担心的本土汽车企业被跨国汽车企业冲垮的局面没有出现，而是形成了多个跨国公司进入与国内优秀企业自主发展并举的局面，在一定程度上，跨国公司已将中国作为其全球战略的组成部分，使中国融入了汽车产业全球分工体系。[②]2000 年前，中国只有 10 家整车合资企业，"入世"后约 10 年，新签约成立的汽车合资企业就达到了 229 家，其中整车企业 42 家，零部件企业 126 家。2000 年，中国汽车产量为 200 万辆，"入世"后的第一年，这个数字就突破 300 万辆。1984 年，中国轿车销量为 2.77 万辆，其中进口车比重高达 78.3%。而到 2010 年，在乘用车市场上进口车比重已降到 5.7%，自主品牌的市场份额则达到 45.6%，国外技术和产品的引进，对推进市场发展起到了重要作用。[③]通过合资企业，学习到了先进的技术，培养了大量的人才，我国汽车工业整体水平也在短时间内迅速提升，并进一步推动了经济的增长。

表 4　"入世"后部分汽车行业跨国公司在中国成立合资公司情况

成立时间	合资公司	合资方
2002年10月	北京现代	北京汽车投资有限公司和韩国现代自动车株式会社
2003年5月	华晨宝马	宝马集团和华晨中国汽车控股有限公司
2003年6月	东风日产	东风汽车有限公司和日产汽车公司
2003年7月	东风本田	东风汽车集团股份有限公司出资50%、本田技研工业（中国）投资有限公司出资10%、日本本田技研工业株式会社出资40%

---

① 该报告是由国务院发展研究中心产业经济研究部、中国汽车工程学会、大众汽车集团（中国）编著，由社会科学文献出版社出版的汽车蓝皮书，是关于中国汽车产业发展的研究性年度报告。
② 《入世10年看汽车之合资潮：风起云涌　激辩不止》（http://auto.163.com/11/0819/08/7BQBUUBM00084IJS.html）。
③ 同上。

续表

成立时间	合资公司	合资方
2005年8月	北汽奔驰	北京汽车股份有限公司 戴姆勒股份公司

资料来源：根据各公司官网资料整理。

十多年前，在国外，发达国家对中国能否符合 WTO 的规范与要求深表质疑，在国内，有关中国是否应该融入世界市场的口水战正酣，"狼来了"成为彼时最吸引眼球的词汇。时至今日，中国经济快速发展，综合国力显著提升。2001 年，中国 GDP 总值 109655.2 亿元人民币，排在美、日、德、法、英之后，列世界第六位。2010 年，中国 GDP 超越日本，成为世界第二大经济体。2001 年，中国货物贸易额 5098 亿美元，列全球第六。2013 年，中国货物贸易额 4.16 万亿美元，跃居全球第一。事实证明，加入 WTO 完全符合改革开放的基本国策，"入世"为中国经济崛起于世界之巅创造了坚实的制度基础，并让中国企业有更多机会成为全球化舞台上的主角。

"走出去"战略

"走出去"一直以来是我国改革开放过程中企业全球化发展的关键词。20 世纪 90 年代，随着市场经济的建立，企业"走出去"思想在实践中不断丰富发展和完善。2001 年，实施"走出去"战略写入《国民经济和社会发展第十个五年计划纲要》，正式上升到国家战略层面。"走出去"战略又称国际化经营战略，是指中国企业充分利用国内和国外"两个市场、两种资源"，通过对外直接投资、对外工程承包、对外劳务合作等形式积极参与国际竞争与合作，实现我国经济可持续发展的现代化强国战略。[1]"走出去"战略通常可分为两个层次：第一个层次是商品输出层次，是指货物、服务、技术、管理等商品和要素的输出，主要涉及货物贸易、服务贸易、技术贸易以及承包

---

[1]《"走出去"战略概述》(http://www.360doc.com/content/16/0318/10/18235767_543268073.shtml)。

劳务等；第二个层次是资本输出层次，是指对外直接投资，主要涉及的是到海外投资建厂和投资开店。①

漫长孕育期

每个关系到国家经济发展的战略的提出必然有漫长的探索、徘徊的演进期。我国"走出去"战略构想的提出同样经历了漫长的孕育期，其最早可以追溯到邓小平的对外开放理论，可以说，对外开放为"走出去"战略提供了坚实的理论基础。1979年，国务院颁布15项经济改革措施，首次允许"出国办企业"，中国企业"走出去"有了政策保障。

"随着我国对外开放政策的贯彻执行和对外经济技术合作的发展，国内企、事业单位到海外投资办企业的情况逐年增多。其中有些项目在引进技术、提供国内短缺资源等方面起到了一定的积极作用；但也有些项目，由于对国际市场和外国法律不熟悉以及缺乏经验等原因，预期效果不明显，甚至出现企业亏损，不仅给国家造成经济上的损失，也在政治上带来不良影响……" 1991年，当时的国家计划委员会，也就是国家发展和改革委员会的前身，在向国务院报送的《关于加强海外投资项目管理的意见》（以下简称《意见》）中提出，我国还不具备大规模到海外投资的条件。该《意见》成为当时我国对外投资的指导思想，限制对外投资也成为20世纪90年代相当长时间内我国对外直接投资的主基调。

随着邓小平南方谈话、党的十四大确立市场经济体制改革目标，中国经济迎来了新的发展。国内长期商品短缺的状况发生改变，不少行业的生产能力开始供过于求。面对局限的国内市场空间，如何积极开拓市场，扩大有效需求，并在更广阔的市场空间里优化资源配置，成为当时的新挑战。此外，中国加入WTO的各项工作也在紧锣密鼓地进行着，开放倒逼国内企业走出

---

① 卢进勇：《入世与中国企业的"走出去"战略》，《国际贸易问题》2001年第6期。

国门，参与到全球的竞争中去，在这样的背景下，"走出去"的需求变得日益迫切。1996年，时任国家主席江泽民在河北唐山考察工作时指出："要加紧研究国有企业如何有组织地'走出去'，做好利用国际市场和国外资源这篇大文章。"党的十五大进一步提出："更好地利用国内国外两个市场、两种资源，积极参与区域经济合作和全球多边贸易体系，鼓励能够发挥我国比较优势的对外投资"。同年，在全国外资工作会议上，江泽民再次强调："我们不仅要积极吸引外国企业到中国来投资办厂，也要积极引导和组织国内有实力的企业'走出去'，到国外投资办厂，利用当地的市场和资源。"

一系列支持中国企业对外贸易和对外投资的政策开始相继出台，比如，1997年5月，原对外经济贸易合作部印发《关于设立境外贸易公司和贸易代表处的暂行规定》，明确我国可以在除港澳台之外的境外地区设立贸易公司和贸易代表处，从事贸易活动。1999年2月，国务院办公厅转发了国家经贸委、财政部、外经贸部《关于鼓励企业开展境外带料加工装配业务的意见》，提出支持我国企业以境外加工贸易方式"走出去"，鼓励轻工、纺织、家电等行业中具有比较优势的企业到境外开展带料加工装配业务……

在21世纪到来之际，"走出去"战略即将正式亮相。

成为国家战略

2000年10月，党的十五届五中全会通过了《中共中央关于制定国民经济和社会发展第十个五年计划的建议》，将"走出去"上升为国家战略，该《建议》规定在"十五"期间，乃至更长的一段时期内，国家要实行"走出去"的开放战略。

"走出去"上升为国家战略后，一系列政府机构调整、改革政策密集出台，对外直接投资管理体制逐渐由审批制向核准制、备案制转变。

2003年3月，中央机构开始调整，合并了原对外经济合作部和国内贸易部，成立商务部，下设25个职能机构，其中对外经济合作司的主要职能

第一条即明确为组织、协调实施"走出去"倡议；指导和管理对外投资、境外加工贸易和研发，境外资源合作、对外承包工程和对外劳务合作等对外投资和经济合作业务。[①] 商务部成立仅一个月，就发布了《商务部关于做好境外投资审批试点工作有关问题的通知》，提出支持和鼓励有比较优势的各种所有制企业对外投资，在北京、天津、上海、江苏、山东、浙江、广东、福建、青岛、宁波、深圳、厦门等省市进行改革试点，下放境外投资审批权限、简化境外投资审批手续。

2004 年 7 月，《国务院关于投资体制改革的决定》明确对境外投资管理由审批制向核准制转变，并明确国家发展和改革委员会（以下简称国家发改委）负责核准境外投资项目，商务部负责核准境外开办企业。10 月，国家发改委发布的《境外投资项目核准暂行管理办法》进一步下放了境外审批权限，中方投资额在 2 亿美元以上的资源开发类项目及 5000 万美元以上的其他大额用汇项目，由国家发改委审核后报国务院核准。商务部则在 10 月和 11 月连续出台了《关于境外投资开办企业核准事项的规定》《国别投资经营障碍报告制度》，共同规范了中国政府在境外投资方面的监督与服务工作[②]。随后几年，关于我国境外投资的政策，国家发改委、商务部联合相关部门，又先后进行了更新与完善（详见附录 1），为我国企业"走出去"，在世界范围内参与国际竞争提供更为便利的政策环境。

中国企业鏖战全球

在"入世"与"走出去"的双重辐射下，我国原先偏重招商引资的单向开放，转向"引进来"与"走出去"并重的双向开放格局。在世界经济版图

[①] 杨欢、吴殿廷、王三三：《中国"走出去"战略的阶段性及其策略研究》，《国际商务——对外经济贸易大学学报》2012 年第 6 期。

[②] 张洁颖、周煊：《"走出去"战略背景下中国对外直接投资政策体系的思考》。

面临重新划分之际，中国的跨国公司正成为中国对外经济战略中不可或缺的行为载体。

爆发式增长

中国成为 WTO 成员，是中国企业真正"走出去"的基本环境条件。"走出去"上升到国家战略层面，为中国企业创造了"走出去"的政策条件。在政策驱动和市场竞争的双重激励下，中国海外直接投资规模开始呈现爆发式增长。

整个 20 世纪 90 年代，中国对外直接投资为 245 亿美元，随着国家"走出去"战略的实施与对外投资政策的调整，中国企业在对外投资方面迎来了一波积极的探索。尤其是 2004 年 7 月，国务院颁布了我国对外投资史上的转折性文件《国务院关于投资体制改革的决定》，企业的投资决策权应该由企业自己行使。政府一律不再实行审批制，将区别情况实行核准制和备案制。从此，中国企业对外投资开始呈现爆发式增长：2005 年突破 100 亿美元大关，2006 年突破 200 亿美元，2008 年更是突破 500 亿美元，同比增长 111%，2002—2008 年，中国对外投资年均增长率达到 65.7%。

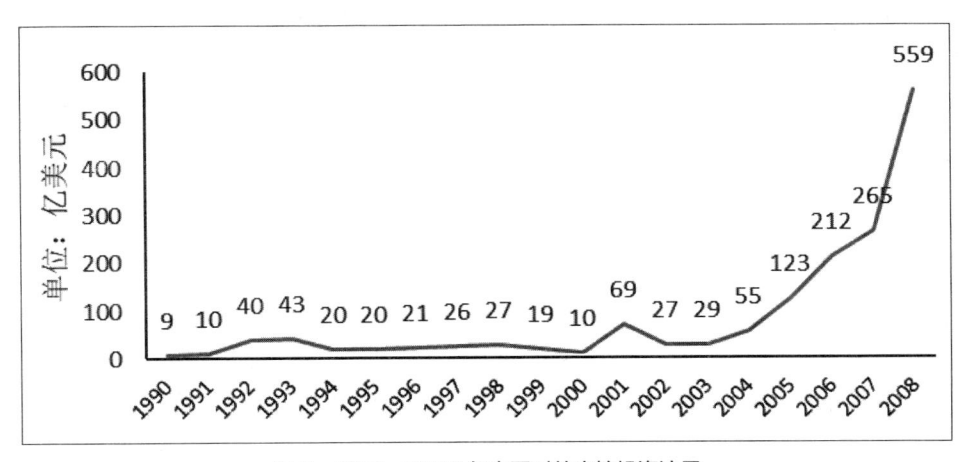

图 2　1990—2008 年中国对外直接投资流量

资料来源：1990—2001 年数据来自联合国贸发会议，2002—2008 年数据来自中国商务部。

金融危机前，中国的 1 万多家对外直接投资企业分布在全球 170 多个国家和地区，投资覆盖率[①]超过 70%，其中，中国企业对亚洲、非洲、北美洲和欧洲的覆盖率分别达到了 90%、81%、75% 和 74%。

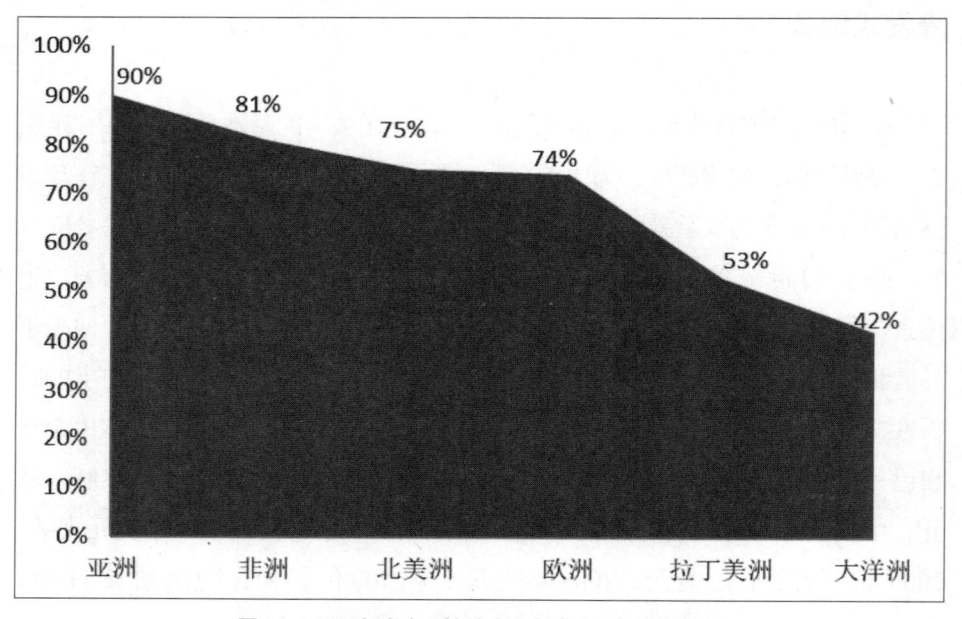

图3　2007年末中国境外企业在世界各地的覆盖率

资料来源：根据商务部、国家统计局《2007年度中国对外直接投资统计公报》资料整理。

行业分布

"入世"之后到金融危机前，中国企业海外投资行业流向主要集中于六大产业：采矿业、商务服务业、制造业、批发和零售业、交通运输和仓储业以及金融业。

采矿业对外投资起步于 20 世纪 80 年代中期，以中钢、首钢、中化等为代表的矿业企业率先走出国门。"入世"后至金融危机前，采矿业对外投资始终属于中国对外直接投资的重头戏，并且曾一度占据中国对外直接投资的

---

① 投资覆盖率是指，中国境外企业覆盖国家数量与国家地区总数的比率。

近半壁江山。其中，国有企业投资手笔较大，在采矿业对外投资中占主导地位。具备一定实力的民营企业也积极"走出去"，通过参股、并购等方式进行资源储备。如2007年，江苏沙钢集团斥资约1.08亿美元收购英国斯坦科（Stemcor）控股公司旗下的澳大利亚萨维奇河铁矿（Savage River）90%的股份。值得一提的是，民营企业还出现了联手国有企业共同对外投资的情况，如2004年，武钢、唐钢联合马钢、沙钢获得必和必拓转租的澳大利亚Jimblear铁矿40%的股权。

加入WTO以来，制造业附加值占中国GDP的比重一直保持在30%以上，制造业对中国经济的意义不言而喻。制造业企业是中国经济走向世界的"排头兵"，海尔、海信、吉利、万向、华为……早已声名远播。2003年，制造业海外投资占比超过20%，但是，金融危机对制造业海外投资造成了比较大的负面影响，金融危机前后，制造业海外投资占比明显下降，2006年、2008年、2009年，其占比分别仅为4.3%、3.2%、4%。不过，随着金融危机影响的逐渐弱化，制造业对外投资将逐步恢复，2015年后，其占比将重上两位数。

商务服务业、批发零售与交通运输仓储业等服务领域投资在"入世"之后显著增加。2003年，中国企业对外投资中投向上述服务业的比例为25.4%，2007年，这一比例上升到61.5%。这一变化表明，中国企业对外投资从以采矿业、制造业等第一、第二产业为主开始向第三产业为主发生转变。

表5　　　　2003—2008年中国对外直接投资流量行业分布情况[①]

	2003年	2004年	2005年	2006年	2007年	2008年
第一	采矿业	采矿业	商务服务业	采矿业	批发和零售业	商务服务业
投资额	13.8	18	49.4	85.4	66	217.2
占比	48.4%	32.7%	40.3%	40.4%	24.9%	38.8%

---

① 2002年12月，为了及时客观反映我国对外投资统计工作，原外经贸部和国家统计局共同制定了《对外投资统计制度》，从2003年起，每年发布对外投资统计公报，以加强我国企业开展境外投资活动的宏观监管并为各级政府部门掌握情况、制定政策、指导工作等提供依据。

续表

	2003年	2004年	2005年	2006年	2007年	2008年
第二	制造业	交通运输和仓储业	制造业	商务服务业	商务服务业	金融业
投资额	6.2	8.3	22.8	45.2	56.1	140.5
占比	21.8%	15.1%	18.6%	21.4%	21.2%	25.1%
第三	批发和零售业	批发和零售业	批发和零售业	金融业	交通运输和仓储业	批发和零售业
投资额	3.6	8	22.6	35.3	40.7	65.1
占比	12.6%	14.5%	18.4%	16.7%	15.4%	11.7%
第四	租赁与商务服务业	制造业	采矿业	交通运输和仓储业	采矿业	采矿业
投资额	2.8	7.6	16.8	13.8	40.6	58.2
占比	9.8%	13.8%	13.7%	6.5%	15.3%	10.4%
第五	农林牧渔业	商务服务业	交通运输和仓储业	批发和零售业	制造业	交通运输、仓储和邮政业
投资额	—	7.5	5.8	11.1	21.3	26.6
占比	3%	13.6%	4.7%	5.2%	8%	4.8%
第六	交通运输和仓储业	农林牧渔业	其他	制造业	金融业	制造业
投资额	—	2.9	5.2	9.1	16.7	17.7
占比	3%	5.3%	4.3%	4.3%	6.3%	3.2%

资料来源：根据2003—2008年各年份商务部对外投资统计公报资料整理。其中，2003年农林牧渔与交通运输只公布了占比情况。注：投资额单位为亿美元。

并购潮起

中国"入世"之前，跨国并购已经成为全球对外直接投资的主要方式。2000年，全球对外投资总量约14000亿美元，其中跨国并购占比已经达到78.6%[1]。中国"入世"后，对外投资环境不断改善，随着企业的发展壮大，越来越多的企业开始尝试走出海外，加入到跨国并购的浪潮中来。根据UNCTAD数据显示，在"入世"之前的整个20世纪90年代，中国企业跨

---

[1] 王志乐：《走向世界的中国跨国公司》，中国经济出版社2007年版，第1页。

境并购发生 406 起，金额为 89 亿美元。"入世"后，2002—2007 年的六年间，中国企业跨境并购发生 708 起，金额为 235 亿美元。"入世"后，中国企业跨境并购区域上也有了明显扩展，从少数发达国家和发展中国家扩展到全球 51 个国家和地区，并首次进入大洋洲和非洲国家[①]。可见，无论是并购规模还是并购区域都有了很大发展，中国企业与世界的联系更为紧密。

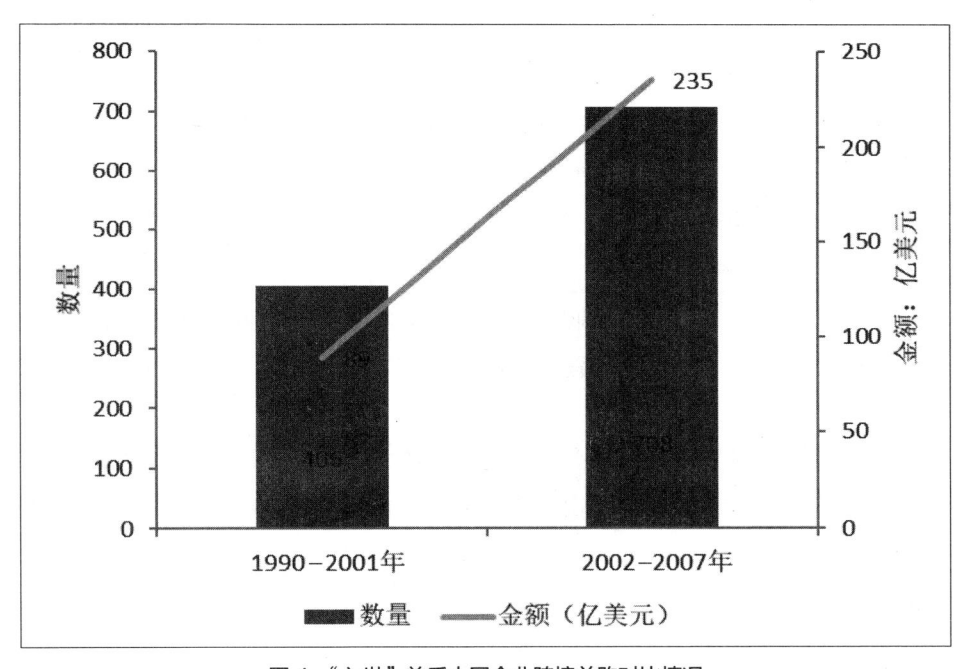

图 4 "入世"前后中国企业跨境并购对比情况

资料来源：根据 UNCTAD 跨国并购数据库资料整理。

尽管"入世"后中国企业跨境并购有了明显增长，但是，中国企业海外并购仍属于"潮起"阶段，在全球企业跨境并购中并不显眼，如 2002—2007 年中国企业跨境并购在数量上占全球的 1.3%，在金额上仅占 0.8%。即使选取发展中国家作对比，这个比例也不高，如 2002—2007 年，中国企业跨境并购数量占发展中国家的 8.8%，金额占 5.7%。

---

① 李凌:《中国企业跨境并购区位选择研究》，上海人民出版社 2017 年版，第 103—104 页。

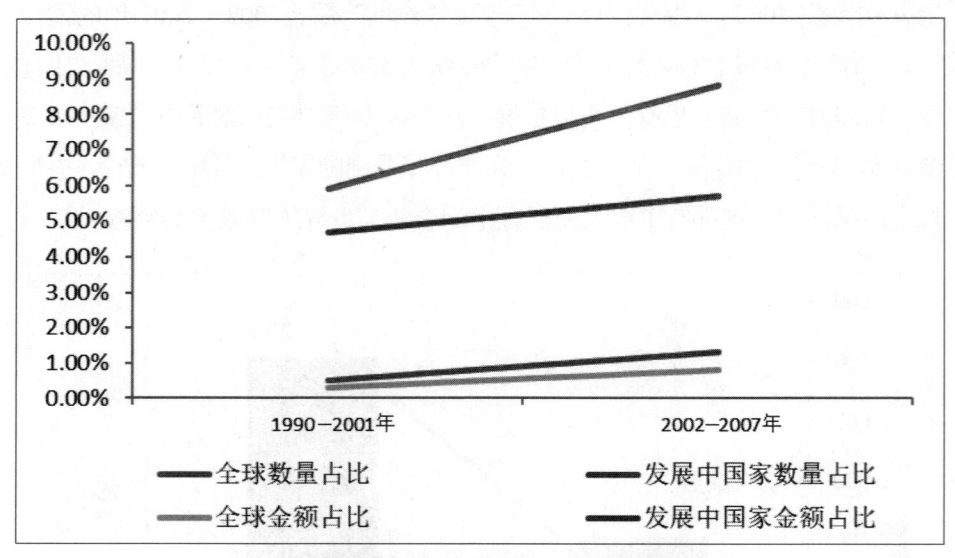

图5 "入世"前后中国企业跨境并购在全球及发展中国家占比情况

资料来源：根据UNCTAD跨国并购数据库资料整理。

这一时期，海外并购的主角不但包括国企，一大批民企也纷纷加入并购大潮，出现了一批由民企发起的具有影响力跨境并购案，如2001年6月，海尔投资2亿港元，收购意大利迈尼盖蒂一家冰箱厂；2001年8月，万向以280万美元的价格收购了美国一家老牌汽车零部件制造商UAI公司21%的股权，成为该公司第一大股东，收购完成后，UAI在美国的股价上涨了3倍，万向也成为国内第一家通过并购进军美国的民营企业；2002年起，TCL短时间内先后在欧洲进行了三笔海外并购案，一时引起不小的国内企业的瞩目。

整合全球资源的缝纫巨头——上工申贝

上工申贝1965年建厂，前身为上海工业缝纫机厂，是我国最早的工业缝纫机厂之一，拥有"上工牌"和"蝴蝶牌"两个全国驰名商标，在缝制设备市场拥有重要地位。随着中国对外开放步伐的不断加大，以日本缝制设备制造商为代表的国际巨头开始向中国转移生产基地,面对国际巨头的技术优势和逐步拉平的成本优势,上工申贝面临巨大压力,甚至一度跌出中国缝制机械行业前十名。此时,国家推动"走出去"战略日益形成气候,上工申贝决定抓住时机,在世界范围内寻找能够掌握核心技术并且愿意与自己一起合作的企业。2005年6月,上工申贝收购杜克普·阿德勒公司(简称DA公司)。DA公司,德国缝纫巨头,具有百年历史,被誉为工业缝纫行业的奔驰宝马,拥有丰富的技术底蕴,仅注册专利就达200多项,涵盖了当今缝制机械高端技术几乎所有领域。收购后,上工申贝借助DA公司在工业缝纫领域高端技术和产品,通过国内外技术和市场的双重整合,一举打破多年徘徊不前的局面,2005—2017年上工申贝市值翻了8倍,DA的市值在同期翻了10倍,实现了双赢。通过将德国顶尖技术与中国商务成本、市场需求及制造能力相结合,上工申贝迅速提升自身的技术水平和国际竞争力,改变全球工缝机市场日企独大的格局。之后,上工申贝一发不可收拾,先后收购了德国百福工业系统与机械股份公司、德国凯尔曼特种机器制造商(KSL),投资2850万欧元,获得全球最大编织横机器制造商——百年老店H.Stoll 26%股权,至此,构建了完整的自动工业缝制设备技术,实现借梯登高,成为世界缝纫机行业巨头,稳坐世界缝纫机行业第二的位置。

表6　　　　　　　　　2001—2008年中国企业海外收购部分案例

时间	收购案例	影响
2001年6月	海尔收购意大利迈尼盖蒂	海尔获得了欧洲的白色家电生产基地,而且拥有了参与当地制造商组织的条件,从而为实现在当地"融资、融智、融文化、创世界名牌"打下了坚实的基础
2001年8月	万向收购美国UAI公司	是中国乡镇企业在面临我国加入WTO的新形势下,所作的新尝试,开中国乡镇企业收购海外上市公司之先河
2002年9月	TCL收购德国"三大民族品牌"施耐德	TCL获得了施耐德高新技术彩电生产线,进入欧盟的国际市场
2003年2月	京东方收购韩国现代半导体株式会社	国内上市公司最大的一起高科技海外收购案,通过收购,京东方成为中国第一家拥有TFT-LCD核心技术与业务的企业,开辟了直接进入国内显示器高端领域和全球的通道

续表

时间	收购案例	影响
2004年12月	联想收购IBM的PC业务	联想成为全球第三大PC制造商
2005年7月	上工申贝收购德国DA公司	上工申贝跻身全球缝纫设备前三强，中资国有企业首次收购德国上市公司
2005年10月	中石油收购哈萨克斯坦石油公司（简称PK公司）	当时中国企业最大的海外收购案，中石油从PK公司获得巨大的石油储量
2005年11月	海航收购香港中富航空	海航成为内地第一个拥有香港基地的航空公司
2006年1月	中国蓝星(集团)收购世界第二大蛋氨酸企业—法国安迪苏集团	中国蓝星(集团)成为当时中国企业在欧洲最大收购案
2007年6月	工商银行并购南非标准银行	工商银行成为南非标准银行第一大股东，是工行上市以来最大一笔境外交易
2008年2月	中铝联合美国铝业收购力拓英国上市公司12%股份	成为中国企业历史上规模最大的一次海外投资，也是全球交易金额最大的矿业并购案，交易总对价约140.5亿美元
2008年9月	中联重科联合弘毅、高盛、曼大林基金并购意大利混凝土设备制造商CIFA公司	中联重科成为全球最大的混凝土机械制造企业
2008年9月	中石化获准收购加拿大TYK石油公司	收购完成后TYK将成为中石化首家全资海外油气公司

来源：根据王辉耀、苗绿《中国企业全球化报告2017》，社会科学文献出版社2017年版相关资料整理。

"入世"为中国企业打开了通往世界的大门，削平了中国企业走向世界的门槛，使中国企业有更多的机会接触、了解与融入国际市场，有更多机会学习、借鉴与吸收国外企业先进的技术、运作与管理，使中国企业距离世界"500强"的目标更近一步。如联想并购IBM的PC业务，吉利并购沃尔沃轿车业务，都使中国企业在国际市场上的知名度在短时间内得到提升。TCL收购"德国三大民族品牌之一"的施耐德，京东方收购韩国现代显示技术株式会社（HYDIS）TFT-LCD，则帮助中国企业在短时间内获得了技术或市场。TCL李东生曾如此阐释这一转变：对于中国企业来说，只想在国内或区域市场偏安一隅是不现实的，国际化是中国企业的必由之路。中国企业在国际竞争中逐步加深了对游戏规则的理解，在有得有失的海外历练后，开始学会利用国际规则，超越一国的范围配置资源。

第四章

（2008年至今）重塑版图：中国企业引领全球化新征程

2008年至今的十多年间，世界经济政治形势经历复杂变化。这十年间，世界经济遭受重创，贸易保护主义抬头，全球化发展遭遇挫折。也是在这十年中，中国经济对降低世界经济波动风险起到了举足轻重的作用，成为世界经济的稳定器，中国提出的"一带一路"倡议和建设人类命运共同体的理念，为全球化、全球治理贡献了"中国方案"。2015年中国企业对外直接投资实现历史性突破，位居全球第二，并超过了同期吸引外资水平，成为资本净输出国。这一阶段，中国企业全球化实现了全方位、宽领域的全面发展，并在新的时代背景下踏上了全球化的新征程。

全球危机重重

"这是最好的时代，也是最坏的时代"，英国文学家狄更斯曾这样描述工业革命发生后的世界。今天，我们也生活在一个矛盾的世界之中。一方面，物质财富不断积累，科技进步日新月异，人类文明发展到历史最高水平；另一方面，地区冲突频繁发生，恐怖主义、难民潮等全球性挑战此起彼伏，贫困、失业、收入差距拉大，世界面临的不确定性上升。

——习近平在世界经济论坛2017年年会开幕式上的主旨演讲

金融风暴来袭

正当越来越多的中国企业踏上全球化征程的时刻，全球金融危机爆发了。中国及世界经济经受了历史罕见的重大挑战和考验。中国企业全球化将何去何从？

2007年，引发全球金融危机的美国次贷危机爆发。这年年初，美国第二大次级抵押贷款公司新世纪金融公司（New Century Financial Corp）发出2006年第四季度盈利预警。面对来自华尔街174亿美元逼债，新世纪金融公司在2007年4月2日宣布申请破产保护，裁减54%的员工。美国第十大抵押贷款机构——美国住房抵押贷款投资公司于2007年8月6日向法院申请破产保护，成为继新世纪金融公司之后又一家申请破产的美国大型抵押贷款机构。2007年8月，美国第五大投行贝尔斯登宣布旗下两只对冲基金倒闭。随后，贝尔斯登、花旗、美林证券、摩根大通、瑞银等相继爆出巨额亏损。

此后，美国次贷危机愈演愈烈，华尔街"百年老店接连倒塌，哀鸿一片"。2008年7月，美国房地产抵押贷款巨头房地美、房利美身陷700亿美元亏损困境，最后被美国政府接管。2008年9月，美国第四大投资银行雷曼兄弟公司陷入严重财务危机并宣布申请破产保护，雷曼兄弟公司轰然倒下成为压垮全球投资者信心的"最后一颗稻草"，全球股市持续暴跌，欧洲诸多知名金融机构频频告急，欧元兑美元汇率大幅下挫。

此次金融危机进而引发了全球经济危机。不仅金融市场遭受全面打击，流动性出现严重不足，而且也使美国经济受到严重冲击。2008年第四季度，美国GDP下降6.1%，失业率节节攀升，并于2009年创下50多年来的最高纪录。随后，美国政府在2009年出台了全面的经济刺激计划；美联储经过多次降息后，将利率降至接近于零的水平。从2010年起，欧洲其他国家也开始陷入危机，西班牙、爱尔兰、葡萄牙和意大利等国同时遭遇信用危机，整个欧盟都受到债务危机的困扰，受影响国家的 GDP 占欧元区 GDP 的 37% 左右。由于欧元汇率大幅下跌，欧洲股市暴跌，整个欧元区面临成立 10 多年来最严峻的考验。[①] 金融危机使世界经济增长明显放缓，美国、欧洲、日本的经济出现衰退，投资、消费、就业等经济发展因素出现恶化。

在国际金融危机的背景下，随着全球资本市场流动性的下降，信贷状况收紧以及企业盈利下降，全球经济进入低增长，甚至负增长阶段，国际投资大幅跳水。在此之前，从 2004 年起，全球对外直接投资迅速增长，至 2007 年达到 20019.9 亿美元，三年间增长 1.7 倍。但是，受全球金融危机和世界经济衰退的影响，全球投资减少，2008 年全球对外直接投资流量 18188.3 亿美元，较上年减少 9.2%，2009 年再进一步减少 32.8%。

"逆全球化"隐忧

几百年来，"全球化"这股萌芽于大航海时代的洪荒之力一步步打破地理藩篱，重塑全球格局，为世界创造了巨大财富。据世界银行的统计，自 1970 年到 2015 年，全球 GDP 总量从约 2.95 万亿美元增长至约 74 万亿美元，翻了 20 余倍。世界贸易总额也从 1970 年的 3000 多亿美元，增长到 2016 年的约 15.6 万亿美元，涨幅高达 50 余倍。然而，在全球治理制度"瓶颈"下，全球财富无法得到有效管理，不同国家之间、国内不同群体之间贫富差距愈加悬殊。瑞信研究院 2016 年度《全球财富报告》指出，全球财富金字塔底层的 35 亿成年人人均拥有的财富不到 1 万美元，这个群体拥有的总财富仅占全球总财富的 2.4%，而 3300 万的百万富翁仅占全球成年人口的 0.7%，却拥有着全球 45.6% 的财富。麦肯锡全球研究所 2016 年报告也指出，过去十年来，全球 25 个发达经济体中，70% 的家庭 5 亿多人口收入下滑。中产阶级的"崩塌"改变了橄榄形的社会结构，年轻人和穷人

---

① 张育军：《回顾美国次贷危机的三个阶段》，新浪网（http://finance.sina.com.cn/zl/stock/20141008/082720479347.shtml）。

缺少了机会和希望。

伴随着全球化进程的不断加快，反全球化浪潮也在日益高涨。1999年底，美国西雅图发生了举世震惊的示威运动，开启了大规模反全球化示威的先河。跨入21世纪的钟声余音犹在，世界社会论坛国际委员会就在巴西成立，反全球化运动本身开始走向"全球化"。

金融危机爆发后，"反全球化运动"逐渐发展成为"逆全球化现象"，从民间走向政府，其思想和主张在一些发达国家甚至开始影响政策。

2016年6月23日，英国公投以51.89%的赞成票选择脱离欧盟。在全球引起震撼，并迅速传导到欧盟一系列国家。2017年3月16日，英国女王伊丽莎白二世批准"脱欧"法案，授权英国首相特雷莎·梅正式启动脱欧程序。2018年3月19日，欧盟与英国就2019年3月英国脱离欧盟后为期两年的过渡期条款达成广泛协议。

与此同时，欧洲多国民族主义、民粹主义和保护主义政党势力上升。他们往往基于不同的原因反对全球化：反建制、新纳粹主义、民族主义、反紧缩、威权主义、民粹主义、自由意志主义、极端宗教保守主义。他们不同于主流"中间派"政党，并大肆渲染以下吸引眼球的议题：移民、融合问题、就业、收入、欧盟、政商精英。

2016年11月9日，唐纳德·特朗普当选美国第45任总统，其上任后签署的第一份行政命令，就是正式宣布美国退出跨太平洋贸易伙伴协定（TPP）。TPP是其前任奥巴马总统极力推行的亚太地区自由贸易协定，有12个国家（美国、智利、秘鲁、越南、新加坡、马来西亚、新西兰、文莱、澳大利亚、日本、墨西哥、加拿大）参与其中，经济总量达全球40%。在上任满一个星期的时间点，特朗普又签署了一项名为"阻止外国恐怖分子进入美国的国家保护计划"的政令，该项行政命令的核心内容为：禁止包括叙利亚、伊拉克、伊朗、苏丹、索马里、也门和利比亚七国公民进入美国，禁期将持续90天；无限期禁止叙利亚难民进入美国；暂停原有的难民接纳项目120天；无限期中止奥巴马任内启动的在美重新安置叙难民计划。

在接下来的时间里，特朗普开启了退出各种"朋友圈"的旅程：2017年6月1日，宣布退出《巴黎协定》，终止《巴黎协定》的所有条款。《巴黎协定》是由全球195个国家签署，旨在通过减少燃烧化石燃料产生的二氧化碳和其他排放物来限制全球变暖。这是继退出跨太平洋贸易伙伴协定后，特朗普宣布退出的第二个由奥巴马总统签署的国际协议。2017年10月12日，宣布退出联合国教科文组织①，决定生效后，美国将寻求以永久观察员国身份参与该组织事务。2018年5月8日，宣布退出伊核协议②，并重启因伊核协议而豁免的对伊制裁。此外，特朗普还多次抨击北美自贸协定（NAFTA），并威胁如果谈判结果达不到美国的期望，将终止该项已经存续了24年的协议。

从高举"美国优先"大旗的唐纳德·特朗普入主白宫，到昔日自由贸易思想的滥觞，再次英国不惜与欧盟"划海峡而治"。各国民粹主义与贸易保护主义此起彼伏，"逆全球化"隐忧日益凸显。不过，正如联合国秘书长安南在2000年4月发表的《千年报告》中曾指出的那样，"很少有人、团体或政府反对全球化本身。他们反对的是全球化带来的悬殊差异。"从长期来看，全球化是大势，逆全球化只是全球化大潮中的一个个小"漩涡"。然而小"漩涡"亦不可忽视，世界政治经济格局的变迁已经对现有的全球治理体系提出了更高的要求，全球化何去何从，将考验国际社会的集体智慧。

欧美对外资的"国家之门"

金融危机后，众多深陷泥潭的国家纷纷力求自保，全球贸易投资保护主

---

① 联合国教科文组织是联合国（UN）旗下专门机构之一，共有195个成员国，58个执行局委员。联合国教科文组织大会由本组织各会员国之代表组成，每两年举行一次会议。

② 特朗普对伊核协议一直持否定态度。2018年1月，特朗普宣布"最后一次"延长美国对伊核问题的制裁豁免期，将5月12日定为修改伊核协议的最后期限，并称如果在5月12日之前没有满意的修改方案出台，美国就退出伊核协议，并恢复在这个协议下被冻结的对伊朗的经济制裁。伊朗与伊核问题六国（美国、英国、法国、俄罗斯、中国和德国）在2015年7月达成伊朗核问题全面协议。根据协议，伊朗承诺限制其核计划，同时享有和平利用核能的权利，国际社会解除对伊实施的制裁措施。

义再次兴起，欧美等国家基于"国家安全"、担心技术竞争力丧失、增加与其他国家对外开放谈判筹码、扩大国际投资规则制定话语权等方面的考虑，逐步加大对外资的审查力度，这是造成近年来中国企业海外投资频频受阻的重要原因。

其实早在20世纪70年代，美国就开始搭建外资安全审查制度。美国外国投资委员会（CFIUS）[①]成立于1975年，由财政部长亲自挂帅，囊括司法、国土安全、商务、能源等九大政府部门，虽然成立之初只是总统的一个顾问机构，主要负责对外来投资的趋势和影响进行分析，并没有权力对外来投资采取实质行动，但是，1988年通过的"埃克森—弗罗里奥"修正案让其真正具有了审查外来投资的能力，CFIUS对外国企业能否成功对美投资起着举足轻重的作用，众多中国企业已经亲眼见识并亲身体验了委员会的"杀伤力"，如华为就曾多次"中招"，不得不放弃其在美国的几项交易：对美国本土网络公司3COM的收购计划、对摩托罗拉无线设备业务的投标、对一家名为三叶（3LEAF）的、已破产的美国服务器技术公司若干资产的收购等。

2005年，美国对外资审查数量仅为60余起，到2016年，这一数字已经达到170余起，更值得引起重视的是，在美国外资安全审查的对象国中，对来自中国的外资审查数量已连续五年位居榜首，这其中因审查而折戟的案例涵盖石油、信息技术服务、金属采矿、电信、半导体芯片、可再生能源等众多行业。据不完全统计，近年来因安全审查而导致并购受阻的中国企业投资项目金额已超过500亿美元。更为严重的是，特朗普政府一直在考虑进一步扩大CFIUS的权力，继续扩大国家安全的审查力度、审查范围和审查程序。同时，美国收紧了对外资的监管。2018年8月，特朗普正式签署了作为《2019财年国防授权法案》一部分的《美国外国投资风险评估现代化法案》，

[①] 一般而言，CFIUS可以发起对企业的调查，但企业应主动向CFIUS提出申报。在收到申报的30天内，CFIUS应初步审查；如果认为该项目威胁国家安全，将对项目进行45天的调查；调查结束后，向总统提交调查报告；总统在接到报告后15天内决定是否阻止此项交易，是为最终决定。

加强了 CFIUS 的职能，要求 CFIUS 更加严格审查外资收购美国公司，并对外国投资美国企业提供《国家安全评估报告》，此举无疑会对包括中国在内的全球海外直接投资产生不利影响。

表7　2005—2017年因美国外资审查而失败的部分中国企业并购案例

时间	收购方	被收购方
2005	中海油	优尼科
2008	华为和贝恩资本	3COM
2009	中国西北矿业国际投资公司	FIRSTGOLD
2010	中国唐山曹妃甸公司	EMCORE
2011	华为	3LEAF
2012	国家电网	AES风电资产
2015	金沙江创投	飞利浦旗下LED和汽车照明业务
2016	清华紫光	美国西部数据
2016	华润	仙童半导体
2017	TCL	INSEEGO集团旗下移动宽带业务

数据来源：根据王辉耀、苗绿《中国企业全球化报告2018》，社会科学文献出版社2018年版资料整理。

　　与美国相比，欧洲国家对外资的审查力度一直相对较松，其中，欧盟国家在外资审查方面更是长期呈现出松散管理和低限管制的特征。但从最近出台的法律法规来看，欧洲国家的外资安全审查力度呈加大趋势。2017年7月，德国联邦内阁会议通过了《对外经济法》实施条例的修订，成为欧洲首个收紧外资收购的国家；9月，欧盟公布了"欧盟外资审查新框架"的提案[①]，试图建立各成员国外资审查机制均应遵守的整体框架，新框架下的审

---

① 根据该提案，来自欧盟委员会和各成员国的代表将共同组建一个协调小组。作为一个讨论平台，该小组的职责包括确定哪些外资并购行为属于国家层面、跨国层面或欧盟层面的战略性并购等。当成员国境内的外国直接投资影响欧盟利益时，尤其是涉及重要研究领域、太空、运输、能源和电信领域的外资项目，欧盟委员会将启动审查程序。对于审查结论，新框架允许必要的国别灵活性，欧盟委员会可以发表意见，但最终决定权仍由成员国自己掌握。根据欧盟法律程序，该提案需要得到欧洲议会和欧盟成员国批准才能生效。

查标准包括外资并购是否会对关键基础设施、关键技术、关键原材料产品的供应安全造成影响，是否会导致敏感信息泄露，以及外国投资者是否由政府控制等。10月，英国提出了加大外资并购英国企业的审查力度的相关建议……一言以蔽之，在金融危机余波未平、"逆全球化"波澜不断的国际大背景下，欧美国家的外资安全审查力度的"紧箍咒"在未来的日子里可能会愈来愈紧。

中美经贸摩擦

不少观察者认为，目前中美关系可能正在遭遇两国建交以来最大的危机，其复杂程度、牵涉领域、影响范围都属40年之最。目前，这一危机最直接体现在双方经贸关系这一传统中美关系"压舱石"上。

2017年4月，习近平主席与特朗普总统在海湖庄园会面，双方对中美经贸关系中存在的一些问题达成了统一意见：中美应本着平等互利原则，扩大在能源、基础设施建设等领域务实合作，相互开放市场，推动两国经贸关系更加平衡发展；双方同意将在贸易投资领域深化务实合作，同时妥善处理经贸摩擦，以取得互利互惠的成果。5月，《中美经济合作百日计划早期收获》公布，详列了经过中美两国30轮磋商的收获清单，以及双方达成的10条共识。然而，此后中美经贸关系却走上了相反的方向。美国对中国商品频频发起加征关税的行动。先是开始对500亿美元的中国商品征收关税，随后将拟征范围扩大到2000亿美元、2670亿美元。中方对此针对性地做出回应。几个回合后，中美贸易摩擦仍在继续。

中美贸易争端不仅不符合中国的利益，而且也不符合美国的利益，更将对世界经济产生重大不利影响。经济合作与发展组织(OECD)对此发出警告，如果中、美、欧盟三大经济体提高关税导致成本上涨10%，全球贸易量将减少6%，全球GDP将下滑1.4%。同样，IMF也发出警告称，特朗普对关税的行动，可能会使2020年的全球经济增长率下降0.5个百分点。布鲁金斯学会预计，如果全球爆发小型贸易战（关税增加10%），大多数经济体的GDP将减少1%—4.5%，如果全球爆发严重贸易战（关税增加40%），全球经济将重现20世纪30年代的大萧条。更有造成大规模失业、贫困的危险，还可能影响投资者信心，破坏全球化经济来之不易的复苏态势。美国的态度和做法也对赴美投资企业造成了不利影响，根据CCG最新研究，2018年上半年中国企业赴美投资34起，投资金额69.14亿美元，同比分别下降了24%与37%。

在国际关系和全球治理中，我们应该避免"双输"或"多输"，应该争取达到"多赢"和"共赢"。这就要坚定推进合作共赢的新型全球化。中国企业"走出去"也要拥抱新型全球化的理念，谋求高质量"走出去"。

改革开放新蓝图

中国开放的大门不会关闭，只会越开越大。这是我们对世界的庄重承诺。要坚持对外开放的基本国策，奉行互利共赢的开放战略，遵守和维护世界贸易规则体系，推动经济全球化朝着更加开放、包容、普惠、平衡、共赢的方向发展，让经济全球化进程更有活力、更加包容、更可持续，让不同国家、不同阶层、不同人群共享经济全球化的好处。

——习近平在庆祝海南建省办经济特区30周年大会上的讲话

对外投资政策：开放与合作

全球金融危机下，我国政府在对外投资方面采取了国际、国内"双管齐下"的方式，以开放与合作的态度不断融入全球经济体系。

在国际上，我国通过积极参与国际多边投资框架谈判和区域经济合作，加快商签自由贸易协定，加强双边经贸磋商，减少和排除境外贸易投资壁垒。如在东盟国家、非洲国家、上合组织成员国开展对外承包工程，与巴基斯坦、沙特等国家签订了在政府基础设施方面合作的框架协议，"政策性资金"支持为国际金融危机时期我国企业"走出去"的增长提供了强劲的推动力量。我国政府对非洲国家的对外援助，如对外优惠贷款、优惠出口买方信贷等措施，使得一些国内企业在矿产开发和冶炼方面与海外公司合作的经验、教训和对策为后来我国"走出去"的企业提供了借鉴。

在国内，我国进一步改革境外投资管理体制，不断推进境外投资便利化，积极支持中国企业"出海"。这其中最具标志性的事件当属商务部 2009 年出台的《境外投资管理办法》[①]，该办法具有下放核准权限、简化核准程序、突出管理重点、强化引导服务，以及规范企业经营行为等方面的特点，体现了便利化、管理和服务相结合，以及权责一致的原则。如商务部仅保留对少数重大境外投资的核准权限，以 2008 年核准申请件数估算，约有 85% 左右的境外投资核准事项交由省级人民政府主管部门负责。又如，对于绝大部分境外投资企业，只需递交一张申请表，即可在 3 个工作日内获得《企业境外投资证书》。再如，商务主管部门主要对是否影响双边政治和经贸关系、是否损害国家经济安全、是否违反国际义务、是否存在恶性竞争等企业的境外投资进行核准，境外投资经济技术可行性由企业自行负责。

为营造企业"走出去"良好的外部环境，做好在境外的员工管理和劳资关系，商务部于 2010 年出台了《境外中资企业机构和人员安全管理规定》和《境外中资企业(机构)员工管理指引》；为实现跨境人民币结算和使用人民币进行境外直接投资，中国人民银行出台了《境外直接投资人民币结算试点管理办法》；国家外汇管理局推出《人民币对外汇期权交易》，为"走出去"企业提供一个新的规避汇率风险工具；国家商务部和驻外机构加强信息收集和发布工作，将各国当地资源状况、投资政策、法律法规等最新信息

[①] 商务部《境外投资管理办法》自 2009 年 5 月 1 日起施行，同时，《关于境外投资开办企业核准事项的规定》(商务部 2004 年 16 号令)和《商务部、国务院港澳办关于印发〈关于内地企业赴香港、澳门特别行政区投资开办企业核准事项的规定〉的通知》(商合发〔2004〕452 号)废止。

及时通过商务部门户网站对外公布,为"走出去"企业提供翔实、可靠、及时的国别、对外投资等信息服务。①

党的十八大报告提出,要加快"走出去"步伐,增强企业国际化经营能力,培育一批具有世界水平的跨国公司。党的十八届三中全会提出,适应经济全球化新形势,必须推动对内对外开放相互促进、"引进来"和"走出去"更好地结合,促进国际、国内要素有序自由流动、资源高效配置、市场深度融合,加快培育、参与和引领国际经济合作竞争新优势,以开放促改革。全会通过的《关于全面深化改革若干重大问题的决定》进一步明确了"走出去"的发展战略,鼓励企业及个人扩大对外直接投资,允许其自担风险到各国各地区自由承揽工程和劳务合作项目,允许创新方式,到国外开展绿地投资、并购投资、证券投资、联合投资。党的十八届五中全会进一步提出,支持企业扩大对外投资,推动装备、技术、标准、服务"走出去",深度融入全球产业链、价值链、物流链,建设一批大宗商品境外生产基地,培育一批跨国企业。

2013年12月,国务院颁布了《政府核准的投资项目目录(2013年本)》,该目录对国家发改委和商务部的投资审批权限进行了大幅削减和下放。次年4月,国家发改委发布《境外投资项目核准和备案管理办法》,以促进和规范境外投资,加快境外投资管理职能转变,标志着中国对外投资管理由"核准为主"转变为"备案为主,核准为辅"。该办法提高了境外投资项目的核准权限,缩小了核准范围,非限制性行业与限制性国家10亿美元以下的投资项目一律实行备案制。同时,该办法简化了审批程序,明确了审批时限,提升了境外投资项目核准和备案的规范化、便利化水平。9月,国家商务部发布新修订的《境外投资管理办法》,确立了"备案为主、核准为辅"的管理模式,规定对我国企业在敏感国家和地区、敏感行业的投资实行核准管理,其余均实行备案制;缩小核准范围、缩短核准时限,取消了对特定金额以上境外投资实行核准的规定,并将核准时限缩短了5

---

① 王加春:《国际金融危机下我国企业"走出去"的政策支持研究》,《商务观察》2011年6月。

个工作日；明确备案要求和程序，企业只要如实、完整地填报《备案表》，即可在3个工作日内获得备案；由省级商务主管部门负责地方企业的备案工作，便利企业就地办理业务；政府提供公共服务，加强对企业境外投资行为进行指导和规范。

2015年，中共中央、国务院印发《关于构建开放型经济新体制的若干意见》，该意见从构建开放型经济新体制的总体要求、创新外商投资管理体制、建立促进"走出去"战略的新体制、构建外贸可持续发展新机制、优化对外开放区域布局、加快实施"一带一路"倡议、拓展国际经济合作新空间、构建开放安全的金融体系、建设稳定、公平、透明、可预期的营商环境、加强支持保障机制建设、建立健全开放型经济安全保障体系等方面，全面提出了新时期构建开放型经济新体制的目标任务和重大举措。

具体来讲，一是确立并实施新时期"走出去"国家战略。根据国民经济和社会发展总体规划以及对外开放总体战略，完善境外投资中长期发展规划，加强对"走出去"的统筹谋划和指导，提供政策支持和投资促进。鼓励企业制定中长期国际化发展战略，兼顾当前和长远利益，在境外依法经营。督促企业履行社会责任，树立良好形象。二是推进境外投资便利化。研究制定境外投资法规。贯彻企业投资自主决策、自负盈亏原则，放宽境外投资限制，简化境外投资管理，除少数有特殊规定外，境外投资项目一律实行备案制。加快建立合格境内个人投资者制度。加强境外投资合作信息平台建设。三是创新对外投资合作方式。允许企业和个人发挥自身优势到境外开展投资合作，允许自担风险到各国各地区承揽工程和劳务合作项目，允许创新方式"走出去"开展绿地投资、并购投资、证券投资、联合投资等。鼓励有实力的企业采取多种方式开展境外基础设施投资和能源资源合作。促进高铁、核电、航空、机械、电力、电信、冶金、建材、轻工、纺织等优势行业"走出去"，提升互联网信息服务等现代服务业国际化水平，推动电子商务"走出去"。积极稳妥推进境外农业投资合作。支持我国重大技术标准"走出去"。创新境外经贸合作区发展模式，支持国内投资主体自主建设和管理。四是健全"走出去"服务保障体系。加快同有关国家和地区商签投资协定，完善领事保护制度，提供权益保障、投资促进、风险预警等更多服务，推进对外投资合作便利化。保障我国境外人员人身和财产安全。发挥中介机构作用，培育一批国际化的设计咨询、资产评估、信用评级、法律服务等中介机构。五是"引进来"和"走出去"有机结合。推进引进外资与对外投资有机结合、相互配合，推动与各国各地区互利共赢的产业投资合作。发挥我国优势和条件促进其他国家和地区共同发展。鼓励企业开展科技创新、项目对接、信息交流、人力资源开发等多方面国际合作。支持地方和企业做好引资、引智、引技等工作，并积极开拓国际市场。通过各类投资合作机制，分享我国"引进来"的成功经验，推动有关国家营造良好投资环境。

2016年，国家"十三五"规划纲要提出，必须顺应我国经济深度融入世界经济的趋势，奉行互利共赢的开放战略，坚持内外需协调、进出口平衡、"引进来"和"走出去"并重、引资和引技引智并举，发展更高层次的开放型经济，积极参与全球经济治理和公共产品供给，提高我国在全球经济治理中的制度性话语权，构建广泛的利益共同体。完善境外投资发展规划和重点领域、区域、国别规划体系。健全备案为主、核准为辅的对外投资管理体制，健全对外投资促进政策和服务体系，提高便利化水平。推动个人境外投资，健全合格境内个人投资者制度。建立国有资本、国有企业境外投资审计制度，健全境外经营业绩考核和责任追究制度。

2016年，为贯彻落实《中共中央国务院关于深化投融资体制改革的意见》，进一步加大简政放权、放管结合、优化服务改革力度，使市场在资源配置中起决定性作用，更好发挥政府作用，切实转变政府投资管理职能，加强和改进宏观调控，确立企业投资主体地位，激发市场主体扩大合理有效投资和创新创业的活力，国务院发布了《政府核准的投资项目目录》（2016年本）。

2017年12月26日，国家发改委发布《企业境外投资管理办法》，自2018年3月1日起施行。从多方面对国家发改委于2014年4月发布、2014年12月修订的《境外投资项目核准和备案管理办法》（又称"9号令"）进行了大刀阔斧的革新。国家发改委对境外投资的监管不再限于事前的"核准"和"备案",而将进一步覆盖事中、事后的监管。该办法在"放管服"三个方面统筹推出了八项改革举措,旨在加强境外投资宏观指导,优化境外投资综合服务,完善境外投资全程监管,促进境外投资持续健康发展,维护我国国家利益和国家安全。该办法突出简政放权,推出三项实实在在的改革,进一步便利企业境外投资。一是取消项目信息报告制度,进一步简化事前管理环节,从而降低制度性交易成本;二是取消地方初审、转报环节,从而让企业好办事、少跑腿;三是放宽投资主体履行核准、备案手续的最晚时间要求。此外,该办法在规范企业境外投资、服务企业境外投资方面均作出了实实在在的改革。

"一带一路"倡议:全球化发展新平台

"我的家乡中国陕西省就位于古丝绸之路的起点。站在这里,回顾历史,我仿佛听到了山间回荡的声声驼铃,看到了大漠飘飞的袅袅孤烟,这一切让我感到十分的亲切……为了使欧亚各国经济联系更加紧密,相互合作更加深入,发展空间更加广阔,我们可以用创新的合作模式共同建设"丝绸之路经济带",以点带面,从线到片,逐步形成区域大合作。加强政策沟通、道路联通、贸易畅通、货币流通和民心相通。这是一项造福沿途各国人们的大事业。"2013 年 9 月,习近平主席在哈萨克斯坦纳扎尔巴耶夫大学发表题为"弘扬人民友谊 共创美好未来"的演讲中,首次提出共同建设"丝绸之路经济带"的重要倡议。10 月,习近平主席在印度尼西亚国会发表的题为"携手建设中国—东盟命运共同体"的重要演讲中强调:东南亚地区自古以来就是"海上丝绸之路"的重要枢纽,中国愿同东盟国家加强海上合作,使用好中国政府设立的中国—东盟海上合作基金,发展好海洋合作伙伴关系,共同建设 21 世纪"海上丝绸之路"。中国愿通过扩大同东盟国家各领域务实合作,互通有无、优势互补,同东盟国家共享机遇、共迎挑战,实现共同发展、共同繁荣。

在"黑天鹅"事件频发，不确定性大行其道，逆全球化、反全球化的声音甚嚣尘上之际，中国提出并积极倡导的"一带一路"无疑为重振全球化提供了新视角和新动能，为新兴市场国家继续推进全球化进程开辟了新方向与新道路。

2015年3月，国家发改委、外交部、商务部联合发布了《推动共建丝绸之路经济带和21世纪海上丝绸之路的愿景与行动》，明确了共建"一带一路"的主要内涵，探索投资合作新模式，鼓励合作建设境外经贸合作区、跨境经济合作区等各类产业园区，促进产业集群发展，鼓励本国企业参与沿线国家基础设施建设和产业投资。在国家政策的推动下，2016年中国企业对"一带一路"沿线国家并购项目115起，并购金额66.4亿美元，占并购总额的4.9%。其中，马来西亚、柬埔寨、捷克等国家吸引中国企业并购投资超过5亿美元。

随着"一带一路"倡议从规划走向实践，从愿景变为行动，"一带一路"朋友圈越来越大，截至2016年底，已有100多个国家表达对共建"一带一路"倡议的支持和参与意愿，中国与39个国家和国际组织签署了46份共建"一带一路"合作协议，联合国大会更是将"一带一路"倡议写入决议。合作伙伴越来越多，各方诉求也愈加复杂与多元，此时，亟须一个沟通交流的平台，为各方合作提供支撑。在此背景下，2017年5月，"一带一路"国际合作高峰论坛应运而生，来自俄罗斯、哈萨克斯坦、印度尼西亚等29个国家的国家元首、政府首脑，来自国际货币基金组织、世界银行等70多个国际组织，以及来自130多个国家的1500多名代表齐聚北京，共商合作大计。论坛进一步明确了未来"一带一路"的合作方向。习近平主席在高峰论坛上发表重要讲话，指出要牢牢坚持共商、共建、共享，让政策沟通、设施联通、贸易畅通、资金融通、民心相通成为共同努力的目标，将"一带一路"建成和平、繁荣、开放、创新、文明之路。同时，规划了"一带一路"建设的具体路线图。

高峰论坛期间，中国同与会国家和国际组织进行了全面的政策对接，签署了几十份合作文件，确立了未来一段时间的重点领域和路径。"一带一路"的宏伟蓝图正在转化为清晰可见的路线图。对"走出去"企业来说，更为重要地是，论坛确定了一批"一带一路"将实施的重点项目。通过高峰论坛这个平台，各国之间形成了一份涵盖 5 大类、76 大项、270 多项的沉甸甸的成果清单。在论坛期间，习近平主席宣布丝路基金新增资金 1000 亿元人民币，鼓励金融机构开展人民币海外基金业务，规模预计约 3000 亿元人民币。这些资金将以企业为主体，坚持市场化运作，为"一带一路"建设提供更坚实的投融资支持。

"我们正走在一条充满希望的道路上。我相信，只要我们相向而行，心连心，不后退，不停步，我们终能迎来路路相连、美美与共的那一天。我相信，我们的事业会像古丝绸之路一样流传久远、泽被后代。"习近平主席铿锵有力的宣示展现出中国领导人面向未来的长远眼光、博大胸襟和历史担当。尽管逆全球化的思潮涌动，但中国"构建人类命运共同体①"的开放理念为推进经济全球化做出了巨大贡献。中国提出的"一带一路"倡议就是构建人类命运共同体在经贸领域的生动实践。理念和实践结合，中国企业的全球化之路将走入全新的阶段。

2018 年是"一带一路"倡议提出 5 周年。5 年前的秋天，习近平主席西行哈萨克斯坦、南下印度尼西亚，先后提出"一带一路"倡议。5 年来，"一带一路"从理念转化为行动，从中国倡议走向国际共识，不断成为推动构建人类命运共同体的重要实践平台。

---

① 2017 年 1 月 18 日，在联合国日内瓦总部，习近平主席发表题为"共同构建人类命运共同体"的主旨演讲，回答了中国为何要推动构建人类命运共同体、要构建一个什么样的人类命运共同体，以及怎样构建人类命运共同体三大基本问题，明确构建人类命运共同体旨在建设一个持久和平的世界、一个普遍安全的世界、一个共同繁荣的世界、一个开放包容的世界和一个清洁美丽的世界。这个演讲让构建人类命运共同体的中国方案植根于公认的国际秩序原则之中。2017 年 2 月 10 日，联合国社会发展委员会第 55 届会议通过"非洲发展新伙伴关系的社会层面"决议，人类命运共同体理念首次被写入联合国决议。3 月 17 日，联合国安理会通过关于阿富汗问题的第 2344 号决议，人类命运共同体理念首次被写入联合国安理会决议。3 月 23 日，联合国人权理事会第 34 次会议通过关于"经济、社会、文化权利"和"粮食权"两个决议，人类命运共同体理念首次被载入人权理事会决议。人类命运共同体理念作为一份思考人类未来的"中国方略"，作为一种超越民族国家和意识形态的"全球观"，获得了广泛的国际认同。

我们用一组数据来观察 5 年来中国推动"一带一路"建设的可视性成果。5 年来，中国同"一带一路"相关国家的货物贸易额累计超过 5 万亿美元，对外直接投资超过 600 亿美元，为当地创造 20 多万个就业岗位，中国对外投资成为拉动全球对外直接投资增长的重要引擎；2013—2017 年，中国对沿线国家外贸增速高出同期外贸整体增速 1.4 个百分点；2018 年前 7 个月，中国对沿线国家进出口额增长 11.3%，高出全国整体增速 2.7 个百分点；2017 年，中国对沿线国家投资 143.6 亿美元，占同期中国对外投资总额的 12%；2018 年前 7 个月，沿线国家对华投资同比增长 29.8%，远高于同期外商对华投资整体增速。

下一个 5 年，"一带一路"建设将更具体、更聚焦，"从'大写意'到'工笔画'"。作为"一带一路"国际合作高峰论坛的重要成果，《推进"一带一路"贸易畅通合作倡议》指出，预计未来 5 年，中国将从沿线国家和地区进口 2 万亿美元的商品；中方对沿线国家和地区的投资将达到 1500 亿美元。

绘制"一带一路""工笔画"，离不开企业的参与。参与推动"一带一路"建设既是中国企业全球化的机遇，也是企业被赋予的新使命，更对中国企业提出了新的要求，即参与"一带一路"建设不同于一般意义的"走出去"。"一带一路"强调共商、共建、共享的发展理念，要各国共同参与并获得共同发展。这就要求参与的企业之间开展各种类型的合作，不仅谋求合作经营，还要成为民心相通的主体或支持者。同时，参与"一带一路"建设的企业还要更加重视合法合规经营，注意保护环境，积极履行社会责任，成为"一带一路"建设的形象大使。

重塑全球版图

一个公司提供的服务只在两个地方："每一个地方"和"就在你身边"。这准确地把握了平坦的世界对公司的影响：一方面，公司必须比以前更加全球化，同时，也必须更加人性化。

——［美］托马斯·弗里德曼《世界是平的》

"走出去"新格局

　　全球金融和经济危机对中国经济的影响是多方面的。受危机波及主要地的发达国家和地区的需求减少，我国出口贸易减少，但是，对于中国企业的对外投资，却是一个增长的机遇。危机发生后，海外资本市场暴跌，资产价格大幅下降，一些国外企业贱卖公司资产或控股权，一些国家降低外资进入门槛，中国企业由此获得了海外投资的机遇。即使在金融危机来袭的2008年和2009年，在世界对外投资疲软的大环境下，我国的对外直接投资也实现了逆势上扬。如果我们将中国与全球对外直接投资的数据放到一起对比分析，就可以清晰地看到这一点。2008年，中国企业对外投资实现了大幅度增长，由2007年的265.1亿美元陡增至2008年的559.1亿美元，同比增长了1.1倍，同期，全球对外投资增长率则下降了9.2个百分点；2009年，全球对外投资继续跳水，同比大幅下降了32.8个百分点，中国企业对外投资增长率虽然也有所回调，却依然保持了温和增长。

　　换言之，正当众多跨国公司焦头烂额，纷纷开始削减对外投资、收缩战线，减产甚至裁员之际，中国跨国公司的海外投资却进行得如火如荼。比如2008年，中国建筑工程总公司的子公司——中建美国公司在美国经济下行，资产市场价格低迷，美国本土资本市场活力不足等众多"有利条件"下，开创融投资带动总承包的创新模式，一举承接总投资达36亿美元的巴哈马大型海岛度假村项目。次年，这家公司又中标合同总额达4.07亿美元的纽约市亚历山大—汉密尔顿大桥改造工程（Alexander Hamilton Bridge）。该项目是当年大纽约地区政府基础设施工程投资总额最大的单体项目，当时被中国商务部新闻发言人评价为，"我对外承包工程业务在欧美发达国家市场取得的重要突破"。在绿地投资不断开花的同时，中国企业也开启了对外"买买买"模式。2009年，吉利汽车闪电收购全球第二大自动变速器生产商DSI，此举大大提升了吉利研发团队水平，依托DSI，打造吉利自己的变速器产品。这一年，北汽集团以2亿美元成功收购瑞典萨博汽车公司相关知识产权、中海油和中石化以13亿美元联合收购美国马拉松石油公司持有的安哥拉一石油区块20%的权益、广东顺德日新公司约10亿元收购智利铁矿……

2013年，中国对外直接投资首次突破千亿美元大关，创下了1078.4亿美元的历史新高，同比增长22.8%。2014年，中国双向投资首次接近平衡，如果加上第三地融资再投资，以全行业对外投资计算，当年已成为净资本输出国。这是中国继2006年成为第一外汇储备大国、2010年成为全球GDP第二、2013年成为全球第一货物贸易大国之后，又一重大历史时刻，这一刻意味着，在"中国制造"改变了全球上亿人物质需求的同时，中国资本极有可能重新塑造全球的金融和贸易格局。在接下来的两年里，中国对外投资仍然保持高歌猛进之势。2016年，中国对外直接投资史无前例地站到了1832亿美元的历史高点，同比增长44%。

不过，随着中国企业对外投资的迅猛增长，非理性投资的倾向也开始凸显。商务部国际贸易谈判副代表张向晨在2016年接受记者采访时曾提到，中国企业海外并购的数量规模迅速扩大的过程中确实存在着一些问题，譬如，一些企业对于在境外并购的目的性和必要性等基础工作研判不足，有的对并购项目没有进行充分论证，急于做大做强，还有一些跟风炫耀的非理性因素驱动；也有些企业在境外并购大量依靠银行贷款或者投资基金，面临着高债务的财务风险等。2016年12月6日，国家发改委、商务部、人民银行、外汇局等四部门负责人，就当前对外投资形势下中国相关部门将加强对外投资监管答记者问。四部门表示，支持国内有能力、有条件的企业开展真实合规的对外投资活动，参与"一带一路"共同建设和国际产能合作，促进国内经济转型升级。同时，监管部门也密切关注近期在房地产、酒店、影城、娱乐业、体育俱乐部等领域出现的一些非理性对外投资的倾向，以及大额非主业投资、有限合伙企业对外投资、"母小子大""快设快出"等类型对外投资中存在的风险隐患,建议有关企业审慎决策。

对于非理性投资的苗头,我国相关政府部门加强了监管,密集出台了一系列措施来降低境外投资风险、规范市场并鼓励对实体经济和新兴产业的投资。

表8　　　　2017年国家部委出台的规范海外投资的系列文件

时间	发文部门	文件名称	主要内容
2017年1月7日	国资委	《中央企业境外投资监督管理办法》	该办法规定中央企业境外投资必须符合企业发展战略和国际化经营规划,坚持聚焦主业,原则上不得在境外从事非主业投资。确需开展非主业投资的,应报国资委同意后采取与具有相关主业优势的中央企业合作的方式开展。这一要求主要是为指导中央企业始终坚持立足主业发挥比较优势,提高"走出去"的核心竞争力,防止企业随意涉足非主业领域带来的境外投资经营风险。
2017年1月26日	国家外汇管理局	《关于进一步推进外汇管理改革完善真实合规性审核的通知》	加强境外直接投资真实性、合规性审核。境内机构办理境外直接投资登记和资金汇出手续时,除应按规定提交相关审核材料外,还应向银行说明投资资金来源与资金用途(使用计划)情况,提供董事会决议(或合伙人决议)、合同或其他真实性证明材料。
2017年8月4日	国务院办公厅转发国家发改委、商务部、人民银行、外交部	《关于进一步引导和规范境外投资方向的指导意见》	以加强对境外投资的宏观指导,进一步引导和规范境外投资方向,推动境外投资持续合理有序健康发展,有效防范各类风险,更好地适应国民经济与社会发展需要。按"鼓励发展＋负面清单"模式引导和规范企业境外投资方向,明确了鼓励、限制、禁止三类境外投资活动。
2017年12月	国家发改委、商务部、人民银行、外交部、全国工商联	《民营企业境外投资经营行为规范》	为规范民营企业境外投资经营行为,提高"走出去"的质量和水平,从经营管理、合规诚信、社会责任、环境保护、风险防控等五个方面对民营企业境外投资行为进行引导和规范。如:"不得以虚假境外投资非法获取外汇、转移资产和进行洗钱等活动""尊重其他组织和个人知识产权""按照东道国(地区)法律纳税""派驻境外人员要努力适应东道国(地区)社会环境,尊重当地文化、宗教和风俗习惯""民营企业要自觉维护国家经济、产业、技术安全,境外投资经营需加强与国家利益相关风险防范"。

资料来源:根据国资委、商务部、外交部网站资料整理。

2017年,在全球对外投资大幅下跌、我国加强对外投资监管、遏制非理性投资的国内外背景下,我国对外直接投资1246.3亿美元,同比下降32%。

正如商务部部长钟山在接受记者采访时所言,"我们通过'降虚火''挤水分',使得企业对外投资更加稳健、更趋理性。"

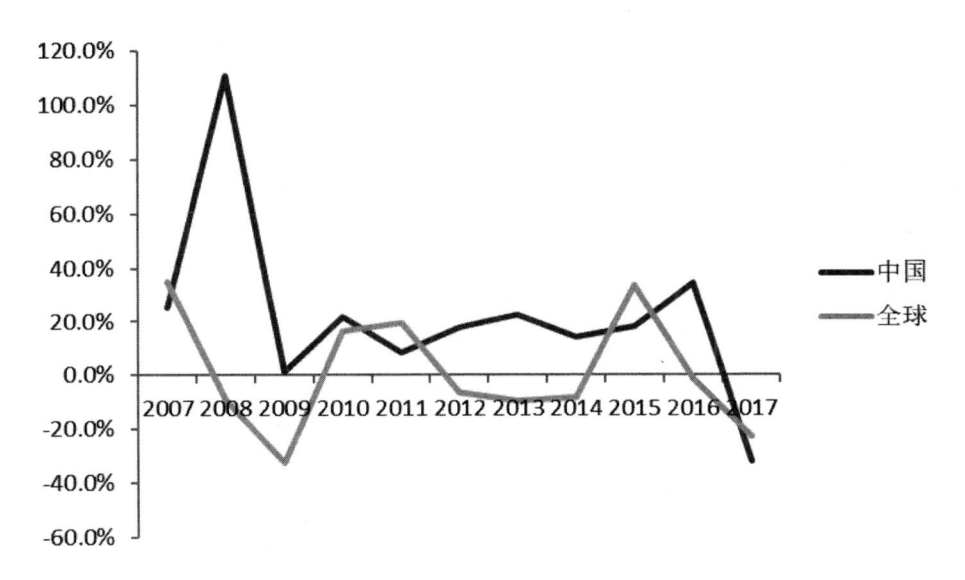

图 6　2007—2017 年中国与全球对外直接投资增长率对比

数据来源:根据《中国企业全球化报告 2016》,《中国企业全球化报告 2017》资料整理。

"有太阳的地方就有中国人",这是对中国人遍布海外现象的形象描述。今天,这一描述同样可以应用于中国企业,可以说"有太阳的地方就有中国企业"。如今,中国企业已经走到世界六大洲,分布在全球 190 个国家(地区),中国企业对外投资更是覆盖了制造业、信息传输/软件和信息技术服务业、交通运输/仓储和邮政业、电力/热力/燃气及水的生产和供应等国民经济几乎所有行业类别。

中国企业谱写"一带一路"投资版图

"一带一路"倡议作为中国新一轮对外开放的重要抓手,自提出以来,以其丰富的内涵和务实的合作实践，引发了全世界的关注和相关国家的积极响应，为复杂多变的国际形势下全球发展提供了可行方案，也为中国企业"出海"发展提供了广阔天地和大好机遇。

商务部数据显示，2017年中国企业对"一带一路"沿线的59个国家有新增投资，合计143.6亿美元，占总额的12%，同比增加了3.5个百分点。这些投资主要投向新加坡、马来西亚、老挝、印度尼西亚、巴基斯坦、越南、俄罗斯、阿联酋和柬埔寨等国家。在2017年中国企业对外投资整体下降近三成的形势下，中国企业对"一带一路"沿线国家的投资下降仅约1个百分点；在海外并购项目锐减五成的情况下，对"一带一路"沿线国家的并购投资额增长了三成多，其中，中石油集团和中国华信投资28亿美元联合收购阿联酋阿布扎比石油公司12%股权为其中最大项目。这些数据充分说明，在国家政策的支持下，"一带一路"沿线国家正成为中国企业"走出去"的新阵地。

根据CCG的研究，2015年以前，"一带一路"沿线的投资领域主要集中在采矿业、交通运输和制造业，2015年以后，虽然对传统产业的投资仍然占主导优势，但计算机、基础设施建设、金融等行业的投资明显上升。中国企业走向"一带一路"呈现出"三大梯队"：以能源、基础设施建设等行业的国企作为第一梯队，率先进入东道国市场，带动上下游产品制造为主的第二梯队跟进。在此基础上，带动科技、服务、资本逐渐成为第三梯队的新力量。如启迪清洁能源集团，在肯尼亚首都内罗毕与当地企业合作，在"经济适用房"小区推广太阳能热水系统技术。对于电力资源宝贵而阳光资源充足的肯尼亚来说，既省去电费，还能方便地洗上热水澡，肯尼亚人民真正体验到技术带来的福利；辰安科技主导部署的应用技术ECU911，有效缓解了厄瓜多尔治安混乱的难题，得到厄瓜多尔总理的高度赞扬；雷力的海藻生物肥料，在哥斯达黎加让当地马铃薯在减少化肥用量30%的基础上每公顷增产20%—30%；四达时代集团的机顶盒，在卢旺达让当地居民可收看的电视节目从1套变成了40多套，而费用却大幅降低……可以说，中国科技企业在

"一带一路"上的投资，实实在在改变了沿线国家的生活方式，甚至思维理念。境外经贸合作区①成为中国企业参与"一带一路"建设的重要平台。截至 2018 年 4 月，中国在"一带一路"沿线国家建设境外经贸合作区 75 个，累计投资 255 亿美元，入区企业超过 3800 家，上缴东道国税费近 17 亿美元，为当地创造就业岗位近 22 万个。境外经贸合作区为入园投资企业提供了包括信息咨询服务、运营管理服务、物业管理服务和突发事件应急服务等四项主要服务。一方面，合作区在不断推动中国企业"抱团出海"、形成海外产业集聚、维护企业合法权益等方面发挥重大作用；另一方面还为东道国增加就业，提高税收，扩大出口，从而深化双边经贸合作关系。

泰中罗勇工业园的中策橡胶集团项目，总投资 150 亿泰铢，是目前中国制造业对泰投资的最大项目。中策（泰国）工厂整个生产线基本完成，2015 年年末达到 420 万套 / 年的规模。中策集团入驻泰中罗勇工业园后，在全球大宗商品低迷的背景下，不但促进了泰国天然橡胶销售，还带动中国国内橡胶轮胎行业的多家配套企业先后入园，起到集群式"走出去"的效果。从单个企业的竞争转变为产业链的竞争，由此大幅提升了中资企业的国际竞争力。

吉海农业有限公司进入赞中经贸合作区，截至 2015 年已投资 2500 万美元，在赞比亚建设食用菌工厂、吉林农业产业示范园等项目。吉海农业向赞比亚农户普及食用菌种植技术，与赞比亚农业部合作，将科学的示范性工厂化培植技术与当地农民传统式培植相结合，逐步形成赞比亚的木耳、平菇、香菇等食用菌类培植带，带动赞比亚农民从事食用菌产业，推动了赞比亚的社会与经济发展，帮助当地居民走上脱贫道路，并受赞比亚各界的广泛关注。在稳步拓展赞比亚市场的同时，吉海农业还计划将产品出口至赞比亚周边国家，在非洲打造具有国际影响力的中国农产品品牌。

---

① 是以企业为主体，以商业运作为基础，以促进互利共赢为目的，主要由投资主体根据市场情况、东道国投资环境和引资政策等多方面因素进行决策。投资主体通过建设合作区，吸引更多的企业到东道国投资建厂，增加东道国就业和税收，扩大出口创汇，提升技术水平，促进经济共同发展。

并购、并购

国际金融危机肆虐，冲击了全球银行业并导致世界经济严重下滑，一方面，全球企业并购市场受到严重影响。据日本有关机构调查，2008 年年初至 10 月 20 日，全球企业并购案例的终止或延期数量达 1023 件，远超 2007 年同期的 879 件。其中，瑞士资源巨头 XSTRATA 公司 10 月撤销对全球第三大铂金生产商 LONMIN 公司约 50 亿英镑的收购要约；法国 EDF 公司因资金筹措环境不透明，放弃与美国投资基金共同出资 62 亿美元收购美国电力公司的计划；日本住友重工由于半导体市场急剧恶化，资产评估困难，9月中旬放弃了对美国半导体装置厂商的收购计划。[①] 然而，另一方面，全美风险投资协会 (National Venture Capital Association) 称，受经济衰退的影响，2008 年美国创新企业的平均收购价格仅为 1.149 亿美元，2009 年为 1.442 亿美元。而在金融危机爆发之前，2007 年的平均收购价格为 2.144 亿美元。海外资产估值确实在金融危机后出现了"诱人的"一面。

面对复杂多变的国际局势，在国内学者、企业家等社会各界对彼时是否为海外并购良机争论不休之时[②]，不同行业的中国企业或摩拳擦掌，或跃跃欲试，或奔赴海外。

在汽车行业，金融危机后，欧美汽车企业和零部件企业处于下行周期，很多西方汽车企业在财务压力之下，在全球范围内积极寻找合适买家，这为中国企业提供了巨大的机会。在传统贸易出口的基础上，中国整车与零部件企业加快了跨境并购的步伐。[③]2009 年，吉利汽车收购了全球第二大自动变

[①] 《金融危机导致全球企业并购数量锐减》，《国际商报》2008 年 11 月 13 日。

[②] 很多学者和企业家认为金融危机是中国企业海外并购的良机，也有学者认为并购投资需要谨慎，比如，在北京大学的人力资本论坛上，厉以宁教授就认为，"要谨慎投资切忌盲目性，包括收购其他企业也要小心，美国经济是不是已经到了谷底，还是美国经济谷底还没有来、欧洲情况又怎么样？很多事情都是未知的，大家都在观望阶段。"

[③] 中国汽车企业海外并购大致起步于 2003 年。当时在新一轮全球产业格局变动和国内汽车行业竞争升级的推动下，中国汽车企业经历了一段海外并购的活跃期，出现了几宗交易金额较大且影响较深的并购事件，其中包括 2004 年上汽集团耗资 5 亿美元收购韩国双龙汽车公司 49% 股份，以及 2005 年南汽集团出资 5300 万英镑收购英国罗孚汽车公司及其发动机子公司，在此之后，中国汽车行业的海外并购活动并没有得到加速。

速器制造企业澳大利亚 DSI 公司后，其核心竞争力大大增强。2010 年，吉利汽车与美国福特汽车公司在瑞典哥德堡正式签署收购沃尔沃汽车公司的协议，此举将吉利带上了一个全新高度，提升了公司的研发能力，成为中国民营汽车企业推进全球化战略的一大标志性事件。2013 年，吉利收购英国锰铜控股公司手中所有伦敦出租车公司的股份①，布局新能源领域；2017 年，吉利进入马来西亚收购宝腾汽车公司 49.9% 的股权和路特斯公司 51% 的股权，并成为前者独家战略合作伙伴。2008 年，万向收购美国福特汽车公司位于美国密歇根州蒙洛的传动轴厂；2009 年，收购美国 DS 公司转向轴业务所有有效资产；2012 年，收购美国 A123 系统公司；2013 年，收购美国 BPI 公司，获得刹车零件技术、8 所海外工厂及全球销售网络；2014 年，收购美国插电式混合动力汽车制造商菲斯科，形成了新能源汽车领域相对完整的产业链。

表9　金融危机后中国汽车企业海外并购的部分典型案例

时间	收购方	被收购方	事件
2009	北汽集团	瑞典萨博汽车公司	北汽集团以2亿美元收购瑞典萨博汽车公司相关知识产权
2010	中国北京太平洋世纪汽车有限公司	美国通用汽车公司旗下业务	中国北京太平洋世纪汽车有限公司用4.2亿美元拥有了美国通用汽车公司旗下全球转向与传动业务NEXTEER100%股权，这是迄今为止中国汽车零部件企业在海外最大的一项收购活动
2011	中信戴卡	凯世曼	中国汽车零部件企业中信戴卡用2.58亿欧元收购了德国汽车零部件生产商凯世曼
2011	中国均胜投资集团	德国普瑞有限公司	中国均胜投资集团收购了德国普瑞有限公司74.9%的股份
2014	东风汽车集团	法国PSA（标致雪铁龙）集团	东风汽车集团注资法国PSA（标致雪铁龙）集团8亿欧元，持股比例约为14%。此举让东风汽车与法国政府、标致家族下属公司并列成为PSA集团的第一大股东。东风旗下的自主品牌，也可以搭载来自PSA的平台
2015	中国航空工业集团	瀚德汽业	中国航空工业集团收购美国汽车零部件制造商瀚德汽业100%股权
2017	均胜电子	高田	均胜电子收购高田除硝酸铵气发生器以外的业务

资料来源：根据王辉耀、苗绿：《中国企业全球化报告2017》，社会科学文献出版社2017版资料整理。

---

① 后更名为伦敦电动汽车公司。

在家电行业,海尔集团实施了更大规模的收购。2011年,海尔以100亿日元左右的价格,收购日本三洋在日本和东南亚地区的洗衣机、冰箱等电器业务;2012年,海尔又以7亿美元的价格,拿下新西兰家电企业斐雪派克;2016年,海尔以55.8亿美元收购美国通用电气家电业务。通用电气家电拥有125年历史,旗下的冰箱、洗衣机以及洗碗机等产品业务,在美国市场拥有一定优势,备受美国当地用户的认可。这是海尔国际化进程的里程碑事件,也是中国家电企业国际化发展史上的重要事件。就在海尔收购美国通用电气家电业务的2016年,美的集团以33亿元人民币的价格收购东芝家电业务的主体——东芝生活电器株式会社80.1%的股份,收购后美的还获得40年的东芝品牌全球授权,以及超过5千项与白色家电相关的专利,同时,需要承接东芝家电约250亿日元的对东芝的债务。也在当年,TCL集团以5000万美元收购了美国Novatel Wireless公司旗下MIFI(智能移动热点设备及移动宽带)业务。Novatel Wireless总部位于圣地亚哥,其MIFI业务通过高阶智能移动热点设备及移动宽带等产品,为客户提供安全及便利的网络经验和定制流动计算解决方案,主要客户为美国和加拿大大型电信商。此次收购有望强化TCL集团的北美业务布局。近年来中国家电企业大举收购全球知名家电企业,一方面获得了领先的技术和成熟的生产线;另一方面也获得了拓宽海外市场的机会,同时提升企业的品牌知名度和整体竞争力,实现一举多得。

在资源类行业,则实现了央企联合收购,以及民企与央企联手"出海"。比如,2009年年中,中国两大石油公司——中海油和中石化以13亿美元联合收购美国马拉松石油公司持有的安哥拉一石油区块20%的权益。该项收购是自中海油185亿美元竞购美国优尼科石油公司失败后,首次成功收购美国石油公司资产。而此次两大石油公司联合进行海外收购,不仅可以避免国内公司间的竞争,还有利于中国公司在海外并购力量最大化,这种联合收购模式值得其他中国企业借鉴。同年,中石化以76.5亿美元全资收购Addax石油公司,同时获取了该公司在非洲和中东的能源资产,优化其非洲油气战略布局。也是在同一年，广东顺德日新公司宣布投资约10亿元收购智利一座储量高达30亿吨的铁矿，日新公司在矿山项目中持股超过七成。日新公司与中国五矿珠海公司签订了战略合作协议，开采之后所有铁矿都将由中国五矿珠海公司进口，承诺智利项目所产矿石将以低于国际市场20%到30%的价格，通过央企中国五矿珠海公司内销渠道，打入国内市场。2016年，河钢集团收购塞尔维亚斯梅代雷沃钢厂，不到半年一举扭转连续多年亏损局面，百年老厂重焕生机。

工程机械行业，2009年，中联重科收购意大利CIFA公司后，将其优势技术嫁接到中联重科混凝土机械中，提升了公司的竞争能力。2012年，三一重工收购全球混凝土机械行业著名企业德国普茨迈斯特，丰富了三一重工的产品组合，提升了研发创新能力，巩固了三一重工在国际混凝土机械制造领域的地位。2013年，中联重科收购全球领先的干混砂浆设备供应商M-TEC公司以及全球著名升降机企业荷兰RAXTAR，在其全球并购之路上又添上精彩一笔。

除了汽车、家电、资源、工程机械等传统行业外，金融业"走出去"步伐也不断加快，如2016年底，上海证券交易所会同中国金融期货交易所和深圳证券交易所等共同收购巴基斯坦交易所40%的股权。上述三家交易所还与德交所集团在法兰克福合作成立了中欧国际交易所。2018年5月，深圳证券交易所牵头与上海证券交易所组成的中方联合体成功竞得孟加拉国达卡证券交易所25%的股权。

跨国并购成为中国企业对外投资的主要方式。早期中国企业海外投资，主要是为了获取国际市场渠道，建立出口产品的售后服务，可以称之为"出口引发的对外投资"。2000年前后，随着中国汽车、房地产和化工等行业的发展，中国企业海外投资以获取能源、矿产等资源为主，"资源导向的并购"成为趋势。2012年以来，中国大力治理产能过剩，国内产业发展的重心开始转向技术密集型。中国企业的海外投资并购也开始走向"立足全球整合的国际化"。《经济学人》杂志研究发现，品牌和技术等知识产权已经成为中国企业国际化的重要驱动力，与寻求产品出口和自然资源的诉求开始接近[①]。双汇集团收购美国史密斯菲尔德（Smithfield），完善了猪肉产业链；华大基因完成对人类全基因组精准测序的创新领导者 Complete Genomics 的收购，获得了技术和人才优势；联想收购 IBM 的 PC 部门，借力 IBM 品牌力度获得全球营销网络；美的收购东芝的白色家电，弥补了在核心技术上的空白，把东芝在电子控制领域的技术应用到家电智能领域，提高美的的国际制造水平。

民企勇立潮头

民营企业正成为对外投资的生力军，勇立潮头，踏浪而行。

近年来，随着国内外市场环境的变化，中国民营企业积极实行国际化战略。同时，随着国家放宽对外投资的限制，民营企业对外投资积极性空前高涨。它们充分发挥自身优势，利用自有品牌、自主知识产权和自主营销渠道，进行全球采购、生产、销售，积极建立国际产业价值链。尤其是 2012 年 6 月国家发改委、商务部、外交部等八部委联合发布《关于鼓励和引导民营企业积极开展境外投资的实施意见》之后，民营企业对外投资在数量和金额方面突飞猛进，日益成为对外投资的新生力量。

据商务部统计，截至 2016 年末，在中国非金融类对外直接投资存量中，国有企业占 54.3%，非国有企业占 45.7%。而在 2016 年中国非金融类对外投资流量中，属非公有经济控股的境内投资者对外投资占比 68%，公有经济控股的境内投资者对外投资占比 32%，可见，非公有经济已经成为当年中国非金融类对外投资的主体。普华永道发布的数据也得出同样的结论：2017 年前三季度，中国内地企业海外并购交易 572 宗，其中民营企业交易高达 359 宗，占比 63%。

2008 年金融危机以前，无论在投资案例数还是投资规模方面，中国民

[①] 赵昌文、张文魁、马骏：《中国企业国际化及全球竞争力》，中国发展出版社 2014 年版，第 4—5 页。

营企业与国有企业的差距都较大，尤其在投资规模上不能与国有企业相提并论。据中国商务部数据，在2007年末中国对外直接投资存量中，国有企业占71%，民营企业仅占1.2%。近年来，民营企业投资活动频繁，涉及领域广泛，经过多年的海外市场历练，民营企业增强了自身竞争力，积累了丰富的经验，从早期的获取技术、立足国内市场向发展品牌取得海外销售渠道、获取当地市场转变。

民营企业"走出去"活跃，如联想对摩托罗拉智能手机业务的收购表现极为抢眼。2014年10月30日北京时间凌晨6点联想宣布，以29亿美元左右的价格购买谷歌的摩托罗拉移动智能手机业务，并将全面接管摩托罗拉移动的产品规划。联想以此进入竞争激烈的欧美市场，至此，不仅在产品、营销网络等方面实现了国际化，还在股权结构、融资渠道等方面实现了国际化。又如，2015年6月，苏宁环球传媒有限公司以2.5亿元收购了韩国株式会社RedRover 20.17%的股权，成为该株式会社第一大股东。RedRover是韩国顶尖动漫企业，主营业务包括信息产业业务、文化展示业务以及动漫业务。苏宁环球传媒有限公司作为苏宁文化产业有限公司旗下开发文化产品、发展投资、整合、收购文化传媒产业项目功能的全资子公司，其主营业务为文化传媒、影视动漫、游戏、互联网等。此次交易后，苏宁环球传媒将成为RedRover的实际控制者，将助推公司战略转型和加强产业布局。再如，华为公司在海外投资设立研发中心。2015年2月，华为在印度班加罗尔市新建的研发中心投入运行。该研发中心是华为在海外建立运行的最大研发中心，建设投资约1.7亿美元，占地约8公顷，目前拥有2700名工程师，员工本土化率达98%。至此，华为在瑞典斯德哥尔摩、印度班加罗尔、美国达拉斯及硅谷、俄罗斯莫斯科等地都设立了海外研发机构。

抢滩发达国家

中国企业的全球化发展，发达经济体是投资热点，2016年对美国、欧盟、澳大利亚的投资均创历史最高值,发达国家成为众多中国企业对外投资的首选投资目的地。2016年,流向发达经济体的投资为368.4亿美元,较上年实现了94%的高速增长。其中对欧盟直接投资99.94亿美元,同比增长82.4%,占欧盟当年吸引外资的1.8%;对美国投资169.81亿美元,同比增长111.5%,占美吸引外资的4.3%;对澳大利亚投资41.87亿美元,同比增长23.1%,占澳吸引外资的8.7%;对加拿大投资28.71亿美元,同比增长83.7%,占加吸引外资的8.5%;对新西兰投资9.06亿美元,同比增长160.3%,占新吸引外资的39.3%。[①]

福耀在美国投资设厂备受瞩目。2014年,福耀玻璃集团投资6亿美元在美国兴建汽车玻璃生产基地,购买了美国通用汽车公司位于俄亥俄州代顿市的工厂;此后,成立福耀美国伊利诺伊有限公司,以5600万美元从美国PPG公司购得芒山(Mt.Zion)工厂,为福耀美国生产基地供应原片玻璃。2016年10月,由福耀集团投资的全球最大汽车玻璃单体工厂在代顿市正式竣工投产,未来整体投资将达到10亿美元,提供5000个就业岗位。福耀对美投资,是中国制造业对美最大投资之一,也是中国汽车零配件企业进军美国市场的最大手笔。

2016年至今,南昌科瑞集团先后以72亿元人民币收购英国血浆制品企业BPL(Bio Products Laboratory Ltd.)、13亿欧元收购德国血浆产品制造商Biotest。其中,BPL是英国唯一一家全球前十的血浆成品企业,其前身为英国卫生部旗下的国家级血液制品研究机构,出产用于治疗免疫缺陷、凝血障碍和重症护理等14种血浆成品,每年约加工650吨血浆。而Biotest公司则是全球领先的血液和生物制品研发和生产企业,Biotest从血浆中最大限度分离纯化高价值药用成分的能力在全球同类企业中较为突出。

2017年3月,腾讯以18亿美元收购了特斯拉5%股权,成为其第五大股东,此次投资成为腾讯布局未来交通和外太空领域的重要一步。2018年4月,腾讯与英国的一家数字医疗公司Babylon Health达成了合作,双方基于

---

① 国家商务部、国家统计局、国家外汇管理局:《2016年度中国对外直接投资统计公报》。

Babylon Health 的人工智能系统，进行健康评估等方面的探索和研究，微信用户也可以通过 Babylon 应用程序得到系统提供的医疗建议。①

北京清芯华创投资管理有限公司和浦东科技投资组成的财团以 19 亿美元的现金收购价完成了对美国豪威科技 OmniVision 的收购。该收购从 2015 年 5 月开始到 2016 年 1 月正式完成。豪威科技是全球著名的摄像头芯片生产商，曾经占据市场龙头地位，是苹果供应商之一，在中国一线智能手机 OEM 厂商摄像头传感器方面占有很大的市场份额。

无论从投资规模还是数量看，发达国家都是中国企业对外投资的首选目的地。随着投资能力的提升，中国企业对外投资已经走过了向周边地区和发展中国家投资的初期阶段，正在迈入积极向美欧成熟市场经济国家投资的新阶段。2014 年以来，美国逐渐退出量化宽松（QE）货币政策，促成国际资本从新兴经济体回流发达经济体。同时，通过在发达国家进行跨国并购，中国企业也能实现其技术和管理水平的提升。CCG 研究显示，制造业是中国企业海外投资的重点行业。通过海外并购获得先进技术和科学的管理经验，拉动整个产业的转型升级，可以更好地优化国内产业格局的配置。同时，中国企业正通过在信息技术、计算机服务和软件业、医药等行业的海外并购，获得与国际接轨的研发、运营、管理和技术团队，以及相对稳定的客户市场，不断提升中国企业在高科技领域的话语权。

"新四大发明"闪耀世界

高铁、网购、移动支付和共享单车，被称为中国的"新四大发明"。曾经，中国古代四大发明——造纸术、指南针、火药和印刷术，极大地推动了世界科技和文明的进步。如今，"新四大发明"不断外溢，成为"走出去"的新生力量。"新四大发明"走向海外，对于中国企业全球化来说，具有独

---

① 《腾讯刘胜义：腾讯的国际化不仅仅是向外输出产品》，2018 年 5 月 25 日，搜狐网（https://www.sohu.com/a/232845745_538698）。

特的里程碑式的意义。2016年，美国《纽约时报》推出一段名为《看看中国正如何改变你的互联网》的视频，称赞中国的微信将电商和现实服务结合得如此完美，让许多西方公司狂追猛赶。英国《金融时报》刊文称，如果说原来是中国在模仿硅谷，那么现在是硅谷在模仿中国。美国科技调研公司 Stratechery 创始人本·汤普森此前在接受《纽约时报》采访时也表示，中国抄袭美国的这种说法好多年前就过时了。如今，在移动互联网领域，恰恰是美国常常学习中国。例如，脸书（Facebook）、色拉布（Snapchat）、声田（Spotify）等硅谷社交软件正在接受并拥抱"中国创造"的二维码。其实，不仅是硅谷，随着美国版共享单车、印度版"支付宝"、新加坡版"饿了么"、泰国版"淘宝"、印尼版"今日头条"等相继出现，中国互联网技术在世界各国落地开花，同时吸引更多世界目光关注中国，看好中国。数字技术、移动支付、共享经济等互联网技术和模式在中国飞速发展，"中国智造"的产品给全球商业带来深刻影响，外媒感叹中国已不再是世界工厂，而已成为全球移动互联网的领跑者。[①]中国互联网技术和模式正在走出国门，从过去的追赶者成为如今的领跑者。例如，中国的共享单车模式，代表着"中国智造"或"中国式创新"，颠覆了人们关于以往中国"模仿"的认知。美联社称，正是中国初创公司把活力带到了美国，美国多个城市正在享受这样的"美遇"。

高铁：中国制造的新名片

2009年，中国正式提出高铁"走出去"战略，初步设定了三大战略方向，即通过俄罗斯进入欧洲的欧亚高铁；从乌鲁木齐出发，经过中亚最终到达德国的中亚线；还有从昆明出发连接东南亚国家，一直抵达新加坡的泛亚铁路网。今天，高铁已成为互通互联的世界动脉，成为中国制造的新名片。

---

① 《从"中国模仿"到"模仿中国"》，《人民日报》（海外版）2017年12月11日，第10版。

在国家层面，中国积极在欧洲与美洲进行高铁营销，习近平主席与李克强总理在出访时都不遗余力担当高铁"推销员"。2016年1月21日，由中方设计承建的印度尼西亚"雅万（印尼雅加达至万隆）高铁"项目正式在印尼瓦利尼开工。这是中国铁路"走出去"的里程碑事件。雅万高铁由中国铁路总公司牵头的中国企业联合体与印尼国有建设公司牵头的印尼国有企业联合体共同合作建设，是"合作联盟战略"的优秀案例。2016年也被称为中国高铁"走出去"元年。中国高铁的版图已经扩展到了亚、欧、非、美等各大洲数十个国家。目前，在建的重大项目包括印尼雅万高铁、中泰铁路、中老铁路、匈塞铁路、巴基斯坦拉合尔橙线轻轨等，重点推进的项目包括俄罗斯莫斯科—喀山高铁、美国西部快线、马来西亚—新加坡高铁等。中国在东非承建的埃塞俄比亚—吉布提铁路（亚吉铁路）已于2015年10月5日通车，2018年1月正式开通商业运营，改变了埃塞俄比亚14年来只能靠卡车运输的历史。亚吉铁路由中国中铁和中国铁建组织施工，机车车辆由中国中车制造生产。这条铁路的通车，标志着中国铁路首次实现全产业链"走出去"。中国承建的蒙内铁路（蒙巴萨港—内罗毕）也已于2017年5月31日建成通车，助力推进东非地区的互联互通和一体化建设。

在企业层面，中国高铁"走出去"取得了重大进展。让中国高铁成为一张亮丽的国家名片，是中国中车集团的追求和目标。中国中车股份有限公司逐渐成为中国高端装备制造业"走出去"的"金字招牌"。2015年1月，尚未合并的中国北车发布公告称，其控股子公司北车（美国）公司与美国马萨诸塞州海湾交通管理局(MBTA)签订了出口美国波士顿红橙线地铁项目合同，总金额约为41.18亿元人民币，这是中国轨道交通装备企业在美国面向全球的招标中首次胜出并登陆美国市场。2016年3月，中国中车在美国又下一城。根据美国芝加哥交通管理局的公告，中国中车下属控股子公司中车青岛四方机车车辆股份有限公司与其下属全资子公司中国南车美国有限责任公司组成的联合体，中标芝加哥7000系地铁车辆采购项目。2016年6月，即将举办奥运会的拉美城市里约热内卢，中车长客提供的15组90辆"奥运地铁"开始通车前无乘客测试。2017 年 4 月 13 日，中车长客股份公司与洛杉矶县大都会交通局在洛杉矶地铁联合车站正式签订红、紫线项目地铁车辆销售合同，价值 12.3 亿元人民币。自 2014 年首次登陆美国以来，"中车制造"已进入美国波士顿、芝加哥、洛杉矶和费城四大城市，获得地铁和通勤客车订单达 1359 辆。中国高铁进入投资保护最严厉的美国，对中国高铁走向世界具有重要的标杆意义。中国中车在轨道交通装备技术标准体系建设中发挥了积极作用，初步形成了国际先进的轨道交通装备产品技术标准体系，保证中国轨道交通行业企业国际竞争力。为开拓全球市场，中车在美国设立研发中心、在欧洲设立投资办公室、在亚洲和非洲设立大量聘用当地员工的制造工厂、维保公司和培训中心。目前中车外籍员工已超过 5000 人，全世界 83% 拥有铁路的国家都在使用中车产品。

中国引领全球网购浪潮

美国有线电视新闻网 (CNN) 称：在淘宝网上，除了波音 747，你还能买摩天大楼。2017 年 12 月 28 日，CNN 报道：在中国科技巨头阿里巴巴旗下的淘宝网上，专门为破产企业开辟了一个拍卖资产的版块，其中，一栋 37 层高的大楼正在进行拍卖。早在 11 月 22 日，外媒就曾报道了淘宝上线拍卖 3 架波音 747 货机的消息。其中的两架被中国物流公司顺丰快递以总价 3.2 亿元人民币拍走。

中国电子商务交易额已占全球总额的四成。中国商务部《2016 年中国电子商务报告》显示，2016 年中国网络购物用户规模、电子商务交易额均大幅增长，网络购物用户规模达到 4.67 亿元，占网民比例 63.8%，较 2015 年底增长 12.9%，其中，手机网络购物用户规模达到 4.41 亿，占手机网民的 63.4%，年增长率为 29.8%；电子商务交易额达 26.1 万亿元，同比增长 19.8%，交易额约占全球电子商务零售市场的 39.2%，其中网上零售交易总额达 5.16 万亿元，同比增长 26.2%，我国世界第一大网络零售市场地位进一步稳固。

淘宝，一个神奇的电商平台。2014年"双十一"前夕，当时的加拿大总理哈珀在访问中国期间，来到阿里巴巴办公室问马云：能不能帮我们销售一些加拿大海鲜？马云问道：什么海鲜？哈珀回答说：龙虾！于是马云开始在"双十一"那天帮助他卖龙虾。在当天，阿里巴巴销售了97000只活龙虾！同时在72个小时之内将龙虾全部运到中国，并且在三个星期之内基本将所有的龙虾销售一空！这些龙虾正是来自加拿大ZF Max国际公司，"我惊呆了！"ZF Max国际公司的马克·谢莱特谈到惊人的销售量时说。

阿里巴巴电商业务提出实现"全球买，全球卖"。马云说："让全世界的中小企业能够做到'全球买、全球卖、全球付、全球运和全球邮'。我们希望让更多的发展中国家、中小企业和年轻人都能够分享全球化的快乐、自由贸易的快乐以及创业创新，都能够尝试到整个技术给自己带来的好处而不是坏处。"阿里巴巴开展跨境电商进口业务的平台"天猫国际"，在2014年2月份正式上线，目前已引入74个国家和地区的商品，上线近18000个海外品牌，帮助八成海外品牌首次进入中国市场。当前，天猫国际对外宣布将开启大进口时代。

2017年11月，阿里巴巴eWTP（世界电子贸易平台）首个海外e-hub在马来西亚正式启动，提供包括物流、仓储、支付、换汇、通关、保险等一站式服务。eWTP的远期愿景若得以实现，将极大促进世界中小企业间的跨境电商交易。

移动支付大步流星走出国门

微信支付、支付宝等移动支付在中国取得了巨大成功。Forrester Research公司和iResearch的数据显示，2016年中国移动支付市场的规模达到9万亿美元，美国的移动支付市场规模为1120亿美元。按此计算，中国移动支付市场规模几乎是美国的90倍。

微信支付以海外华人以及跨境出游的中国人为支点，逐渐向境外辐射。

2018年"两会"期间,马化腾曾表示:"微信支付正在加大海外拓展的力度。法国巴黎几个大的商场都已经可以支持了,包括春节的时候,如果有朋友去日本北海道,可以看到那个机场全部是绿色的,都覆盖微信支付了。我们也在马来西亚申请了第三方的支付牌照。"目前,微信支付已经支持英镑、港币、美元、日元、加拿大元、澳大利亚元、欧元、新西兰元、韩元和泰铢等超过13个币种的直接结算。这意味着微信用户在境外也可以享受到方便快捷的支付方式。

支付宝在海外的布局也相当迅速。目前,支付宝在境外已覆盖欧美、日韩、东南亚、港澳台等30多个国家和地区的数十万商户,涵盖机场、免税店、百货、商超、餐饮、主题乐园等消费者最常去的场景,在部分地区还支持打出租车、乘坐地铁等服务。支付宝已与欧洲的巴克莱银行、法国巴黎银行、意大利联合信贷银行等4家金融服务机构签署合作协议,而这4家银行覆盖了欧洲93万家零售店。蚂蚁金服与印尼Emtek集团联合推出的"印尼支付宝"DANA已经上线,将为BBM(印尼第二大聊天工具)提供金融服务。

托马斯·弗里德曼说,世界是平的。移动支付已成为中国数字经济赋能他国,领跑全球的一个缩影。

随着"互联网+"时代共享经济的兴起,中国共享单车也开始登陆世界各大城市。在美国、德国、英国、意大利、日本等世界上百个城市的街头,都出现了中国共享单车的身影。

将"中国速度"复制海外

伴随着跨境电商的快速增长,跨境快递物流需求大增。当前中国快递业发展已经达到了世界领先水平,但跨境电商物流仍以美国联邦快递、联合包裹和德国DHL等为主。不过,这种局面正在发生改变。2017年"双十一"[①]

[①] 每年11月11日的网络促销日,源于淘宝商城(天猫)2009年11月11日举办的网络促销活动,已成为中国电子商务行业的年度盛事,并且逐渐影响到国际电子商务行业。

之前，阿里旗下菜鸟网络宣布，已经与阿联酋航空等多家航空公司签署包机协议，"双十一"期间将有10多架班机从中国起飞，满载货物飞往欧洲。

进口物流也在发展，"双十一"前，阿里通过菜鸟网络在大阪、首尔、洛杉矶等地增设10大全球订单履约中心，消费者可以实时查看订单揽货、入库出库、转关清关等国际物流信息。2018年4月，菜鸟国际总经理关晓东在澳大利亚举行的阿里之夜千人论坛上表示，未来的物流将跨越国与国间的壁垒，"菜鸟"希望构建一张没有国界、自由流转的72小时全球物流网。通过72小时的全球物流网和一站式的物流平台，将大幅简化中小企业和消费者的物流操作，不仅让中国商品"走出去"，也会带动全球商品进入中国市场。"菜鸟"还与"天猫"一起启用了区块链技术跟踪、上传、查证跨境进口商品的物流全链路信息，给每个进口商品打上独一无二的"身份证"，供消费者查询验证。

在国际快递物流市场方面，中国主要快递公司也在快马加鞭进行布局。2017年9月，中国顺丰控股公告称，与美国联合包裹成立合资公司的事项已获监管审批，他们将首先提供中国至美国的包裹递送服务，未来将扩展到其他国家，合资公司将把顺丰在中国331个城市的1.3万个服务点与联合包裹遍布220个国家的全球网络结合起来。中国快递企业正在跟着跨境电商"走出去"，随着"一带一路""走出去"，让全球消费者在包裹递送方面感受到"中国速度"。

从全球金融危机的肇始之年2008年，到2018年的十年间，世界经济政治形势经历复杂变化。这十年间，世界经济遭受重创，贸易保护主义抬头，全球化发展遭遇挫折。也是在这十年中，中国经济对降低世界经济波动风险起到了举足轻重的作用，成为世界经济的稳定器；中国提出的"一带一路"倡议和建设人类命运共同体的理念，为全球化、全球治理贡献了"中国方案"。

十年间，中国企业全球化也留下了浓墨重彩的一笔。中国企业对外直接投资跃居世界第二，并在2015年超过了同期吸引外资水平，成为资本净输出国，同时，与美国的双边投资关系发生逆转，对美投资首次超过了美国对华投资。中国企业积极进行海外并购，从发展中经济体到发达经济体，从能源矿产到高新技术，国企、民企同时"走出去"，将优质产能、商业模式、甚至中国标准带向世界。

2018年，是全面贯彻党的十九大精神的开局之年，是改革开放40周年，是决胜全面建成小康社会、实施"十三五"规划承上启下的关键一年。以此为新的起点，中国将继续推进改革开放，推动经济全球化发展。未来中国全球化的发展很大程度上取决于中国企业的全球化，中国企业的全球化取决于中国企业成规模、高水平地"走出去"。只有"走出去"，参与到全球经济合作与竞争当中，在全球范围内配置资源，中国企业才能提升自身竞争力，从而推动全球化的发展。期待中国企业从此开启全球化高质量发展的新征程，为新型全球化做出更大贡献。

中 篇

条条大路通罗马——
十大"出海"路径

企业"走出去"是一个包含经济、政治、文化等各种因素的系统工程。"走出去"路径也呈现出多样性，从绿地投资、跨国并购到海外上市，从商品输出、资本输出到战略布局。通过对"走出去"案例的长期跟踪，本书提出企业国际化的十大路径，这些路径是对中国企业全球化40年的实践总结，路径本身并无优劣之分，各种路径都有成功的典范，关键在于对路径的选择上，企业需要结合自身所处的产业特性、企业特点、国际环境、国内环境进行综合考虑，斟酌定夺。

第一章
安营扎寨

"安营扎寨"模式是指企业根据东道国的区位优势,将设计、生产、销售等部分环节或全部环节放在东道国进行。市场需求、人才吸引、技术驱动等是安营扎寨模式的重要动因。

以海尔、福耀为代表的制造业企业是这种模式的优秀代表,"安营扎寨"可以更好地满足东道国市场需求,更容易获得当地消费者信任和欢迎,可以为东道国带来就业机会、增加税收,得到当地政府的欢迎,同时也可为跨国公司自身规避关税壁垒、技术壁垒等,提升企业的国际竞争力。不过该模式对跨国公司的实力要求较高,如当地设厂,项目的建设周期长,不确定性较大。

随着中国企业"走出去"步伐的加快,"安营扎寨"模式开始为越来越多的中国企业所实践,设立海外研发中心成为一种重要趋势。信息技术的无疆域性使越来越多的中国企业不再满足本土市场,为谋求更大的发展空间,华为、百度、阿里、腾讯等已经在海外建立了多个研发中心,不但可以直接对接全球最前沿技术,更能充分利用当地人才,实现企业突破成长。

海尔"三位一体"

20世纪90年代中期,海尔首先以在香港成立贸易公司的方式向美国出口冰箱，并用3年左右的时间在美国市场树立起品牌。1999年，海尔美国南卡罗来纳州设立生产中心，这是海尔第一个设计、生产、营销"三位一体本土化"海外布局。此后的19年，海尔在海外全面布局，按照"走出去、走进去、走上去"的"三步走"战略，通过满足当地用户主流需求的本土化产品进入当地市场的主流渠道，并最终实现中高端创新产品的市场引领。目前，海尔已拥有8个海外研发基地、在全球拥有24个工业园、108个制造中心和66个营销中心。

在巴基斯坦，针对当地每个家庭平均6—7人的人口组成，且当地人穿大袍子的民俗，海尔开发了12公斤能容纳清洗大袍子的洗衣机，可以把全家人的衣服一次性洗涤。针对巴基斯坦气候炎热持续时间长，且当地能源短缺，一到夏季用电高峰，每天都要停电持续10小时以上的实际情况，海尔开发了可以节能50%的第一款直流变频空调，开发出大容量100小时不化冻冷柜。

在美国市场上，海尔设计出容积为500多升的大冰箱，一个抽屉能放下一整只火鸡，满足了美国消费者在感恩节储藏整只火鸡的需求；针对单身一族和高校学生，海尔开发设计出一种轻盈小巧的全塑料迷你洗碗机，投放市场后很快成为"爆款"产品。海尔还投其所好，专门为高校学生研制了一种带活动桌面的小冰箱，很好地满足了美国大学生的需求。

在西班牙，海尔针对当地人对色彩及外观鲜明事物的独特偏好，将滚筒洗衣机的显示屏设计得极具色彩冲击力。同时，操作面板采用简易的语言符号，冲破语言障碍，符合西班牙人简单随意性格特征，使其更加生活化和人性化。此款机型很快风靡西班牙市场。

"三位一体"的海外布局，不仅使海尔成功进入欧美前十大家电连锁渠道，而且通过精准拿捏不同区域消费者的需求，进行产品的本土化设计、本土化制造和本土化营销，使海尔在海外获利颇丰。2017年，海尔全球收入2419亿元，其中海外收入占比42%。

"福耀大道"

福耀集团，全球规模最大的汽车玻璃专业供应商。成立于1987年的福耀，自20世纪90年代初期，开始迈向香港、新加坡、美国和加拿大的国际市场，经过30余年的发展，福耀已在中国、美国、俄罗斯、德国、日本、韩国等9个国家和地区建立现代化生产基地和商务机构，并在中、美、德设立6个设计中心，全球雇员约2.6万人。

代顿，美国"飞机之父"莱特兄弟的故乡，也曾是美国通用公司最重要的汽车生产基地之一。金融危机爆发后，美国通用汽车被迫关闭位于代顿地区的汽车生产工厂，由此造成的工人失业，对上万家庭以及当地经济带来了沉重打击。2013年，福耀买下原通用汽车旧厂房，投资2亿美元配置先进生产线，建成世界上最大的单体厂房生产车间，成为福耀在美国最大的玻璃生产基地，为通用、克莱斯勒、本田、丰田等主要汽车厂商提供产品配套。2015年7月23日，在美国俄亥俄州的代顿地区卡里林历史博物馆（Carillon Historical Park）内，当地各界举行隆重仪式，庆祝福耀美国代顿工厂生产的首片汽车挡风玻璃下线。这"第一块玻璃"被隆重地收藏于当地博物馆内，摆放在通用工厂7年前生产的最后一辆汽车旁边，赋予这一片玻璃重要的历史意义，标志着当地制造业的重心翻开历史新篇章。[①] 当天，莫瑞恩市市政厅投票通过了将福耀集团所在的路段改为"福耀大道"，向为当地经济带来繁荣的福耀集团致敬。就在美国"福耀大道"诞生的两天后，福耀芒山（Mt Zion）工厂正式点火，开始为福耀美国的汽车玻璃生产基地供应原片玻璃，芒山工厂不仅满足了福耀在美国汽车玻璃生产项目的原材料需求，也进一步完善了产业链，为通用、本田、现代、克莱斯勒等客户提供更优质的服务，

---

① 王辉耀、苗绿：《中国企业全球化报告（2015）》，社会科学文献出版社2015年版，第167—168页。

推进福耀在北美汽车玻璃市场的领导地位。

福耀集团以其对当地文化的"爱和尊重"赢得了美国客户、合作伙伴和当地民众的尊敬，成为中国企业投资美国的新的典范。

海外研发中心

华为是中国企业中海外成立研发中心的先驱。早在 1999 年，华为就已经在俄罗斯设立了数学研究所，吸引顶尖的俄罗斯数学家来参与华为的基础性研发。目前，华为在海内外已经建立了 16 家研发中心，分布在美、英、德、法、俄等国家。海外研发中心主要有三大功能，第一是技术开发，例如 1999 年在印度班加罗尔和 2000 年的瑞典斯德哥尔摩成立研发中心；第二是技术转移，例如 2001 年在美国达拉斯和硅谷的研发中心；第三是基础研究，例如 1999 年在俄罗斯的数学研究所，2009 年在瑞典哥德堡的研发中心以及 2010 年在加拿大渥太华的研发中心。

2011 年，百度开始布局硅谷，在库比蒂诺 (Cupertino) 设立百度美国研究院，随着人员的不断扩充，百度美国研究院搬到了硅谷桑尼韦尔 (Sunnyvale)。百度投资 3 亿美元发展该研究院，扩大团队到 200 人。在这期间，利用硅谷得天独厚的条件，研究院招募到许多曾在脸书、谷歌、推特等企业工作过的顶级人才。百度美国研究院主要做三个层次的研发：第一层次是开放云，包括低能耗数据中心等；第二层次是数据工厂，包括新一代数据库管理与查询技术、大数据挖掘机；第三层次是百度大脑，包括深度学习、超大规模机器学习等。2017 年 10 月，在距百度美国研究院不到 2 公里，百度在硅谷的第二个研发中心正式运营。新的研发中心占地 3400 平方米、拥有可容纳 150 人的汽车实验室，将着重研究阿波罗无人车和互联网安全。硅谷成熟的投资环境、健康的创业生态和高度聚集的优秀人才是吸引百度建立研发中心的主要原因。作为风险投资的发源地，硅谷有着独具特色的投资眼光，上一代创业者依靠自己创业成功取得的资金和经验，为下一代新公司提供初创资金和管理经验。大学与企业保持着深入的互动，学术与产业并没有明显的界线，不少大学实验室里的梦想家同时也是企业里的实干家，并且，依托于斯坦福大学等鼓励通过商业活动来扩大知识影响力的高校，硅谷集聚了有开创精神的各类型、各层次人才。对于百度，硅谷的研发中心正变得越来越重要，它们是百度吸引世界顶级人才、开发前沿技术、与优秀大学合作的基地。

中国目前多数企业都处于"追赶"阶段，由于行业竞争激烈，技术更新换代频繁，企业的核心竞争力越来越无法保持并持续。同时技术的快速更迭也为企业弯道超车提供了前所未有的机遇，企业若能把握世界最前沿技术，并提前布局，便能在技术变革的过程中取得领先，甚至改变市场格局。

第二章
借鸡生蛋

"借鸡生蛋"模式是指企业通过海外上市的方式实现"走出去",这是中国企业国际化的一种重要方式。随着经济全球化进程的加快,如何在世界范围内有效配置资源以面对激烈的国际竞争,成为中国企业面临的严峻考验,境外上市成为越来越多企业的选择。中国企业如果可以严格自律,遵守海外法律、公司治理结构和会计准则,按照游戏规则办事,相信海外市场将见证更多重量级的中国企业的,无论是传统行业的还是新兴领域的,化茧成蝶。

海外上市历程

1992年10月,华晨中国汽车控股有限公司在美国纽约股票交易所挂牌上市,这是我国第一家海外上市的公司,为中国企业融入并利用国际资本市场创造了一个崭新模式,由此引领中国企业一波又一波的海外上市潮,从最初集中于制造业到今天已遍布教育、传统金融、消费与医疗保健、科技/互联网、金融科技、能源与电力以及房地产等众多行业。

表10　　　　　　　　　中国企业海外上市的发展历程

时间段	类型	代表性公司
1992—1994	制造业	华晨金杯汽车、中策轮胎、上海摩托车、青岛啤酒、上海石化、马鞍山钢铁等

续表

时间段	类型	代表性公司
1995—1996	基础设施类	华能电力国际、中国东航、南方航空、大唐发电等
1996—1997	"红筹股"	航天科技、招商局、中国华润、上海实业、北京控股等
1999—2005	石油、电信、高科技、互联网等	中国电信、中国海洋石油、中国移动、中国联通、中石化、中石油、中国铝业、中粮集团、中国人寿、新浪网、网易、百度等
2006至今	行业多元化	阿里巴巴、天合化工、猎豹移动、爱康国宾、绿叶制药、都市丽人、中国信达、中国银河、辉山乳业等

资料来源：根据各公司官网资料整理。

随着经济全球化进程的加快，如何在世界范围内有效配置资源以面对激烈的国际竞争，成为中国企业面临的严峻考验，境外上市成为越来越多企业的选择。2007—2017年，中国企业海外上市总数达到864家，融资金额约1.7万亿元人民币，年均约79家，平均每个企业融资额近20亿元。

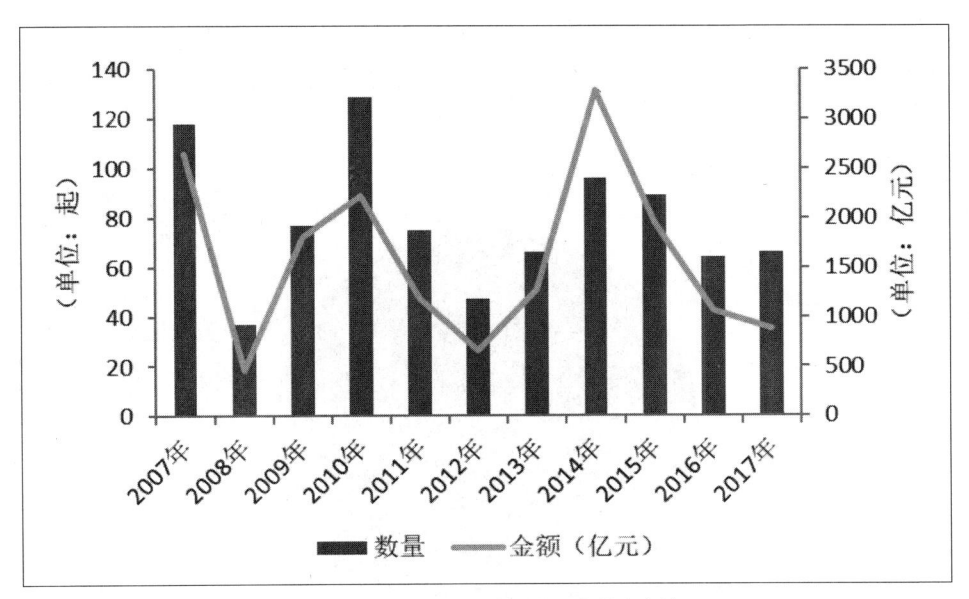

图7　2007—2017年中国企业海外上市情况

资料来源：根据清科研究中心资料整理。

"里外镀金"

在 CCG 中国企业全球化论坛上，纳斯达克中国区首席代表郑华一力认为，中国企业"走出去"可以遵循一个有效途径，就是先在欧美上市，然后以此为平台收购欧美的技术企业，最后再回到中国市场。事实上，很多中国企业正在进行着这种实践，例如 2013 年 6 月在美国上市的兰亭集势，于次年 1 月完成对美国社交电商网站 Ador 公司的收购，大大扩展了其在全球电子商务的版图。2014 年 5 月，猎豹移动在美国上市后，于次年 3 月以总金额约 5800 万美元收购了全球领先的移动营销公司 Mob Partner。这意味着猎豹移动成为一家彻底的全球移动互联网公司，将实现一次从工具市场到全球连接市场的跨越。

中国企业海外上市，不仅能够融到资金，迅速提高企业竞争力，还有利于改进公司治理与经营架构，学习国外先进技术与管理经验，更好吸纳国际

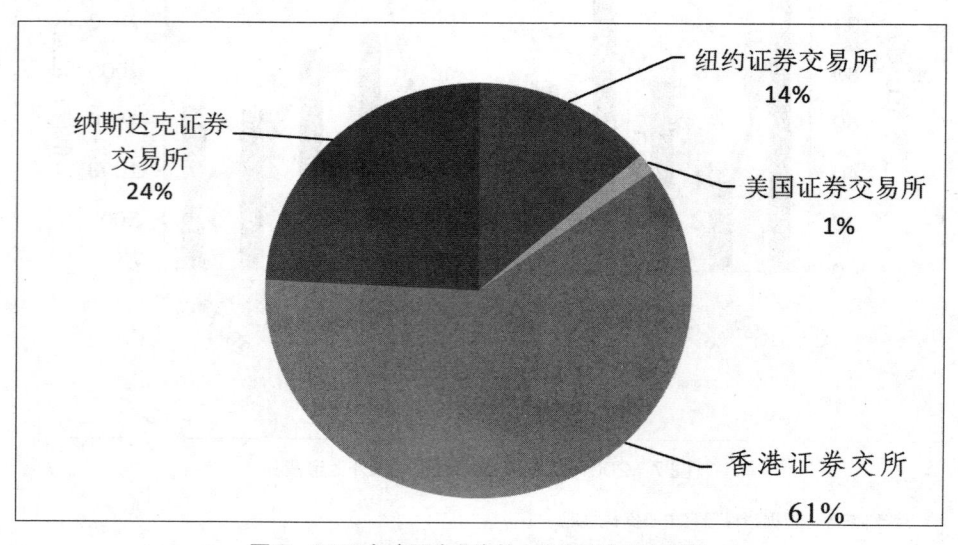

图8　2017年中国企业海外上市交易所分布情况

- 纽约证券交易所 14%
- 纳斯达克证券交易所 24%
- 美国证券交易所 1%
- 香港证券交易所 61%

资料来源：根据清科研究中心资料整理。

人才，发现新的战略合作机会，提升企业在国际资本市场的良好品牌形象，这种"里外镀金"就为锻造一个国际化企业打下了坚实基础。从中国企业海外上市的地点选择来看，香港、美国、新加坡、加拿大、英国等都有涉及，不过，主要还是集中在香港和美国，例如2017年，61%的企业选择在香港证交所上市。在美国上市的中国企业中，选择纳斯达克证交所的数量最多，其次是纽约证交所和美国证交所。

毋庸置疑，融资对中国企业海外发展有着至关重要的作用。全球化不仅是产品、服务的全球化，资本全球化更是不可或缺。随着阿里巴巴2014年9月掀起全球最大的IPO上市，敲开国际资本大门的时候，为中国"走出去"企业带来了前所未有的海外融资大狂欢。受阿里巴巴的影响，2015年6月在中国科技和财经领域备受瞩目的联想集团母企联想控股赴港上市，IPO融资达到151亿港元，成为2015年亚洲最大的IPO之一。中国企业对国际资本市场的冲击和影响，展露了中国企业在全球化发展中的实力及融资竞争力。企业融资从传统的希望政府提供融资支持、商业银行贷款等向海外上市融资转变，大胆闯进国际资本市场。预计，有信心的中国企业今后选择海外IPO的趋势还将持续升温。

遵守游戏规则

然而，"天下没有免费的午餐"，"借鸡生蛋"模式对中国企业而言，是机遇也是挑战。2010年11月17日，来自中国的绿诺科技遭遇浑水研究（Muddy Waters Research）做空，被迫停牌退市。绿诺科技并非个案，2010年以来，中国概念股频繁遭遇做空，出现在美国市场遭遇股价腰斩甚至退市危机的"悲壮一幕"。

表 11　　2010 年 9 月—2012 年 6 月中国概念股在美国被做空的典型案例

做空机构	做空数量	被做空公司及时间
艾弗瑞（Alfred）	12	中国绿色农业（2010年9月）、西蓝天然气（2010年9月）、绿诺科技（2010年11月）、优酷（2011年1月）、中国高速传媒（2011年3月）、西安宝润（2011年3月）、普大煤业（2011年4月）、索昂生物（2011年4月）、中国清洁能源（2011年5月）、德信无线（2011年8月）、德尔集团（2011年9月）、希尔威矿业（2011年9月）
香橼研究（Citron Research）	9	中国高速频道（2010年1月）、泓利煤焦（2010年3月）、中国生物（2010年8月）、博润盐业（2010年10月）、中国阀门（2011年1月）、东南融通（2011年4月）、斯凯网络（2011年5月）、泰富电气（2011年6月）、奇虎360（2011年11月）
浑水研究（Muddy Waters Research）	8	东方纸业（2010年6月）、绿诺科技（2010年11月）、多元印刷（2011年4月）、中国高速频道（2011年2月）、傅氏科普威（2012年4月）、嘉汉林业（2011年6月）、展讯通讯（2011年6月）、分众传媒（2011年11月）
天地博源（OLP Global）	2	新东方（2011年11月）、东南融通（2011年4月）

资料来源：根据周煊、申星《中国企业海外退市思考：进退之间的徘徊》，《国际经济评论》2012 年第 4 期资料整理。

美国机构刻意做空、中国企业自身财务信息虚假和信息披露不充分、中国概念股的边缘化，以及上市维系费用过高等均构成了中国企业退市危机的个中缘由[①]。由于金融、法律、文化、语言等方面的差异，中国企业海外上市还将面临诸多挑战。"如果你要去上市，我认为就要老老实实、干干净净、光明正大，树立自己的诚信。在美国，即使你业绩不好，投资人一样看好你，如果你缺乏诚信，就永远不可能获得青睐。"正如纳斯达克中国区首席代表郑华一力所言，中国企业如果可以严格自律，遵守海外法律、公司治理结构和会计准则，按照游戏规则办事，相信海外市场将见证更多重量级的中国企业的，无论是传统行业的，还是新兴领域的化茧成蝶。

---

① 周煊、申星：《中国企业海外退市思考：进退之间的徘徊》，《国际经济评论》2012 年第 4 期。

第三章
借船出海

"借船出海"模式即通过并购等方式获得国际知名企业的品牌、资源、技术等,并借助这些资源实现企业在国际市场上的迅速立足。联想、三一重工、吉利等是借船出海的优秀代表。2005年,联想收购了IBM个人电脑业务后,从本土品牌一跃成为国际化品牌。2010年,吉利通过收购沃尔沃,不但提升了自身的品牌知名度,而且获得了进入国际市场的通行证。2012年,三一重工收购普茨迈斯特,获得代表顶尖技术的"德国制造"产品标签,为三一重工成为真正的国际品牌书写了浓墨重彩的一笔。

联想"蛇吞象"

20世纪90年代,国际PC巨头纷纷抢滩中国,本土市场一时硝烟四起,大批国内电脑生产厂商处境艰难。此时的联想,已经成立了十年,在柳传志的带领下,电脑销量居于国内市场领头羊位置,占有国内个人电脑市场近30%的市场份额。面对国外竞争者,本土企业持续性的低价策略,让联想陷入了恶性竞争、低利润的市场困境。走出国门,扩大全球市场占有率,成为真正的全球化企业,成为联想的目标。不过,与国际PC巨头相比,联想无论在技术还是品牌上都不占优势,更算不上国际化企业,在收购IBM PC业务之前，联想只有大约 3% 的收入来自于国外，而且主要是东南亚国家。①

在大西洋彼岸纽约州阿蒙克市，一家名为 IBM 的公司已成立了约 80 年。这家曾发布过人类历史上第一台 PC 机、推出过业界首款笔记本电脑 ThinkPad 的 IBM，此时也陷入了困境，从 2001 年到 2004 年上半年，IBM 的 PC 业务累计亏损了 9.65 亿美元，卖掉 PC 部分的业务，转型为一个软件、服务型企业成为这家企业的新战略。而 IBM PC 业务的技术，渠道，研发能力，管理团队以及长期以来在国际市场的品牌影响力则成为联想征战国际市场梦寐以求的。正如杨元庆所公开表示的，"通过并购 IBM PC 业务，联想成为一家真正的全球化企业，这个并购不仅改变了联想，甚至改变了整个行业的格局。"

2004 年 12 月 8 日，联想集团宣布以 12.5 亿美元收购 IBM 全球业务，收购后的新联想在 5 年之内无偿使用 IBM 品牌，并永久保留使用全球著名的"Think"商标的权利，而 IBM 将持有联想集团 19% 左右的股份，成为联想集团的战略合作伙伴。2005 年 5 月 1 日，联想集团完成了对 IBM 全球个人电脑业务的收购，从此，新联想诞生，联想也一跃成为全球 PC 市场仅次于戴尔和惠普的第三大制造商。作为后起之秀的联想，吞并拥有世界第一台个人电脑的美国巨头 IBM 的 PC 业务，在当时引起了业界的广泛关注，成为中国企业"借船出海"的经典案例。

吉利"迎娶"沃尔沃

2010 年 3 月 28 日，中国浙江吉利控股集团有限公司与美国福特汽车公司在瑞典哥德堡正式签署收购沃尔沃汽车公司的协议，吉利以 18 亿美元收购沃尔沃 100% 股权。这场收购获得了海内外的广泛关注，在收购沃尔沃轿

---

① 《从联想并购 IBM PC 看蛇吞象的五大风险》(http://news.chinabyte.com/273/1912273_all.shtml)。

车之前，吉利只是一个涉及中低端的民营车企，收购完成后，一跃成为中国第五大车企，国际知名度也大大提高。

1998年8月8日，第一辆吉利汽车在浙江省临海市下线，并命名为"豪情"，此时吉利汽车的口号是："造中国最便宜的轿车"。2001年底，吉利获得了汽车发售许可证，有了国家的支持后，吉利开始大踏步前进。2004年，李书福提出了从低端品牌向中高端品牌转型的战略构想。随着吉利"自由舰"上市，"造老百姓买得起的好车"的口号响彻中国汽车市场。从2007年开始，吉利推出进军中高端品牌的计划后，试图通过常规的品牌进化实现转型升级，提升在消费者心目中的形象，但是，品牌的缔造是一个历史沉淀的过程。根据品牌进化理论，品牌从初级阶段到高级阶段演进的生命周期，至少需要12年时间。[①]

2008年金融危机给吉利带来了机会。金融危机使众多欧美汽车高端品牌遭受重击，负债累累。此时，由于连年亏损而打算被母公司出售的高端汽车品牌"沃尔沃"走入了李书福的视线。

"沃尔沃"，又译为富豪，瑞士著名的豪华汽车品牌，被誉为世界上最安全的汽车。作为一家2002年才拿到"准生证"的中国民企，想要并购一家成立于1927年，还是瑞典人最引以为傲、曾与ABB（奥迪、宝马、奔驰）在市场上分庭抗礼的汽车公司，不免被人戏谑为"蛇吞象"。但是李书福却早早就下定决心，要通过并购高端的汽车公司来实行战略转型，拥有"海外成熟技术、成熟零部件、成熟汽车公司"的沃尔沃成为他的最佳选择，沃尔沃汽车的技术储备和在安全领域的研发能力在世界首屈一指，其车内空气质量技术控制及环保技术也领先全球。其实从2005年开始，沃尔沃就处于持续亏损状态，金融危机又给拥有沃尔沃汽车品牌的福特公司致命一击，于是，将沃尔沃卖出被提上日程。虽然沃尔沃多年连续亏损，销量下滑，但是其安全环保的品牌价值内涵深入人心，李书福将收购沃尔沃看作进军高端市

---

① 郝继涛：《吉利收购沃尔沃的品牌升级路》，《管理学家》2010年第5期。

场的敲门砖，并最终将其收入囊中。

收购沃尔沃，不仅优化了吉利品牌结构，提升了吉利的品牌形象，还成功丰富了吉利的品牌构成，帮助吉利完成了品牌结构上质的飞跃。2013 年，吉利又收购伦敦黑色出租车生产商英国锰铜控股重工业，2017 年 6 月，吉利与马来西亚 DRB-HICOM 签署协议，收购 DRB 旗下宝腾汽车 49.9% 的股份以及豪华跑车品牌路特斯 51% 的股份……借助收购国际知名品牌这艘大船，吉利集团拥有了吉利汽车、领克、沃尔沃、伦敦出租车、宝腾和路特斯等汽车品牌，完成了从一个名不见经传的中国中低端民营汽车企业到覆盖主流品牌、豪华品牌、超豪华品牌的国际化企业的华丽转身。

三一重工收购德国"大象"

2012 年 1 月 30 日，三一重工发布公告，公司控股子公司三一德国有限公司联合中信产业投资基金（香港）顾问有限公司与德国普茨迈斯特公司（Puztmeister）签署了《转让及购买协议》。根据协议，三一重工将联合中信产业基金，以现金对价 3.6 亿欧元共同收购普茨迈斯特 100% 股权。

"Puztmeister"，在德语里是"灰浆机大师"的意思，和大多数被赫尔曼·西蒙（HermannSimon）所说的，德国中小企业"隐形冠军"一样，这家叫"普茨迈斯特"的企业对质量和技术有孜孜不倦要求完美的精神，追求在一个细分的行业里保持全球领先的位置。从 20 世纪 60 年代到 90 年代的三十年间，普茨迈斯特的核心产品"大象牌"混凝土泵始终是全球混凝土机械行业无可争议的第一品牌，在世界著名的建筑工程里随处可见：1986 年苏联切尔诺贝利核事故现场用于抢险的长臂架混凝土泵车刷新了当年世界泵车的最大浇注量；2007 年世界第一高楼迪拜塔的施工中所用的高压混凝土泵创造了 601 米的世界混凝土泵送记录。2007 年，"大象"身影已经覆盖全球 154 个国家，其中 90% 的利润来自德国以外的其他国家。故事的另一位主角,三一重工在 2011 年的时候也已是中国最大、全球第六的工程机械制造商,但是其海外销售收入仅占当年销售总收入的 5%,从这一点上来说,三一当时还不是一个严格意义上的跨国企业。①

2008 年金融危机后,受到欧洲和美国工程机械市场萧条的影响,"大象"陷入财务和经营的双重困境,面对欧美经济不可预知的未来,普茨迈斯特创始人决定以出售换来新生。三一重工抓住机会,闪电收购"大象",虽然普茨迈斯特在三一重工内仍将保持为独立的品牌,但此次收购无疑将改写混凝土机械行业的全球格局,三一重工获得代表顶尖技术的"德国制造"产品标签为三一成为真正的国际品牌书写了浓墨重彩的一笔。

无论是品牌、技术还是渠道,这些资源的建立都需要经过时间的积淀,中国企业起步晚,在很多行业与国际知名企业都存在一定差距,通过"借船出海"不失为中国企业国际化的一种可选路径。但是,借船出海模式并不具有普适性,此类"蛇吞象"对企业有非常高的要求,首先,需要有充分的资金储备和通畅的融资渠道,以保证从并购开始到并购完成直至整合运营整个过程的资金需要。如吉利并购沃尔沃的融资过程中一直都有政府支持的影子。而并购完成后包括双方企业文化在内的成功融合,才是"借船出海"后可以"扬帆远航"的关键。

---

① 参考引用了《历史在变换中前行!三一收购普茨迈斯特(哈佛案例中文版)》中的资料(http://www.360doc.com/content/17/0307/08/30123241_634618560.shtml)。

第四章
海外战略资源获取

经济全球化的时代,在世界资源能源经济体系中获得经济自主权,是一国资源能源安全的应有之义。作为世界第二大经济体,我国的资源供需状况现状以及国际市场资源价格的频繁波动要求企业必须加快海外战略资源投资步伐。中国企业通过并购、合资等方式获取海外战略资源,不但可以弥补国内部分种类矿产资源储量的先天不足,获得长期稳定的资源能源供应,而且可以增强同世界矿业巨头谈判的筹码,通过分享资源能源的定价权,降低企业成本。中石油、中石化、中海油、中铝、五矿等企业均是这种模式的典型代表。

中海油:从优尼科到尼克森

2004年,中海油发现,仅靠收购区块资产无法实现企业的持续增长,"必须从资产收购向公司收购转变。"时任中海油董事长傅成玉在一次内部会议上如是说。新战略确定后,中海油开始寻找收购目标。经过几轮筛选,位于美国加州的优尼科被中海油相中。中海油发现,优尼科气资产分布最广、与中国地理最为接近的东南亚正是中海油沿海天然气市场最理想的气源地。优尼科是一家有着一百余年历史的老牌石油企业,由于近年经营的不景气,市值低于同类公司30%左右,因此董事会一直在考虑寻找买家。

2005年年初，优尼科挂牌出售，并邀请中海油作为"友好收购"的候选公司之一。

虽然一切看起来都是"天作之合"，但是一家中国石油公司并购一家美国百年大公司，难免会刺痛很多人的神经，在中海油积极筹备收购事宜的同时，一场阻挠并购发生的活动也在同步进行着。

6月24日，中海油报价后的第一天，美国国会能源商业委员会主席Joe Barton和Ralph Hall致信布什，表达了对收购的担忧，称其对美国能源和安全构成"明显威胁"，要求政府确保美国能源资产不出售给中国。当日，共有41名国会议员向布什递交公开信，要求政府对中海油的并购计划严格审查。据统计，前后共有64个国会议员参与到这场反对中海油收购优尼科的游说行列中来……8月1日，美国参众两院通过了能源法案新增条款，要求政府在120天内对中国的能源状况进行研究，研究报告出台21天后，才能够批准中海油对优尼科的收购。这一法案的通过基本排除了中海油竞购成功的可能。次日，中海油宣布撤回对优尼科的收购要约。英国《金融时报》在8月3日的报道中称，"如果调查中海油竞购优尼科失败的原因，结论肯定不是死于自然原因。这是一项不公平竞争明显的案例。美国政界的反对扼杀了此次竞购。"

2013年2月27日，《人民日报》以"历时7个月，经多国批准同意我企业海外最大并购案交割"为题发文，对中海油以151亿美元收购加拿大尼克森公司进行报道。此时距离中海油竞购优尼科失败已经过去了整整8年。八年前，中海油收购优尼科并没有真正进入审批阶段，就遭遇了强大舆论压力，此次收购尼克森的审批程序虽然也经历了一波三折[①]，但最终实现了成功

---

① 2012年7月23日，中海油宣布与尼克森达成协议，以每股27.5美元的价格现金收购尼克森所有普通股。然而四天后，美国证券交易委员会（SEC）发出指控：中国神秘富豪张志熔所控制的Well Advantage公司等多个账户，涉嫌提前获取中海油并购尼克森的内幕消息，并因此非法获利超过1300万美元。为证清白，中海油立即展开自查，并被SEC要求提供调查结果。随后中海油宣布此次内幕交易案与中海油收购尼克森是两回事，对成功收购影响不大。经历了内幕交易风波后，10月11日，加拿大政府宣布对中海油的并购申请延长审查30天。11月4日，再次延长至12月10日。就在外界对此交易的前景一致看空的时候，12月7日，加拿大政府突然宣布已正式批准中海油的收购计划。

交割。尼克森在加拿大西部、英国北海、墨西哥湾和尼日利亚海上等全球最主要产区的资产中包含了常规油气、油砂以及页岩气资源，通过这次收购，中海油石油储量增加了 30%。同时，尼克森作为中海油进一步拓展海外业务的平台，加强了中海油全球化布局。可以说，成功收购尼克森后，中海油的国际化程度大幅提高。

表12　　　　　　　　　　中石油、中海油、中石化近年的海外并购情况

中石油	1997年与哈萨克斯坦政府签订《阿克纠宾油气股份公司购股协议》 2003年购买雪佛龙一德士古北布扎奇有限公司的股份，购得哈萨克斯坦北布扎奇油田 2004年收购哈萨克斯坦肯尼斯油田和贝克塔斯油田50%的股权 2005年收购PK石油公司部分股权 2009年全资收购新加坡石油公司（SPC） 2011年收购英国英力士集团欧洲炼厂交易完成交割 2012年收购法国苏伊士环能集团卡塔尔海上第4区块40%石油勘探开发权益
中海油	1994年购买美国阿科公司在印尼马六甲油田全部32.58%的权益 2003年出资3.48亿美元获得澳大利亚西北大陆架项目CLNGJV25%的权益 2006年出资22.68亿美元完成对尼日利亚第130号海上石油勘探许可证45%权益的收购 2008年对挪威海上钻井公司挪威AwilcoOff-sho-reASA的整体并购 2010年以约11.2亿美元收购美国切萨皮克能源公司鹰滩页岩油气区块33.3%的权益 2011年以总价21亿美元收购加拿大OPTI公司100%股权 2012年出资14.6亿美元，收购英国图洛石油公司在乌干达1、2、3A区块（资产）33.3%的工作权益 2013年以约151亿美元收购尼克森公司
中石化	2008年以约15亿美元收购加拿大Tanganyika石油公司 2009年以72亿美元收购瑞士Addax石油公司 2010年以46.5亿美元收购美国康菲石油公司拥有的加拿大油砂开采商辛克鲁德有限公司9.03%股权；以71亿美元收购西班牙雷普索尔40%股份；以24.5亿美元收购美国西方石油公司（OXY）阿根廷子公司100%股份及其关联公司 2011年以21.3亿美元收购加拿大日光能源所有普通股；以5.38亿美元收购壳牌持有的喀麦隆派克唐石油公司全部80%股份；以35.4亿美元收购葡萄牙最大的石油公司Galp Energia SA旗下巴西子公司及对应的荷兰服务公司30%的股权；与澳大利亚太平洋液化天然气有限公司（APLNG公司）就AOLNG15%股份认购项目完成交割 2012年与美国Devon能源公司签署协议，收购该公司在美国5个页岩油气资产1/3权益；与澳大利亚太平洋液化天然气有限公司（APLNG）就增持APLNG公司10%股份项目完成交割；与法国道达尔公司达成协议，收购该公司所占OML138区块全部20%的权益；收购加拿大塔利斯曼能源公司英国子公司49%股份项目正式交割 2013年与美国阿帕奇石油公司在京举行收购埃及资产1/3权益正式交易交割仪式，标志着中国石化首次进入埃及油气资源市场

资料来源：根据中石油、中石化、中海油官网资料整理。

中石化：延布炼厂

中石化凭借着在技术、设备上的优势，积极"走出去"，输出炼油化工技术和工程建设能力，探索在油气服务、炼油、化工、原油供应、成品油销售、石油服务、石化服务、科技研发、新能源等领域世界范围内的合作。

2012年初，中国石化与沙特阿美签订合资协议建设延布炼厂，持股比例分别为37.5%及62.5%。这是中国在沙特的最大投资项目，也是中石化首个海外炼化项目[①]。2016年，延布炼厂项目正式投产启动。中石化将能源一体化产业链向中下游延伸，不仅能提高企业的经济效益，还是对抗风险的法宝，更是成为中国炼化技术"走出去"的"国家名片"。延布炼厂为沙特带来了先进的炼化技术，增加了当地就业率，延布炼厂1472名员工中，沙特员工达到1114人。以优势互补为基础的合作，将对中国炼油产业和化工工程服务业拓展海外市场产生重要战略意义。

表13　　　　中石油、中石化、中海油近年以合资方式"出海"情况

中石油	1997年与苏丹能矿部合资建设喀土穆炼油厂。1999年阿克纠宾油气股份公司与中国长城钻井公司合资组建中哈长城钻井有限责任公司。2003年与阿尔及利亚国家石油公司在阿达尔省合资建设炼厂。2006年与俄石油公司(Rosneft)合资建立俄罗斯联邦乌德穆尔特石油公司（UDM）。2007年与乍得石油部签署《恩贾梅纳炼厂合资协议》，2011年6月，恩贾梅纳炼厂投产。2008年与乌兹别克斯坦国家油气公司合资组建Mingbulakneft
中海油	2010年与Bridas Energy Holdings Ltd将Bridas Corporation改组为一家双方各占50%的合资公司。Bridas Corporation持有阿根廷PanAmerican Energy公司40%的权益
中石化	2004年与安哥拉国家石油公司设立合资公司，安中石化国际公司(Sonangol Sinopec International)。2010年与西班牙大型油气集团Repsol组建一个规模178亿美元的合资企业，共同开发Repsol在巴西的矿藏。2016年与沙特阿拉伯阿美石油公司共同投资的沙特阿美中国石化延布炼厂投产启动

资料来源：根据中石油、中石化、中海油官网资料整理。

---

① http://www.sinopecgroup.com/group/xwzx/gsyw/20150120/news_20150120_512957847169.shtml

表14　　　　中石油、中石化、中海油近年签订的备忘录、合作协议

中石油	2001年与俄罗斯管道运输公司和俄罗斯尤科斯石油公司签署《中俄关于共同开展敷设中俄原油管道项目可行性研究的总协议》。2002年与印度尼西亚国家石油公司在北京签署石油合作谅解备忘录；与吉尔吉斯斯坦国家石油天然气公司签署开展石油领域双边合作的协议。2004年与叙利亚石油与矿产资源部签署石油领域合作协议。2006年与乌兹别克斯坦国家油气公司签署《乌兹别克斯坦五个区块进行油气勘探的协议》。2007年中油国际与伊朗国家石油公司签署关于南阿扎德甘项目合作的框架协议。2008年和叙利亚石油矿产资源部签署《中叙合资建设炼厂合作协议》和《中叙石油领域合作框架协议》。2010年与新日本石油公司签署了基本协议，将以共同出资的方式经营目前新日本石油下属的大阪炼油厂。2013年与乌兹别克斯坦国家油气公司和新加坡Indorama集团签署了关于建立UzIndorama Gas Chemical合资企业的备忘录。2014年和蒙古国石油局签署在石油领域加强合作的谅解备忘录。2015年与穆巴达拉石油公司签署战略合作协议；与吉尔吉斯斯坦签署中吉天然气管道公司投资协议。2017年中国石化、中国银行及中投海外与美国阿拉斯加州政府、阿拉斯加天然气开发公司签署了价值430亿美元的《阿拉斯加液化天然气项目联合开发协议》
中海油	2010年与英国天然气集团（BG Group）签订了昆士兰州柯蒂斯LNG项目协议。2014年与冰岛Eykon能源公司合作，获得在冰岛海域开发石油的许可；与法国道达尔集团签署《液化天然气（LNG）合作协议》。2016年与墨西哥国家石油公司所属PPS公司、墨西哥Petrofalcon公司等企业共同签订框架协议
中石化	2013年与委内瑞拉国家石油公司签署相关合作文件。2014年与俄罗斯西布尔公司签署建立合资公司的协议。2015年与俄罗斯石油公司签订了《共同开发鲁斯科耶油气田和尤鲁勃切诺—托霍姆油气田合作框架协议》。2016年与沙特阿美董事长范礼赫在沙特利雅得王宫签署战略合作框架协议；与阿尔及利亚国家石油公司总裁马祖牵签署合作谅解备忘录；与俄罗斯石油公司签署东西伯利亚天然气化工项目框架协议。2017年与沙特基础工业公司董事长萨乌德在北京签署战略合作协议，旨在共同推进"一带一路"倡议与沙特"2030愿景"

资料来源：根据中石油、中石化、中海油官网资料整理。

中国能源企业"走出去"时日尚短，与国际能源公司长达半个多世纪的跨国经营相比，中国企业国际化运营管理经验仍显不足，海外能源资产比例偏低，地域分布不平衡，中国企业应坚持"国际化"步伐，慎重选择合适并购目标，优化资产结构，深化海外能源合作，提升国际竞争力。

"国民"联合出手海外能源

出于对战略资源重要性的考虑，海外市场普遍对中国国企的并购保持高

度的警惕性和严格审核，这是造成国企海外能源并购屡屡失利的重要原因。除中海油惜败竞购优尼科外，中国铝业增股力拓失败，中色集团终止收购澳大利亚稀土矿业公司 Lynas Corp 等都是前车之鉴。

  针对海外市场的疑虑，中国应鼓励民企参与到海外战略资源投资中来。民企的参与既能提高国内能源市场活力，也能成为中国能源安全保障的重要砝码。目前国有企业仍是海外战略资源并购的主体，但民营企业的活跃度也有所提升。例如，2014 年，岚桥集团并购澳大利亚上市公司——西部能源有限公司，开启中国民营企业跨境收购上市能源类公司先河。2016 年，岚桥集团再次发力，并购新西兰 RKM 油气田，实现向石油化工上游产业进军，打造完整的石油化工产业链。通过一系列海外收购，岚桥集团加快了国际化进程，逐步实现"产业在国内，资源在国外"的全球化能源战略布局。

  国有企业拥有强大的资金后盾，而民企在海外并购战略资源时可以很大程度上规避政治壁垒，如果鼓励民企赴海外并购能源资源，同时支持"国民"联合出手，相信成功的概率会有很大提升空间。

第五章
海外产业园区

海外产业园区是中国企业全球化的一种新模式。该模式主要以政府引导、某个企业主导，在海外建设园区，从而带动更多中国企业"走出去"集群发展，同时吸引其他国家的企业投资入园。产业园区拥有集群性的特征和优势。例如，通过某一行业的某种产品相关的上下游产业在园区内的集聚，也就是将原材料、技术、研发、初级产品、终端产品、销售等所有相关产业链条引进园区，形成专业化的聚集。海外产业园区成为中国企业抱团"走出去"的有效模式。尤其对于中小企业来说，单兵作战不如抱团取暖，通过产业园区集体"走出去"是一种实现全球化发展的高效模式。

"走出去"的海外园区时代

随着企业全球化发展速度加快，产业园区"走出去"的时代已到来。产业园区包括两种情况，一种是国家引导建设的中国境外经贸合作区，另一种是中国企业在境外自主建设的各种产业园区。

国家引导建设境外经贸合作区

境外经济贸易合作区是指在中华人民共和国境内（不含香港、澳门和台湾地区）注册、具有独立法人资格的中资控股企业，通过在境外设立的中资控股的独立法人机构，投资建设的基础设施完备、主导产业明确、公共服务功能健全、具有集聚和辐射效应的产业园区。以此为平台吸引中国或其他国家企业投资兴业。

随着中国企业对外投资的发展和国内园区建设经验的积累，自2006年以来，中国商务部会同有关部门，鼓励企业进行境外经贸合作区建设，探索"走出去"新模式，推动"走出去"纵深发展。2006年，巴基斯坦海尔—鲁巴经济区拉开我国境外经贸合作区建设的序幕。截至2017年底，中国企业在建初具规模的境外经贸合作区99家，已经形成加工制造、农业、资源利用、商贸物流、科技研发等类型，累计投资307亿美元，入区企业4364家。中国的境外经贸合作区主导产业明确、基础设施完善、公共服务健全，入区投资企业涵盖中国、所在国和其他国家企业。境外经贸合作区已成为中国企业"走出去"发展的集聚平台，也为国际合作提供了新模式。境外经贸合作区为入园投资企业提供政策咨询、法律服务、产品推介等信息咨询服务，以及企业注册、海关申报、金融服务、物流服务、生产配套、生活配套等运营管理和物业管理服务。

很多境外经贸合作区都有两国元首共识或政府间协议作为基础，享受多项优惠政策。园区为入园企业提供一站式服务，在园区建立企业服务中心，为园区企业提供签证、企业注册、政府审批、劳工、法律、税务、金融、物流报关等服务，还拥有完善的生活配套服务设施。园区所在国同样重视经贸合作区建设。柬埔寨首相洪森多次视察西哈努克港经济特区，提出要将该区建成柬埔寨的"深圳"；赞比亚前总统姆瓦纳瓦萨、班达都称赞比亚中国经贸合作区是中赞、中非合作的典范。

例如，柬埔寨西哈努克港经济特区是由中国红豆集团与柬埔寨公司共同建设，是"一带一路"的标志性项目，以纺织服装、箱包皮具、五金机械、木业制品等为主要产业，拥有众多优势：一是独特的区位优势，柬埔寨地处东南亚交通枢纽位置，而西哈努克市是柬埔寨第二大城市和唯一的国际港口城市；二是安全的投资环境，柬埔寨国内政局持续保持稳定，社会治安状况良好，在国际上与大多数国家保持友好关系；三是宽松的贸易环境，尚未遭受发达国家的"双反"等贸易壁垒，还享有欧盟的普惠制待遇；四是完善的基础设施，西港特区 5 平方公里区域内已基本实现通路、通电、通水、通讯、排污和平地生产、生活配套设施完善；五是优质的配套服务，如建有"一站式"行政服务窗口，提供经贸信息、推荐合作伙伴等。

当前，海外产业园区已经成为"一带一路"建设的有效路径和载体。截至 2018 年 4 月份，中国在"一带一路"沿线国家建设境外经贸合作区 75 个，累计投资 255 亿美元，入区企业超过 3800 家，上缴东道国税费近 17 亿美元，为当地创造就业近 22 万个。

表 15　　　　　　　　通过确认考核[①]的境外经贸合作区名录

序号	境外经贸合作区名称	境内实施企业名称
1	柬埔寨西哈努克港经济特区	江苏太湖柬埔寨国际经济合作区投资有限公司
2	泰国泰中罗勇工业园	华立产业集团有限公司
3	越南龙江工业园	前江投资管理有限责任公司
4	巴基斯坦海尔—鲁巴经济区	海尔集团电器产业有限公司
5	赞比亚中国经济贸易合作区	中国有色矿业集团有限公司
6	埃及苏伊士经贸合作区	中非泰达投资股份有限公司
7	尼日利亚莱基自由贸易区(中尼经贸合作区)	中非莱基投资有限公司
8	俄罗斯乌苏里斯克经贸合作区	康吉国际投资有限公司
9	俄罗斯中俄托木斯克木材工贸合作区	中航林业有限公司
10	埃塞俄比亚东方工业园	江苏永元投资有限公司
11	中俄（滨海边疆区）农业产业合作区	黑龙江东宁华信经济贸易有限责任公司
12	俄罗斯龙跃林业经贸合作区	黑龙江省牡丹江龙跃经贸有限公司

① "确认考核"是指根据商务部、财政部《境外经济贸易合作区确认考核和年度考核管理办法》，对合作区建设和运营成效是否符合确认条件进行的认定。通过确认考核或年度考核的合作区，可申请中央财政专项资金资助。

续表

序号	境外经贸合作区名称	境内实施企业名称
13	匈牙利中欧商贸物流园	山东帝豪国际投资有限公司
14	吉尔吉斯斯坦亚洲之星农业产业合作区	河南贵友实业集团有限公司
15	老挝万象赛色塔综合开发区	云南省海外投资有限公司
16	乌兹别克斯坦"鹏盛"工业园	温州市金盛贸易有限公司
17	中匈宝思德经贸合作区	烟台新益投资有限公司
18	中国·印尼经贸合作区	广西农垦集团有限责任公司
19	中国印尼综合产业园区青山园区	上海鼎信投资（集团）有限公司
20	中国·印度尼西亚聚龙农业产业合作区	天津聚龙集团

资料来源：根据国家商务部官方网站资料整理。

企业自主建设海外产业园区

除了国家引导建设的境外经贸合作区外，中国企业尤其是民营企业纷纷走向海外，投资建立海外产业园区，如华立、海尔、红豆、康奈、华坚、汇鸿等企业。例如，江苏汇鸿国际集团在尼日利亚建立了汇鸿国际（尼日利亚）工业园，成为引领中国企业走入非洲的园区模式。江苏汇鸿国际集团成立于1996年，江苏最大的省属外贸企业之一。汇鸿国际（尼日利亚）工业园建成于2005年8月，是汇鸿外经公司为引领江苏及国内中小企业加快"走出去"、投资非洲的步伐，积极推进国际化企业培育和境外生产基地进行产能合作而实施的项目。经过13年的发展，该工业园已经形成以家电、电力为龙头，多产业联动的良好格局，建立了完善的销售网络，从单一空调产品发展到五大主力产品，从家电发展到电力、农产品等行业，从四大营销中心发展到经销商网络遍及尼日利亚所有的州区。

中国企业通过在海外建立产业园区，为中国企业对外投资搭建了平台，提供了比较经济、可靠的海外发展基地，有利于形成贴近市场的产业链和产业集群，可降低企业海外投资经营成本。同时，还是良好的国际合作平台，是中国输出优势产能和产业转移的重要载体，推动了当地经济增长。通过不断建设，园区可形成产业生态、社会生态、自然生态的持续发展模式。

海外产业园区在客观上带动了大量中国企业"走出去"，在一些国家已经取得了一定的成就，对东道国的园区立法、经济政策调整都发挥了很大作用。无论是对中国、东道国还是对中国企业来说，海外产业园区的建设都具有重要意义。园区可以带动东道国经济发展，包括带动当地的 GDP 增长，增加税收和就业，促进进出口贸易。园区不仅可以提升开发企业自身的效益，还能带动中国企业增加出口，包括设备、原材料、成品、半成品的出口。但是，也应该看到，海外产业园区建设是一项系统工程，建设周期长，风险高，还需各方加强协调与协作。

埃塞·华坚国际轻工业城

华坚集团是中国民营企业自主进行海外产业园区建设的典型范例。华坚将产能优势与埃塞俄比亚成本优势完美结合，从华坚国际鞋城（埃塞）公司起步，到建立埃塞—中国华坚国际轻工业城，实现了中国企业大规模制造业集群"走出去"，成为中国优势产业走向非洲、"一带一路"非洲工业园的先行区和示范区。

2011 年 9 月，华坚集团董事长张华荣率领由华坚、利威、派诺蒙、兴昂、建发等国内鞋企组成的"埃塞俄比亚东莞商务考察团"到埃塞进行为期 8 天的商务考察。考察发现，埃塞的生产要素成本，与国内相比处于较低水平：较低的人工成本，埃塞的失业率较高，员工月薪很低，人工成本只占 10%；较低的生产资料成本，埃塞农牧业资源丰富，尤其是皮革资源多，可以实现就地取材；税务优势，在埃塞，出口型企业可享受所得税 10 年免税的优惠，同时美国和欧盟等发达国家和地区对原产地是埃塞的产品免除关税和配额；较低的土地和水电成本，如电价每度仅 0.26 元人民币。

2011 年，华坚集团在埃塞建立华坚国际鞋城（埃塞）有限责任公司。公司位于埃塞首都亚的斯亚贝巴 30 公里外的"东方工业园"。华坚不仅为当地人提供了几千个就业岗位，还为埃塞出口创汇做出了巨大贡献。从 2011 年 11 月开始筹建到招工，到 2012 年 1 月，华坚埃塞工厂 2 条生产线、500 多名工人正式投入生产，只用了短短 3 个月。3 个月时间，华坚工厂就使埃塞俄比亚整个国家的鞋子出口翻了一番，华坚也完成了"走出去"与"国际化"的巨大跨越。

埃塞—中国华坚国际轻工业城位于埃塞首都亚的斯亚贝巴市南侧，是华坚集团成功投建华坚国际鞋城（埃塞俄比亚）有限公司之后的再投资。华坚国际轻工业城是"一带一路"中国—非洲国际产能合作的重要平台，也是埃塞产城融合发展的示范区，以轻工业制造为主，同时开展商业贸易和服务等活动。该项目于 2015 年开始建设，计划在 2020 年建成，计划总投资 20 亿美元，占地总面积 137.8 公顷。是以轻工业制造为主，以科技、高效、文明、和谐、环保为主题，集出口加工、商贸、服务等功能于一体的产城融合智慧园区，是中国优势产业走向非洲的先行和示范，是华坚集团参与国家"一带一路"建设的重要平台。建设完成后，轻工业城将会成为埃塞轻工业发展的新焦点，预计每年可创汇 20 亿美元，提供 3 万—5 万多个就业岗位，同时还将带动中国轻工业企业"走出去"，在非洲集群发展。

中埃·泰达苏伊士经贸合作区

苏伊士经贸合作区位于埃及苏伊士省苏赫奈泉港，距离首都开罗 120 多公里，是中国政府批准的第二批国家级境外经贸合作区，始建于 2008 年，由中非泰达投资股份有限公司运营。埃及苏伊士运河经济区副主席马赫福兹·塔哈接受新华社记者专访时曾评价称，"中埃·泰达苏伊士经贸合作区是中埃两国经贸关系的成功例证，它使两国签署的各项合作协议得以落实。"

2008 年，苏伊士经贸合作区开始建设，正处于"一带一路"和"苏伊士运河走廊经济带"交汇点上。2015年,埃及政府提出"苏伊士运河走廊开发计划",计划沿苏伊士运河建设"苏伊士运河走廊经济带",包括修建公路、机场、港口等基础设施,预计建成后每年将为埃及创造高达1000亿美元收入,约占该国经济总量的1/3。"一带一路"倡议提出以来,契合埃及"苏伊士运河走廊开发计划",苏伊士经贸合作区的发展进入了"快车道"。2016年1月21日,中埃两国政府在开罗签署了"一带一路"建设谅解备忘录。两国共同在开罗发表《中华人民共和国和阿拉伯埃及共和国关于加强两国全面战略伙伴关系的五年实施纲要》,双方同意加倍努力,发展中埃苏伊士经贸合作区,继续鼓励和支持有意愿的中方企业在该地区或埃及其他地区投资。中方将推动有实力、具有科技含量的企业到苏伊士合作区投资发展,鼓励金融机构为泰达合作区及其入区企业提供融资便利,提供对泰达合作区的发展规划咨询和对埃方人员的培训。埃方将对泰达合作区提供经济特区的相关政策支持,在公共服务、税收优惠、外国员工比例等方面做出安排。[1]

经过10年的发展,苏伊士经贸合作区在红海之滨的荒滩上建起一座现代化产业新城,展现了引人瞩目的"沙漠之花"。对中东、北非乃至整个地区均具有巨大的影响力和示范作用。泰达以其在埃及10年的经验提炼了海外园区的发展模式。苏伊士经贸合作区已吸引中外企业70余家,包括西电集团、巨石集团、牧羊集团在内的众多企业,其中有世界500强企业4家,累计实际投资额超10亿美元,年产值1.8亿美元,为当地创造就业岗位3300个。已初步形成了新型建材、石油装备、高低压设备、机械制造四大主导产业。合作区年总产值约8.6亿美元,销售额约10亿美元,上缴埃及税收10亿埃镑(1美元约合17.84埃镑),直接解决就业3500余人,产业带动就业约3万人,已经成为"一带一路"倡议下中埃合作的标志性项目,对中东、北非甚至整个地区均具有巨大的影响力和示范作用。

---

[1]《中埃·泰达苏伊士经贸合作区的腾飞与展望》(http://www.huaxia.com/xw/gjxw/2018/08/5838274.html)。

第六章
互联网模式复制海外

那些依托于互联网技术发展起来的企业,把在中国已取得成功的商业模式推广到海外,充分挖掘海外资源和市场,以期取得进一步的发展,并实现企业的国际化。2015年7月,《国务院关于积极推进"互联网+"行动的指导意见》明确提出,结合"一带一路"等国家重大战略,支持和鼓励具有竞争优势的互联网企业联合制造、金融、信息通信等领域企业率先"走出去"。互联网科技企业在"一带一路"沿线发展中国家的发展潜力非常大。沿线的印度、印度尼西亚、孟加拉国、巴基斯坦人口众多,但互联网渗透率较低,互联网用户增量空间巨大。

购物平台

电商的两大巨头,阿里巴巴和京东,在国内市场分别采用不同的发展模式,阿里巴巴为中小企业提供平台和信息,京东自主经营。模式虽不同,但都获得极大的成功。在海外市场的开发中,两巨头纷纷复制自己熟悉的模式,建立起有着浓厚自身色彩的购物平台。

阿里巴巴通过互联网把买家和卖家结合在一起,仅2018财年其平台成交额就达到4.82万亿,核心电商收入增长60%,利润增长超过40%。在国内市场的成功推动了阿里巴巴拓展国际市场,将零售购物平台发展到海外,来促进更多的国家、企业和创业者参与到全球贸易，并从全球贸易中受益。

作为一个拥有6亿多人口、经济发展向好的区域，东南亚2015年网上零售渗透率只有3%，但互联网渗透率约36%，电商市场呈现碎片化和分散化的态势。电商市场的不成熟，为外来投资提供了机会。2015年，阿里巴巴投资10亿美元收购总部位于新加坡的东南亚最大的电商平台Lazada。2017年又先后两次注资，并通过"东方馆""淘宝专页"等方式把阿里系商户引入Lazada。现如今，Lazada业务范围覆盖印度尼西亚、马来西亚、菲律宾、泰国、新加坡、越南等六国，拥有超过10万个东南亚和国际卖家。

2018年5月，阿里巴巴集团全资收购巴基斯坦电商企业Daraz。收购完成后，Daraz仍旧保持原品牌名运营，并将利用阿里在技术、电子商务、移动支付和物流方面的优势和经验，推动巴基斯坦、孟加拉国、缅甸、斯里兰卡、尼泊尔等五国市场份额的进一步增长。这五国市场的总人口超过4.6亿，而其中60%人口的年龄在35岁以下，发展潜力较大。

阿里巴巴将成功的电商经验从中国带到东南亚和南亚，为他们送去急需的技术和经验，同时促进竞争和带动创新，助力更多当地中小企业健康发展。阿里巴巴在海外的布局，用科技来让中小企业和年轻人在全球舞台上更有竞争力。

2018年6月，京东正式进入泰国市场，京东与泰国尚泰集团（Central Group）共同创建的本地电商平台JD Central面向公众开放。泰国线上零售市场位居东南亚第二，2016年的线上零售交易额已经占到整个电子商务的32%，其中有近50%是通过移动端完成的。此外，众多的人口、发达的基础设施和很高的互联网渗透率，这些都将为电商的发展提供巨大的潜力。在泰国，京东仍旧发挥其在国内的采销模式，以直采商品和代理包销为主，做中国优质商品和品牌的销售平台，带领中国优质品牌和商品走向海外，帮助厂商和商家形成稳定持续的海外销售和利润。

支付工具

　　微信支付、支付宝等移动支付在中国取得了巨大成功。Forrester Research 公司和 iResearch 的数据显示，2016 年中国移动支付市场的规模达到 9 万亿美元，美国的移动支付市场规模为 1120 亿美元。按此计算，中国移动支付市场规模几乎是美国的 90 倍。借着在中国市场迅猛发展的势头，移动支付开始拓展东南亚市场。

　　东南亚对现金的依赖影响了电子商务的发展速度。据世界银行统计，2011 年印度尼西亚 15 岁以上的居民仅有 20% 开通银行账户，而在越南，这一数字也仅为 21%。在泰国，网银使用比例低于 20%，75% 的网购消费使用"货到付款"和"柜台付款"的方式。这些都增加了电商的物流和支付成本。为了配合购物平台的发展，阿里巴巴等企业在海外积极推动移动支付发展。

　　2015 年，阿里巴巴的金融服务子公司蚂蚁金服投资了新加坡的跨境交易平台 M-DAQ；2016 年，又注资泰国金融科技公司 Ascend Money，发展其线下数字支付和金融服务业务。2017 年，蚂蚁金服进军菲律宾和马来西亚。在菲律宾，蚂蚁金服投资当地移动运营商 Globe Telecom 旗下的金融科技公司 Mynt。在马来西亚，蚂蚁金服与该国第二大银行 CIMB Group 旗下平台 Touch 'n Go 成立合资公司。Touch 'n Go 经营一种智能卡，可用于支付交通方面的费用，如交纳收费公路和乘用公共交通工具的费用。2017 年 4 月，阿里巴巴收购了新加坡 Lazada 旗下的支付平台 HelloPay，而后又根据所在市场不同，将该平台分别更名为支付宝新加坡、支付宝马来西亚、支付宝印尼和支付宝菲律宾。2018 年 3 月，蚂蚁金服购入挪威电信公司（Telenor）在巴基斯坦子公司 TMB 45% 的股权，通过分享技术和经验，把巴基斯坦最大的手机钱包 Easypaisa 提升打造为当地版的"支付宝"，为更多巴基斯坦家庭、小微企业提供普惠金融服务。

2016年，腾讯收购泰国Sanook.com，并将其改名为腾讯泰国，之后腾讯的微信支付将覆盖泰国全境的"711"和最大的王权连锁免税店（King Power）收入囊中后，以泰国为主战场，逐步向东南亚其他地区渗透。2017年，腾讯在马来西亚获得第三方支付牌照，2018年6月，微信支付登陆马来西亚，开通"令吉钱包"，为当地用户提供吃穿住行一站式的移动支付服务。

京东在电子支付市场上也不甘落后，2017年9月，京东金融与泰国尚泰集团（Central Group）成立合资公司，开始进入泰国电子支付业务市场。京东拥有在国内积累的技术能力、产品开发能力、用户运营能力，泰国尚泰集团拥有丰富的产业链，业务遍及百货公司、消费品、商场、酒店等，强强联合，开发线上、线下电子支付产品，抢占泰国金融服务市场，通过支付业务撬动其他金融服务的拓展。

物流平台

中国电商不仅把购物平台和支付方式带到海外，更是把强大的物流服务发展到海外。阿里巴巴借助大数据，对跨境物流服务进行信息化改造，帮助入驻购物平台的商家将产品卖到全世界。而同样对东南亚市场势在必得的京东，将国内运用娴熟的自建物流模式带到国外。

2013年，阿里巴巴集团携手相关金融机构及顺丰速运、三通一达（申通、圆通、中通、韵达快递）、宅急送、汇通等成立菜鸟网络，并在全球范围内推广eHub，构建全球物流网络，让全球的物流公司在菜鸟的物流大数据之下接受全局调度和规划，以期实现中国任何地方24小时送货必达，全球范围72小时送货必达的目的。阿里通过联合物流企业，搭建一张物流网络，既通过数据技术提升全行业物流伙伴的效率，也通过投资建设，组建一张有高品质能力的物流服务网络。这张网络已经连起了 224 个国家和地区，菜鸟用技术语言搭建出服务全球中小企业与消费者的基础设施，把不同国家、不同语言、不同商业和物流企业连接在一起。

2017 年，菜鸟网络与马来西亚官方合作建立了一个国际超级物流枢纽（eHub）和一个配套的电商平台，为马来西亚中小企业跨境贸易提供物流、仓储、通关、贸易、金融等一系列供应链设施和商业服务。半年的时间将马来西亚海关全部申报做到了线上化。传统的海关线下申报，一个包裹清关平均需 24—48 小时。线上操作后只需要 0—3 小时。其中 99.9% 的线上申报包裹可以秒级通关，剩下 0.1% 的包裹清关在 3 小时以内，极大地推动了小企业自由贸易。如今已有 2651 家马来西亚小企业加入了该项目，通过菜鸟的先进技术，为它们累计节省了约 3000 万个小时通关时间。2018 年 6 月，菜鸟网络与全球最大的国际航空货运公司——阿联酋航空货运部 Sky Cargo 联合宣布，将在迪拜机场建设一个辐射亚欧非三大陆的 eHub（数字贸易中枢），帮助包裹在中东地区进行快速中转和分发。

京东集团已经在印尼、泰国等东南亚国家和地区开展业务，并将开拓欧美和其他市场，未来将通过以技术驱动的供应链服务，服务全球的消费者和品牌商，通过降低社会化成本，提升人们的美好生活水平。印度尼西亚是京东集团海外战略的第一站。京东通过物流规划与工程、物流系统、物流设备及包装解决方案、物流运营管理这四大产品体系，打造出一个以体验为导向的包括仓储、运输、配送、客服、售后全流程的电商物流解决方案，将国内最核心的技术和经验进行了产品化的对外输出，全力攻克"千岛之国"的物流问题。目前京东在印尼拥有电商企业最大的物流网络——已在雅加达、泗水、棉兰、望加锡、坤甸和三宝垄 6 个城市设立 10 个仓库，大部分出售商品均存放在这些自有仓库里；配送服务已经覆盖了印尼 7 大岛屿、483 个城市和 6500 个区县，85% 的订单可在 1 天内收到商品。

教育平台

值得注意的是，教育产业也加入到海外资源开发战中，例如，主打少儿英语在线教育的VIPKID在全球设立了9个办公室，利用互联网搭建的平台，签约北美外教数量超过6万名。VIPKID平台通过有效的对接、匹配、管理教师与学生的时间，跨国匹配教育资源和需求，使中美两地的时间差变成优势，让北美那些白天仍然需要工作的老师可以通过合理安排自己的闲暇时间，获取酬劳。如犹他州的珍妮，每天早晨通过视频给远在大洋彼岸的几个中国小学生上课，而此时正是中国孩子放学后回到家的时间。虽然有时差，但恰好是各自最合适的时间。

VIPKID在少儿英语在线教育中积累的经验，为其少儿中文在线教育打下基础。在线教师筛选流程、一对一的口语训练、互联网技术和人工智能的应用等在英语教育业务中得到广泛赞誉的模式都继续应用在中文教育业务上。2017年8月，VIPKID正式启动了全新的少儿中文在线教育平台"Lingo Bus"，面向海外5—12岁少儿以100%浸入式教学法提供少儿中文在线教育。随着中国在世界范围内经济和文化影响力不断提升，加上国家提出的"一带一路"倡议，国家汉办在海外大力宣传中国文化和语言，外国人对学习中文展现出极大的热情。创办一年后，Lingo Bus注册用户已超过1万名，Lingo Bus也因此成为中国文化出海"新名片"，成为中华文化输出海外的重要教育出口。

如今，VIPKID海外学员已遍布日本、韩国、西班牙、法国等63个国家和地区，每日课程数量超过18万节，每日上课总时长达450万分钟。VIPKID依托互联网技术实践全球化战略，让优质的教育资源在世界范围内跨越时间、空间的界限流动，为全球的孩子提供高品质的教育服务，同时，也搭建了一个全球化的文化教育平台，提升世界对中国文化、中国技术的印象，开创了在线教育平台"走出去"新纪元。

百度总裁张亚勤认为,"中国的互联网市场竞争可能比世界上任何一个地方都激烈,甚至可以用'惨烈'来形容。几乎每种商业模式都在中国发生过,不仅仅在国内互相竞争,也和跨国企业有很多竞争。经过这么多年的发展,我们积累了很多资本。所以中国的企业出去之后知道该怎么做。拿百度举例,定位、导航早已不用赘述,关键是到国外依然可以无缝使用这种场景体验。"当越来越多的互联网模式在中国得到验证后,中国企业开始将其复制海外,"抢滩"国际市场。

第七章
"农村包围城市"

农村包围城市[①]这里是指中国企业在"走出去"过程中,有明确的国际市场目标,通过采取迂回战术,先选择比较容易进入的发展中国家和地区的市场,建立和开发自己的技术体系,形成拳头产品与品牌优势,不断扩大市场规模,为日后进入发达国家市场做准备。这种模式可以避免过早与发达国家跨国巨头正面较量,为企业发展争取更多时间和经验。挑战在于如何通过不断的技术创新避免知识产权纠纷。

华为的海外路线图

华为是"农村包围城市"的典型代表,无论是其国内市场的拓展,还是其国际化路径,都采取的是"农村包围城市"策略。早年的华为通过代理交换机起步,用了8年时间完成了由代理走向模仿,由模仿走向自主研发,在国内通过"人海战术"占领了交换机设备的广大县乡市场,并通过

[①] "农村包围城市"最早是指以毛泽东为代表的中国共产党人在领导中国革命实践中逐步摸索出来的一条具有中国特色的发展道路和总战略。具体是指"中国民主革命首先在敌人统治力量比较薄弱的农村,发动农民武装起义,建立人民军队,建立革命根据地,把武装斗争、土地革命、建立政权结合起来,使之建成支持长期革命战争的战略基地。依托根据地积累发展革命力量,随着革命战争、人民武装和根据地的发展,逐步造成农村包围城市的战略态势,最后夺取全国胜利"。"农村包围城市"不仅在历史上起到了重要的作用,即使是在今天,仍然具有不可估量的作用,在各个领域其现实意义将是深刻而久远的。

及时、周到的服务弥补了创业期质量不稳定和品牌知名度不高的不足，赢得了消费者的信任，成功进军中国电信业的城市市场①，并逐渐在国内市场站稳脚跟。

华为在开拓海外市场的时候也采取了类似的策略。"当我们计划国际化的时候，所有肥沃的土地都被西方的公司占领了。只有那些荒凉的、贫瘠的和未被开发的地方才是我们扩张的机会。"正如任正非所言，20世纪90年代中后期，当华为踏上国际化征程之时，发达国家市场早已被欧美高科技企业所占领，国际市场中只有中东、非洲、东南亚等区域还未引起国际电信设备制造巨头的重视，这就为当时还难以与国际巨头抗衡的华为留下了发展空间。

香港成为华为国际化征程的第一站。1996年，华为与长江实业旗下的和记电信合作，提供以窄带交换机为核心产品的"商业网"产品，华为的C&C08机打入香港市话网，开通了许多国内未开的业务。华为大型交换机进军国际电信市场迈出了第一步。②

俄罗斯是华为的第二站。1997年，华为在俄罗斯建立了首家合资公司。起初，由于爱立信、西门子等跨国巨头已抢先布局，华为迟迟无法打开局面。之后，由于俄罗斯经济陷入低谷，西门子、阿尔卡特、NEC等公司纷纷从俄罗斯撤资，俄罗斯对电信市场的投资也几乎停滞，但华为并没有放弃俄罗斯市场，他们不断寻找和等待机会，直到几年后收到第一笔"38美金"的订单，此后，华为一发不可收拾，2000年，华为斩获乌拉尔电信交换机和莫斯科MTS移动网络两大项目，拉开了俄罗斯市场规模销售的步伐。2002年底，华为又取得了3797公里的超长距离的从莫斯科到新西伯利亚国家光传输干线的订单。③

在俄罗斯市场发力的同时，华为继续进入巴西、埃塞俄比亚等发展中国家拓展业务。1997年在巴西成立了合资公司，1999年在印度班加罗尔设立

---

① 成海清：《华为傻创新——持续创新企业的中国典范》，企业管理出版社2016年版，第5页。
② 《华为的海外扩张之路》（http://biz.163.com/special/h/huaweioversea.html）。
③ 《华为如何抢滩俄罗斯，覆盖独联体》（http://www.360doc.com/content/16/0510/16/6063752_557883692.shtml）。

研究中心，与此同时，华为还在非洲、拉美地区设立了多个代表处，避开与国际巨头的正面交锋，在网络建设较为落后的发展中国家积累实力，并通过参加各种博览会和行业协会，提高品牌的知名度，经过多年努力，华为逐渐在这些国家通信市场站稳了脚跟。

此时，已具备一定实力与知名度的华为开始在发达国家市场上有所动作。2001年起，华为陆续挺进西欧、北美等发达国家：2001年华为与日本松下、日本电气公司合资成立了宇梦公司，2002年，华为在美国成立了全资子公司，2003年，华为与西门子合作共同研发3G，与全球第六大半导体公司英飞凌合作共同开发低成本WCDMA，并在同年与美国3COM公司成立了合资公司，设立了4个研发中心，华为频频在发达国家发力，逐步向发达国家的主流市场进军，实现了国际各大主流市场的全线突破，华为的跨国经营在全球范围内全线铺开。①2017年，华为全球销售收入6036亿元人民币，约一半的收入来自海外市场，其业务遍及全球170多个国家和地区，服务全世界1/3以上的人口。

中兴的海外版图

20世纪80年代的深圳，还诞生了一家企业，这家企业日后也走了与华为类似的"农村包围城市"的国际化路线，它就是中兴通讯。

20世纪90年代，随着思科、爱立信、诺基亚等国际巨头纷纷进入中国，国内市场迎来了激烈的竞争。为了寻找生存与成长空间，中兴制定了通过国际市场"走出去"的发展战略。1995年，中兴通讯首次参加了日内瓦工ITU世界电信展，将目光聚焦到海外市场。1996年，中兴成立国际部，选取国际通信设备厂商垄断程度相对较弱的发展中国家，陆续小规模将产品出口至

---

① 卢进勇、刘辉群、王辉耀等：《中国跨国公司发展报告（2016）》，对外经贸大学出版社2017年版，第247页。

印尼、马来西亚等国家。1998年起中兴通过进行大规模海外电信工程承包，多元化的通信产品输出，陆续挺进南亚、非洲等区域，对海外市场完成了由"点"到"面"的突破。同时，公司也开始瞄准欧美国家市场，1998年，在美国的新泽西、圣地亚哥、硅谷设立3家研究所。2001年，中兴获得中国联通110万线CDMA合同，打破国外垄断，并将成功经验推向海外市场。[①] 2005年，中兴开始进入美国市场。中兴通讯借助"本地化"及"MTO"（跨国运营商）战略，通过与全球跨国运营商全面、深入的合作，实现对西欧、北美等市场的全面突破。[②] 2007年，中兴主营业务收入超过340亿元，其中，国际收入达57.8%。

作为中国最早一批走向国际市场的中国高科技企业，中兴与华为一样，通过"农村包围城市"成功打开国际市场，并顺利进入以美国为代表的发达国家高端市场。当然，任何企业的发展之路都不会是一帆风顺的，中兴在国际化的道路上也遭遇了频频挑战，从2013—2014年，美国企业TPL、IDCC、Flashpoint、Creative等对中兴密集发起了7起"337调查"，中兴成为在美国市场最成功同时也是遭受337调查最多的中国手机品牌。虽然事后中兴大多数案例应诉成功，但这也提醒不少中国企业在走向海外的过程中，要注意因为缺少专利无法安稳经营，在海外市场遭遇重挫，甚至被迫退出市场的风险。

中兴与华为，作为中国本土成长起来的科技企业，在国际化道路上不约而同地选择了"农村包围城市"的模式，通过多年的努力，在国际市场上获得了一席之地，也为中国企业"走出去"开创出一条可供选择的路径。不过，由于欧美企业一直掌握高科技领域的话语权，所以"华为中兴们"的"走出去"仍然遇到了一系列的障碍。如何进行技术创新又避免知识产权纠纷、如何对发达国家政府进行"公关和游说"等事项是企业未来考虑的重点。

[①] 卞雅莉：《中兴通讯：创新国际化的典型经验及启示？》，《对外经贸实务》2012年第7期。
[②] 同上。

第八章
"星火燎原"

"星火燎原"模式主要见于一些自发"走出去"的民营中小企业。这些企业往往有着非常强大的灵活性和活力，成为中国中小企业大面积"走出去"的带头人。温州企业是"星火燎原"模式的主要开创者。温州模式具有鲜明的中国特色，充分利用了中国在海外广大华人华侨华商的力量，通过建立"中国商场"等方式把中国的一些有竞争力的产品推销到世界各地，实现中小企业集体"走出去"。这种模式的挑战，在于如何加强行业协调，加强对当地的了解和在海外有序竞争的管理，避免出现像西班牙"烧鞋事件"[①]的发生。

温州模式

康奈集团成立于改革开放初期，经过30多年的发展，已经成为中国皮鞋行业的龙头企业和走出国门创品牌的优秀代表。康奈目前在美国、法国、英国、意大利、越南等十几个国家设立了100多家海外专卖店（柜）。由康奈牵头组建的俄罗斯乌苏里斯克经贸合作区，是2006年经国家商务部批准成立的第一批8家境外园区之一。

---

① 2004年，由于华人的鞋业贸易对西班牙当地制鞋业产生了一定影响，从而引发了一部分当地商家对华商心怀恨意，在一些暴徒的恶意煽动下，爆发了西班牙"烧鞋事件"。

1998年，初踏国际化之路的康奈，就认识到并充分挖掘了温州籍华人华商的力量，康奈利用各国的华侨，特别是海外温州人的人脉开设专卖店，并逐渐在欧美城市铺开，形成一定规模。专卖店的成功为康奈进入商场打开了一扇门，从而使康奈的市场占有率、品牌影响力得到了提升。可以说，康奈的国际化发展处处受益于海外华人华侨华商的网络，借助这一网络平台，实现风险共担、利益共享，成功将中国产的鞋销售到世界各地。

根据浙江省 2014 年基本侨情调查，温州共有海外华侨华人 68.89 万人，分布在 131 个国家和地区。众多的温州人在世界各地经商，形成了规模庞大的海外温商群体，为温州企业"走出去"提供了先发优势。

在温商全球网络的支撑下，温州境外中国商品城在世界遍地开花。温州企业先后在喀麦隆、俄罗斯、荷兰、阿联酋、美国、蒙古、英国、智利、芬兰等国家建立了几十个境外商品城，共有 400 多家温州市企业进场经营。近年来温州企业所进行的一系列海外收购，均有海外温商在作为收购方的国内温商和被收购方的海外资产间进行"穿针引线"。温商还"走出去"建立了多个海外园区，如俄罗斯乌苏里斯克经贸合作区、越南龙江工业园、乌兹别克斯坦鹏盛工业园、塞尔维亚商贸物流园、印尼青山工业园区均是温商投资或以温商投资为主的项目。[①]

借力华人华商

根据 CCG 在社会科学文献出版社最新发布的《世界华商发展报告 2018》显示，目前在海外的华侨华人数量达到了 6000 多万人，与意大利、英国、法国等欧洲发达国家全国的人口数量相当。华侨华人遍布世界各地。其中，经商办企业的比例极高，形成了庞大的华商群体。在海外，东南亚华商在当

---

① 王辉耀、康荣平：《世界华商发展报告 2018》，社会科学文献出版社 2018 年版，第 39 页。

地经济中的地位尤其举足轻重，涌现出了很多资产实力雄厚的华商。北美的华商近几十年来在高科技产业中的成绩引人瞩目。有调查显示，硅谷创造的财富中，40%有华侨华人的参与，每年出现的5000家初创企业中，约有1/4由华侨华人创办。欧洲、澳洲、非洲的华商也在近二三十年来迅速发展。在非洲，南非的华商最多，已经形成了台商经营工业、港商经营房地产、内地华商经营商贸的格局。

各地涌现的华人商城是华商近十多年发展的新特色，在欧洲尤其明显。在华人商城，集聚了众多华商，他们以中国产品为基础，以批发为主要经营方式。起始于20世纪90年代的华人商城，从事商品进出口和零售的大小华商企业受规模效应的驱动，集中在一起形成一定的市场，当时比较著名的有匈牙利布达佩斯的四虎市场、葡萄牙里斯本的莫拉里商业中心、俄罗斯莫斯科切尔基佐夫斯基大市场等。受当时巨大的市场需求和丰厚利润吸引，华人商城高速发展，进入21世纪，已成遍地开花之势，如法国巴黎中国商城，意大利普拉托欧洲商城，瑞典的中国商贸城，匈牙利布达佩斯的欧洲广场、唐人街市场和温州商城等，不仅规模大，而且数量多，仅在德国就有20多家华人商城。

华商在协助中国企业对外投资方面大有可为，同时自身也能获得历史性发展机遇。华商曾在中国引进外资方面发挥了重要作用，现在将协助中国企业"走出去"，即从以前的"引进来"到如今的"带出去"。当前海外华商与中国企业在跨境电商领域就有广泛的合作空间。中国企业在进行对外投资时，当地华商是进入目标市场最有效的合作伙伴。例如，2013年，正大集团与上海汽车集团合资在泰国成立上汽正大股份有限公司，旨在建设一个生产高性价比产品的精益工厂，加快进入日系车占据绝对优势的泰国乃至东南亚汽车市场。海外华商与"走出去"的中国企业开展合作，成为向全球发展的新力量。[①]

[①] 王辉耀、康荣平：《世界华商发展报告2018》，社会科学文献出版社2018年版，第45页。

第九章
对外承包工程与劳务合作

　　对外承包工程和对外劳务合作都属于比较传统的中国企业"走出去"模式。早在 20 世纪 50 年代，中国在对外援助中有一些成套设备援建项目，需要国内企业派建设和安装人员前往施工，配合对外援建项目成为中国承包工程建设和劳务输出的最早形式。70 年代末，阿拉伯石油输出国凭借巨额石油外汇收入掀起大规模的工程建设高潮，1978 年，当时的对外经济联络部联合国家基本建设委员会向国务院上报了《关于拟开展对外承包工程的报告》，提出应抓住国际承包工程市场的有利时机，尽快组织我国建筑力量进入国际市场。国务院很快批准了这一报告，中国建筑工程总公司等企业抓住建筑承包市场需求旺盛的有利时机，率先进入中东地区市场，并在那里站稳脚跟，拉开了我国对外承包工程和劳务合作的序幕。[1] 1984 年，笔者在《国际贸易》上发表的一篇名为《中东地区的承包劳务市场及其今后发展趋势》的文章中曾经提到，当时我国对外承包额有一半以上，劳务合作人员有 2/3 以上都集中在中东地区。[2] 所以说，对外承包工程与对外劳务合作起步于改革开放前，并一直延续至今。这两种途径与对外直接投资共同构成我国发展对外经济合作，实施"走出去"战略的三种主要形式。

---

　　[1]　《对外承包工程的起步与发展》(http://history.mofcom.gov.cn/?newchina=%E5%AF%B9%E5%A4%96%E6%89%BF%E5%8C%85%E5%B7%A5%E7%A8%8B%E7%9A%84%E8%B5%B7%E6%AD%A5%E4%B8%8E%E5%8F%91%E5%B1%95)。

　　[2]　王辉耀：《中东地区的承包劳务市场及其今后发展趋势》，《国际贸易》1984 年第 6 期。

传统模式的广阔新天地

对外承包工程是指我国的工程承包企业或其他有资质企业以参与投标等方式在境外获得工程合同，承包或分包境外建设和安装等工程项目的经营活动。[①] 改革开放前，我国的对外工程承包业务主要是配合对外援助工作，发展缓慢。改革开放后，慢慢起步，逐步发展，稳定增长。当前我国对外承包工程已具备较强的国际竞争力，培养出了一批在国际上能排上名的企业，如中建、中土、路桥、港湾公司等；承包项目从初期的承包普通房建、建筑工程发展到技术性较强的石油、化工、冶金、港口、通讯等多个领域，并逐步向计算机应用技术、工程设计咨询、航空航天、民用核技术等高科技领域发展；合作模式呈现多样化，以EPC（设计—采购—施工总承包）为代表的总承包模式、BOT（建设—经营—转让）融资模式等高端业务模式越来越多。2017年全年，我国对外承包工程完成营业额1685.9亿美元，新签合同额2652.8亿美元。进入新世纪以来，中国对外工程承包企业加强国际合作，管理、技术水平提升，专业优势进一步巩固，在高铁、电信、风电、核电等领域逐渐得到国际社会的认可。

土耳其安伊高铁

2014年，中国在海外建设的首条高铁——土耳其安伊铁路建成通车。它是中国企业在海外承建与建成的第一条高速铁路，是中国高铁施工技术第

[①] 《对外承包工程的起步与发展》（http://history.mofcom.gov.cn/?newchina=%E5%AF%B9%E5%A4%96%E6%89%BF%E5%8C%85%E5%B7%A5%E7%A8%8B%E7%9A%84%E8%B5%B7%E6%AD%A5%E4%B8%8E%E5%8F%91%E5%B1%95）。

一次"走出去",也是土耳其历史上第一条高速铁路,安伊高速铁路的全线贯通使土耳其成为世界上第 8 个、欧洲第 6 个拥有高铁的国家。

安伊高速铁路连接了土耳其首都安卡拉和最大城市伊斯坦布尔,全长 533 公里,设计时速 250 公里,全部采用欧洲标准。该项目共分三期,其中二期项目由中国机械进出口(集团)公司与中国铁建股份公司及土耳其两家公司组成联合体共同承建,中国土木工程集团公司代表中国铁建股份公司参与建设。安伊高铁二期工程从中标到开工再到通车,前后将近十年时间,其中,由中国中铁承建的路段全长 158 多公里,其中 40% 的路段都是桥梁和涵洞,是工程量最大、也是难度最大的一段路。安伊高铁开通运营后,安卡拉至伊斯坦布尔的行程从 10 个小时缩短到 3.5 小时,线路货运能力提升 234%,客运能力提高 400%。① 曾参与修建的工作人员说,高铁对于土耳其是新事物,在土耳其安伊高铁建设过程中,中土双方高层和工程技术人员实施了良好的协同配合,在确保工程质量的前提下,中方还最大限度雇用了当地劳动力,带动了就业和高铁沿线地区的经济发展,提升了中国企业在土耳其的影响力。

当前,中国高铁已形成具有世界先进水平的技术标准体系和成套工程技术,特别是 CRH380 系列型号的和谐号动车组列车,因其耐高寒、耐高温、耐高湿、防风沙,适应性广等优良性质已经超越日本新干线、法国 TGV 和德国 ICE,广受好评,成功走进东南亚、中东等国家,成为我国对外承包工程"走出去"的一张名片,"安伊高铁是中国和土耳其经贸合作当中一个重要的项目,这个项目意义非常大,实际上等同于在欧洲这样一个国家打开了市场,创立了品牌。"中国驻土耳其特命全权大使宫小生说,"我从事外交工作 30 多年,从没有想过中国高铁能走出国门,修建安伊高铁,是中国高铁第一次真正走出国门,并且走到了技术标准高的准欧洲国家,这不仅提升了企业的影响力,也提升了国家的影响力。随着国有经济的发展,新兴经济体

---

① 周啸东:《土耳其安伊高铁——第一个中国高铁工程技术"走出去"项目》,《国际工程与劳务》2015 年第 9 期。

国家对改变落后的基础设施建设需求迫切，这对中国企业是千载难逢的机会，抓住这样的机遇，我们就是登上了一个台阶。"[1]

安琶铁路隧道

2016年2月27日，中铁隧道集团承建的中亚最长隧道——安琶铁路隧道全隧贯通，该隧道项目是目前中亚地区最长的单线电气化铁路隧道，不仅是乌兹别克国家"一号工程"，也是"新丝绸之路经济带"铁路网的重要组成部分。

安琶铁路隧道全称乌兹别克斯坦安革连—琶布隧道，该项目位于乌兹别克斯坦纳曼干省，穿越库拉米山，是一项设计时速为63公里的单线电气化铁路隧道项目。安琶铁路隧道项目是关系到乌兹别克斯坦政治经济命脉的重大项目，隧道的修建将使该国将塔什干到费尔干纳州的铁路运输距离缩短100公里，时间节约近2小时，并消除穿越其他国家的过境运输瓶颈，对于促进该国政治经济发展具有突出意义，同时该项目又被确定为乌兹别克斯坦独立25周年的政府献礼项目，必须要于2016年9月1日前完工[2]，该项目的巨大政治、经济意义使得乌兹别克政府对项目承包商的选择格外慎重。中铁隧道集团凭借自身优秀的实力与积极主动的态度成功脱颖而出。2013年6月，中铁隧道与乌方正式签订总承包合同，从初识到牵手，双方仅用了不到60天的时间，创造了海外项目当年追踪信息、当年签订合同、当年开工的范例。2016年7月28日安琶铁路隧道正式竣工。

安琶铁路隧道项目是中乌非资源领域的最大合作项目，是中国优质产能走进乌兹别克斯坦的成功范例。目前，该项目已成为中国企业在乌的一张亮

---

[1] 《中国铁建承建的土耳其安伊高铁二期主体完工》（http://ccnews.people.com.cn/n/2014/0117/c141677-24155857.html）。

[2] 《充分发挥企业优势"走出去"的成功案例》（http://blog.sina.com.cn/s/blog_4e52acc90102wdhn.html）。

丽名片，在其强大影响下，中铁隧道集团和乌兹别克国有铁路股份公司签订战略合作备忘录，约定在新建公路、改扩建公路、新建铁路、电气化铁路改造、人员培训、技术交流等方面加强进一步合作，并与乌兹别克高层就乌兹别克斯坦公路隧道、乌煤矿升级改造、水利水电等项目与乌方进行实质性的商谈，①开创了中国企业与一个国家商定战略合作协议的范例。中乌合作的成功也使中国企业成功打开了在中亚及独联体其他国家的市场，吉尔吉斯斯坦、俄罗斯、格鲁吉亚、阿联酋等国家的相关公司也通过各种途径与中铁隧道集团联系，提供本国公路、铁路等基础设施领域及能源领域的项目信息，寻求合作。②

对外承包工程和劳务合作不仅带动了我国货物出口、境外资源开发、对外投资、技术贸易，促进了我国国民经济增长，也是落实"走出去"战略的较为成熟和可行发展路径，为我国和其他国家之间双边友好的经济合作关系做出了重要贡献。近年来，随着"一带一路"倡议的提出和推进，对外承包工程的发展更是进入了快车道，据中国对外承包工程商会发布的《2016—2017中国对外承包工程发展报告》显示，我国在"一带一路"沿线国家承包的工程已经占据了半壁江山，有力促进了东道国经济社会可持续发展，赢得当地政府和民众的充分肯定和广泛赞誉。但是，中国企业在外承包工程的经营风险也不容忽视，有些国家政治局势、经济形势剧烈变动，导致国家政策的连贯性不强，将会对建设周期较长的基础设施建设带来较大不确定性；有些国家，特别是"一带一路"沿线国家"三股势力"风险长期存在，对我国海外工作人员的安全提出严峻挑战；还有一些国家与我国互信不足，造成企业在当地推进基础设施合作困难，因此，"走出去"的同时，企业应该建立风险管理机制，在"走出去"之前，充分调研，做好风险预防与应对预案，在做好自身业务的同时，积极融入当地社会，承担更多的社会责任，从而赢得当地政府、民众的互信、尊重和支持。

---

① 《充分发挥企业优势"走出去"的成功案例》(http://blog.sina.com.cn/s/blog_4e52acc90102wdhn.html)。
② 同上。

第十章
海外战略股权投资

海外战略股权投资是指企业通过并购等方式持有海外企业一定股权，不一定参加管理，可以获得双方合作关系提升，获得股份增值的空间等。这种投资属于长线投资，很多年后才能看到效果，具有比较大的风险性。中国工商银行、国家开发银行、中投公司都是这种模式的重要实践者。

工行投资南非标准银行

中国工商银行（以下简称"工行"），中国资产规模最大的银行，南非标准银行（以下简称"标准银行"），南非最大最古老的银行。2007年10月25日，工行与标准银行同时发布公告，工行收购标准银行集团10%的老股并认购10%的新股，收购后工行将拥有标准银行集团20%的股份，成为其第一大股东。在南非的传统金融系统中，英国、法国和美国是绝对的主体，而此次工行的并购将鼓励更多中国的金融机构进入南非，因此，外媒纷纷将其称为"破局之举"。在完成对南非标准银行的并购之后，工行并没有直接介入后者的管理，而是采取了如设立专门部室负责对标准银行的经营业绩、资产质量、同业竞争情况、股价及南非经济金融形势等定期进行监测分析，及时掌握标准银行经营管理情况，维护工行股东权益与投资安全等间接管理。

中国企业发展的全球化必然推动金融业发展的全球化，包括工行在内的中资银行纷纷推进国际化战略，相比于海外设立分行，成立子银行的传统扩张模式，并购当地银行更能借助被收购者的本土优势，降低投资成本，克服进入陌生环境的"水土不服"。南非标准银行具有很强的资源行业的投融资、专业分析能力。借助标准银行深入非洲市场，可以很好帮助中国企业在非洲尤其是撒哈拉以南地区的投资。正如 CCG 副主席，时任标准银行副董事长的张红力所言，"当标准银行与工行的网络连接上以后，就发生了一件非常有趣的事情。一个月间突然有 700 多家公司在非洲当地与南非标准银行开设账号，这样，国内就可以通过全球联网的模式管理到南非当地的账号。这些公司全部都是中国民营企业在那里投资的，他们从事各种行业包括餐厅、贸易和矿产等。"而从 2008 年到现在的 10 年间，工商银行与标准银行已经联合为 13 个国家的 35 个大型项目进行了融资支持，撬动了近 200 亿美元的中国投资，为中非经贸往来与发展做出了巨大贡献。[①]

中投海外十年"答卷"

2005 年，美国道富银行经济学家安德鲁罗扎诺夫（Andrew Rozanov）首次提出主权财富基金（Sovereign Wealth Funds, SWFs）这一概念。其实，主权财富基金的历史可以追溯到 20 世纪 50 年代，成立于 1953 年的科威特投资局（Kuwait Investment Authority）通常被认为是世界第一家主权财富基金，投资局负责管理基金，减轻对不稳定的石油资产的过分依赖。从全球来看，新加坡的淡马锡公司被公认是主权财富基金的成功典型。这家成立于 1974 年的公司以"负责持有并管理新加坡政府在各大企业之投资，目的是保护新加坡的长远利益"为宗旨，拥有资产 1800 亿美元，创建至今，年平均收益率为 18%。

---

① 中国工商银行非洲代表处首席代表王鲁宾。

21世纪以来，世界上许多国家都选择成立了国家主权财富基金，其中，成立于2007年的中投公司即为中国版的主权财富基金。根据中投年报显示，截至2017年底，中投总资产超过9414亿美元，2017年境外投资净收益率按美元计算为17.59%。从中投的全球资产配置来看，公开市场股票、固定收益、另类资产和现金产品分别占比43.6%、15.9%、39.3%和1.2%。

将近11年前，中投公司以30亿美元投资黑石，那是中投的第一笔投资，在当时引发极大关注。不过此后金融海啸来袭，黑石集团的股价一度跌至每股2.06元的低点，中投公司亦被"套牢"。中投公司原总经理高西庆认为，"对黑石的投资总体从宏观角度讲是值得的，从成本回收来说，事实上中投并没有赔钱。从另一个角度讲，作为一个新成立的主权财富基金，中投有很多知识经验需要学习，黑石对于中投的帮助在那几年里非常大。"CCG企业海外并购数据库资料显示，中资企业借助黑石集团这艘大船得以完成一系列海外并购，其中，万科、万达、恒大等大型民企和中国化工、华润等国有企业都曾与黑石集团有过交集。

下 篇
谋定而后动——挑战与建议

作为新兴市场的后来者，中国企业在走向全球的道路上必然承受着额外的负重。不同的行业、不同的发展阶段、不同的全球化动机……共同编织出中国企业全球化的多彩路线图，路线虽多样，却有一条线将一个个关键因素穿起，使这些因素成为中国企业全球化之路可以走多远的关键所在。

第一章
人才难题

国际化人才是企业对外投资与跨国经营能力的关键所在，中国企业若想成为真正的世界一流企业，必须具备国际化人才。目前，我国的国际化人才开发、培养和保留机制有待加强。重视人才，建立和完善人才引进和培养机制，逐步实现人才的国际化，同时在人力资源管理中强化可持续发展意识，不仅有助于解决中国企业在"走出去"过程中国际化人才的缺失问题，也是中国企业的海外可持续发展之道。

中国企业的难题

步子迈得太快，可能会因为人员管理能力等跟不上，遭遇难以预测的风险。尽管战略决策方向没错，但如果没有足够的人才来实施你的战略，没有一个称职的优秀的管理团队，那么再好的战略也未必产生好的结果。[1]

人才问题上做出的错误决策可能毁掉的是整个交易。[2]

88%的企业高管认为缺乏人才是海外并购难以成功的首要原因。[3] 这些

---

[1] TCL董事长李东生语。
[2] 人力资源管理咨询机构美世咨询公司（Mercer Management Consulting）研究结论。
[3] 管理咨询公司麦肯锡调查结论。

并不是危言耸听。人才事关企业对外投资的成败，可以称其为企业"走出去"最"宝贵"的资产。

30 年前，台湾宏碁集团收购美国康点公司后不久，就出现了严重的人才危机，管理人员和研究人员纷纷流失，彼时的宏碁由于缺乏国际企业管理人才，无法在短时间内填补人才缺口，在此后的 3 年里亏损达到 5 亿美元，1989 年，宏碁以撤资宣告并购失败。无独有偶，20 年前，宝马汽车经过与大众公司的激烈争夺后，终于将劳斯莱斯收入囊中，但由于双方管理方式等冲突，大量核心人才、高层管理人才纷纷出走，最终宝马以巨亏 54 亿美元的代价扔掉了这块"烫手山芋"。

今天，随着中国企业"出海"队伍的壮大，人才这个难题开始越来越多地落到了中国企业的头上。2014 年 11 月，在 CCG 举办的"首届中国企业全球化论坛"上，来自国际著名猎头公司史宾沙（Spencer Stuart）的中国区董事总经理 Hypatia E.Kingsley 坦言，"近几年，中国的发展和经济崛起揭开了国际投资和贸易的新序幕。很多企业家、专家学者和我们的顾问都形成一个共识：人才是中国国际化最巨大的课题。"论坛上，CCG 还对中国化工集团公司、中国五矿集团公司、福耀玻璃工业集团股份有限公司、TCL 集团股份有限公司等近百家"走出去"企业中高级管理人员进行了现场调查，结果显示，有 63% 的受访者认为国际人才短缺是影响企业"走出去"效益的主要因素，25% 的受访者对自身所在企业"走出去"的效益不满意，并认为未实现预期效益是因为缺乏国际人才所致。受访者普遍认为随着"一带一路"的推进实施，国际化人才不足将成为我国企业进行对外投资、扩大国际化经营规模、提高国际化管理水平的主要制约因素。

麦肯锡一项专门针对中国企业的研究显示，中国企业如果要支撑全球化的发展模式，需要构建一个四级全球人才梯队，第一级是百名可以领导全球 500 强企业的商业领军人物；第二级是 3 万名可以领导百亿人民币收入的中国大型企业或胜任全球 500 强企业高管职务的顶尖企业管理人才；第三级是

400余万名能够胜任大型企业部门经理及以上职务的中高级企业管理人才；第四级是1300余万名能够胜任大型企业的一线业务和基层管理的人才。但中国目前的人才储备与这个目标差距非常大。[①] 2016年，世界100大跨国公司海外员工占比超过60%，发展中经济体占比将近40%，形成鲜明对比的是，中国100大跨国公司海外员工占比仅为14.3%。

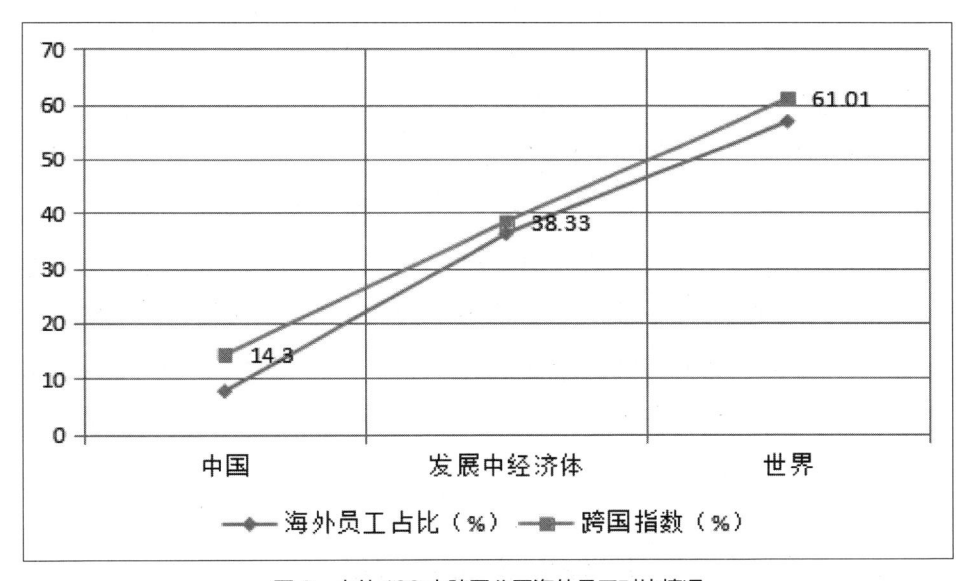

图9 中外100大跨国公司海外员工对比情况

资料来源：根据《中国500强企业发展报告2016》资料整理。

如果换一个角度，我们从2017《财富》世界500强中选取排在前五位的同行业企业：荷兰皇家壳牌石油公司（ROYAL DUTCH SHELL）、中石油、中石化以及中国本土企业中，人才国际化程度较高的民营企业联想集团作为对比对象，研究发现，壳牌集团外籍董事的比例达到75%，联想集团次之，占比55%，中石油和中石化董事会成员中具备长期跨国工作经验的人才（包

---

① 《四类人才短缺制约中国企业全球化》，《国际人才交流》2010年第12期。

括中国人）分别为 25% 和 13%，差距还是非常明显（见表 15）。

中外跨国公司代表性企业董事会国际化程度对比

表16

企业	董事会国际人才数量/董事会总人数（人）	董事会国际化人才比例
壳牌集团	9/12	75%
联想集团	6/11	55%
中石油	3/12	25%
中石化	2/15	13%

资料来源：根据各公司最新年报资料整理，其中，壳牌与联想仅统计了外籍董事，中石油和中石化统计涵盖了外籍、海归、华侨等有国际化背景的董事。

无论从中国企业海外员工的国际化程度还是董事会国际化程度来看，中国企业都远远被落在世界的后面，这与中国企业日益激荡的出海潮格格不入，国际化人才是企业对外投资与跨国经营能力的关键所在，中国企业如果想成为真正的世界一流企业，必须具备国际化人才。

国际人才素质清单

国际化人才不仅仅是一个理念，也是一个现实的体验。我觉得一个人要把自己变成国际化人才，首先要有国际化的眼光，要知道现在国际上需要什么样的人才，以及什么样的知识能把自己锻炼成国际化的人才。

——俞敏洪

今天，很多中国行业都表现出对国际人才的求贤若渴。在国际顶尖猎头眼中，这一点更是毋庸置疑。海德思哲 Steve Mullinjer 坦言，"如果我们看到人才战争的话，实际上战争已经开始了，而且目前也非常激烈。从我的角度来看，虽然很多中国公司还没有进行全球化，但是越来越多的公司期望加入全球化进程，我们迟早会碰到吸引高级人才这样的挑战，尤其习近平总书记之前说过，在今后的五年之中，将会刺激大概五千亿元的境外直接投资。越来越多的公司将会逐步参与到全球竞争之中，人才方面的战争将会变得越来越白热化。"

中国企业的国际人才需求

"走出去"的中国企业需要什么样的国际化人才呢？

我们认为，这与中国企业"走出去"的阶段密切相关。例如20世纪90年代，中国企业主要通过加工贸易的方式"走出去"，"懂外语、了解国际贸易准则"这些素质是彼时国际化人才的必备素质。进入21世纪以来，越来越多的中国企业开始在全球范围内组织生产销售活动，他们在海外设厂，进行本地化生产与营销，这一时期，企业需要的国际化人才要能够掌握与业务活动有关的国际商务、国际金融、国际法律知识，要了解区域市场，懂得当地消费者的习惯和需求。

今天，当越来越多的中国企业选择通过并购的方式走出国门的时候，中国企业需要的国际化人才又有了新的特点，在美国德杰律师事务所的陶景洲律师眼中，国际并购无异于一场"人才大会战"，需要很多专业人才。一个项目从开始到结束，需要审计师、会计师为目标公司做评估；需要媒体联络、游说集团，因为这关系到未来项目的政治风险以及大众接受的程度；需要技术评估，这些专业人士可以告诉你，这是一个怎样的技术，在全世界受保护的程度如何，收购后能否消化；需要法律人士告诉你，有没有侵犯知识产权，在哪些国家有侵权的可能性；并购中投行对作价、交易安排发挥重要作用；税务规划需要有人告诉你到底是直接从中国收购还是通过毛里求斯收购好，哪种税收安排金额可以减轻你的税负……[1]

---

[1] 王辉耀、苗绿：《国际猎头与人才战争》，机械工业出版社2015年版，第111—120页。

具体来看，国际兼并收购有三个阶段，不同阶段又需要不同的国际人才。

第一阶段，收购开始到签订合同。这一阶段，需要具备批判眼光的人，这些人能够在收购前发现问题，并告诉管理者这个项目能不能做。但是，中国企业在"走出去"时，往往把兼并收购的项目看作志在必得的项目，许多国企管理者认为花了那么多的时间、精力，并且律师、兼并师、投行都请了，最后却又说不做了十分可惜。今天，我们看到许多中国企业在世界上签了数以百计的"无底洞"合同，签完以后亏得一塌糊涂，一个重要原因就是收购阶段没有人敢跟管理者说"不"。在交易阶段，需要具有桥梁作用的人才，特别具有两种以上文化背景的人，把中国的做法和国外的做法相结合。

第二个阶段，收购后的整合。在此阶段，如何实现"1+1=2"或"1+1=3"的效果，需要看整个团队的运作。有研究发现，绝大部分并购交易中，买方都冒着核心人才流失的风险。美国新奥尔良洛约拉大学的杰佛里·克鲁格教授在15年时间里，对473个发生过收购和未发生过收购的12000多名管理人员的跟踪调查后发现，一家没有发生并购的公司，可能一年会损失一位主管；一家发生并购的公司，在收购后第一年可能损失25%的主管，第二年可能再损失15%—18%的主管，也就是说在收购后两年里，公司可能损失40%—45%的主管。美国密歇根大学的研究报告也得出了类似的结论：并购后人才流失率是正常情况下人才流失率的12倍。因此，整合过程中还需要思考如何留住当地人才。过去，很多大公司的高管不太愿意为中国企业服务。如何增加中国企业的吸引力，我们还有很多工作要做。

第三个阶段，发生争议需要退出或者卖掉的阶段。现在，全世界有40%—50%的交易不成功，有20%—30%的交易要进入诉讼或仲裁程序，但这并不意味中国企业做得差，在其他国家投资肯定会遇到更多未知和风险。企业需要做好未来"打架"的准备，在签订合同时就把相应事项写清楚。

全球高管素质

什么样的高管能帮助中国企业扬帆远航呢？

具有丰富跨国公司高管寻聘经验的史宾沙金佩霞女士认为，谦逊、敏感、求知欲、灵活度、沟通能力是企业可以参考的评价指标，因为这些是拥有全球思维方式的高管们的共同点。

文化差异的敏感性[①]。吉尔特·霍夫斯塔德(Geert Hofstede)在对IBM分布于40多个国家的超过10万名员工进行研究后发现，不同的文化与社会背景会导致员工行为和思维模式上产生差异，由此提出了著名的五维理论(Five dimensions)[②]。以权力差距为例，马士基集团前执行副总裁Tom Behren-Sorensen认为，"在中国企业，组织中的权力差距等级十分森严，公司的领导往往高高在上，与自己的员工有距离感。在美国等西方国家这种权力差距就少一些。在丹麦这个差距更小，丹麦员工可以直接走到老板的办公室，与其进行面对面的交流与交涉。"这就是东西方文化的差异，这种差异的存在给中国企业跨国并购后的整合工作带来诸多困难。因此，"走出去"的中国企业非常需要具备文化差异敏感性的高管人才。汇丰银行大概有1000—2000人的国际外派人才，人力资源和业务部门每年在全球进行人员的选派，很重要的标准就是依据文化敏感度等来选择职业经理人，一个人需要能接受，拥抱和融合不同的文化，这样才能理解并打开当地市场[③]。

卓越的沟通力。卓越的沟通能力不仅意味着能够在不同的文化背景下传达公司的愿景和鼓舞其他人执行这一愿景，同时也意味着赢得人们的信心和

[①] 勒温（Levine）曾把文化比作海洋中的冰山，露出水面的只是一小部分，比如语言、饮食等属于表层文化，绝大部分比如观念、价值观等，则隐藏在水下，称其为深层文化。深层文化不易被察觉，需要经过专门的培养和训练，才能形成文化差异的敏感性。

[②] Hofstede提出的五维理论是：个人主义与集体主义(Individualism vs. Collectivism)、男性化与女性化(Masculinity vs. Femininity)、（躲避）不确定因素(Uncertainty avoidance)、权利差距(Power distance)、长期定向与短期定向(Longterm orientation vs. Short-term orientation)。

[③] 《中国企业全球化的人力资源管理挑战及应对》(http://www.hroot.com/contents/60/245153.html)。

信任。[①] 在跨国公司工作，沟通非常重要，虽然对语言没有硬性要求，但它是非常有用的工具，特别是对层级更高的管理者而言。身在跨文化环境，如何更好地沟通和完成职责，是很多中国员工可能碰到的问题。[②]

谦逊的品格。"伟大的倾听者""做事周到"……同事们对萨蒂亚·纳德拉 (Satya Nadella) 的谦逊向来不乏赞美之词。作为微软第三任 CEO，纳德拉曾说，"我是一个学者，学习东西可以让我时刻保持兴奋。我可以从不同人身上学到东西，也可以从不同工作中学到东西。"具有谦逊态度的高管容易接受新事物，愿意倾听团队成员的意见，善于处理各种人际关系，不会做出草率判断。

开放性的思维。高管尤其是 CEO 的战略和开放性思维对于企业是极其重要的，CEO 不能仅仅局限于国内的市场和业务，而是必须跨国界进行思维，具有全球化的视野广度，同时还需打破固有的以自己为中心的思维模式，愿意接受与自己不同的观点与想法。

强烈的求知欲。具备强烈求知欲的高管对公司的价值将越来越大。求知欲不但可以帮助高管学会欣赏并融入多元文化氛围，还能帮他们更好地抓住业务发展的驱动因素和对员工的激励因素。

灵活度。这是每一个全球高管的必备素质。这种素质体现在多个维度：智力、文化、社交、情绪。一名优秀的全球高管能够做到随机应变，就像水一样，水无常态，但是它能够在任何时候发挥作用，他们能够根据情况调整领导风格和方式。尤其是在那些高增长的市场中，瞬息万变，高管必须随时随地针对市场的变化做出有效应对。

国际人才路线图

2016 年，万宝盛华集团在对全球范围内 43 个国家和地区的 4 万余家企

[①]《跨国公司需要什么样的人》(http://qnck.cyol.com/html/2016-03/16/nw.D110000qnck_20160316_1-17.htm)。
[②] 同上。

业进行调查后发现，全球自 2007 年以来呈现出最严重的人才短缺现象，2/5 的雇主面临人才短缺。在过去十年中，越来越多的跨国企业进入中国开展业务，使得中国市场对高技能人才的争夺空前激烈。①

美国之所以能吸引到全球的优秀人才，离不开自身成熟的人才制度系统，这套系统以四个"高"为标志：即高普及性的高等教育与社会培训体系、高门槛的人才移民政策、高竞争的市场配置机制、高效率的企业用人制度，前两个制度组成了人才价值获取制度体系，后两个制度组成了人才价值实现制度体系。②

那么，中国企业如何才能取得这场全球"人才战争"的胜利？

用好天然国际人才库

国际人才的培养是一个长期系统的工程，整合人才资源、充分利用好已有的国际人才，是短期内解决我国企业国际化人才缺乏问题的重要途径。中国前外交官、海外华侨华人、留学人员、海归等共同构成了我国企业"走出去"道路上可开发的国际化人才库。

充分发挥中国前外交官和商务参赞的作用。原驻外使领馆、外交官员、商会社团成员等外交人才不仅熟悉东道国情况，了解东道国政策法律环境、产业政策以及优惠措施等信息，而且在东道国积累了良好的资源与政府关系，对企业"走出去"可以起到积极推动作用。比如美国前国务卿基辛格（Henry Alfred Kissinger），如今已经 90 多岁高龄，仍然不倦地为美国企业做咨询，成为企业"走出去"的重要参谋和桥梁。中国在海外有数百个使领馆的成千上万名驻外官员资源，其中相当一部分人退休以后赋闲在家，还有很多余热没有发挥，多年积累的海外工作经验和人脉无处使用。中国

---

① 《大都会人寿：71% 的企业将为留住人才殚精竭虑》（http://paper.people.com.cn/gjjrb/html/2015-11/02/content_1627656.htm）。

② 王辉耀：《著名专家论人才创新——中国人才 50 人论坛文集》，中国人事出版社 2018 年版，第 230 页。

企业应充分利用这些人才，发挥其在企业"走出去"过程中的咨询和参谋作用。

充分发挥海外华侨华人的力量。目前我国华侨华人总数约为6000万人，其中专业人士有400多万人。海外华侨华人不仅可以协助国内企业引进海外技术、资金、人才，而且可以协助中国企业制定并实施国际化发展战略、开发海外商业性知识产权、寻找海外投资机会、降低中国产品出口欧美的市场准入门槛。另外，很多海外华侨华人专业人士本身就是某一领域的专家，他们拥有广泛的国际高端人才的人脉，强大的海外影响力，已成为中国企业寻找国际高端人才的重要帮手，是中国企业"走出去"可以重点开发的国际化人才资源储备。海外华侨华人具备相同的文化背景、他国生活经验和能力，普遍具有较高层次的知识结构、技能水平、文化底蕴。

充分利用中国的海外留学生资源。改革开放以来，我国已经送出了458万余名留学人员，其中近一半已经回国，还有136万余名仍在国外进项相关阶段的学习和研究。[①] 他们具有熟悉所在国文化和拥有熟练外语能力的优势，同时又具备一定的专业知识与技能，是我国在海外的重要人才储备，也是我国国际人才宝库中的一支重要力量。中国企业应充分重视中国留学人员的作用，根据企业"走出去"的区域定位，从这些国家回来的留学人员当中或仍在当地的中国留学生中招揽优秀人才，作为国际化人才重要来源，为中国企业"走出去"服务。

充分利用外国在华留学的优秀人才。中国企业"走出去"，人才的开发配置需超越国家的范畴，应学习改革开放后进入中国的跨国公司的做法，充分利用东道国人才，消除投资障碍。随着中国国际影响力的上升，来华留学生的数量呈现出日益增多的趋势，特别是"一带一路"沿线国家，更是占据了来华留学生源的大部分，统计数据显示，2017年共有48.92万名外国留学生来华留学，其中"一带一路"沿线国家留学生31.72万人，占总人数的

---

① 王辉耀、苗绿：《中国留学发展报告（2017）》，社会科学文献出版社2017年版，第20页。

64.85%，增幅达 11.58%[①]。这些来华留学生学成归国后成为当地海归，如果能被中国"走出去"企业所用，将发挥积极的作用。尤其是"一带一路"沿线国家的来华留学生，更将成为中国企业走向"一带一路"的重要潜在人力资源。

充分利用国家"外专千人计划"。2011 年，我国启动了"外专千人计划"[②]，截至 2017 年，已有 381 名专家入选中国"千人计划"外专项目，其中很多为高学历，且不少是在国际知名企业和金融机构担任高级职务的专业技术人才和经营管理人才，有些专家还拥有自主知识产权和核心技术。他们当中既有总工程师、总会计师，也有律师和投资、贸易、人力资源以及相关专业咨询专家等各类人才。他们熟悉其居住国的经济发展与企业运营情况，理论基础深厚，实践经验丰富，中国企业"走出去"应充分利用其智慧，提升跨国运营的质量。

企业的国际人才战略

目前，我国的国际化人才开发、培养和保留机制有待加强，在争夺国际化人才的激烈竞争中，不仅要培养出来国际化人才，更要留得住，用得好。重视人才，建立和完善人才引进和培养机制，逐步实现人才的国际化，同时在人力资源管理中强化可持续发展意识，不仅有助于解决中国企业在"走出去"过程中国际化人才的缺失问题，也是中国企业的海外可持续发展之道。

全球人才招聘

2009 年，复星集团跟随上海市政府到海外"抄底人才"，这次经历让复

---

① 《教育部：2017 年来华留学人数近 50 万，88% 为自费生》(http://baijiahao.baidu.com/s?id=1596331270402022805&wfr=spider&for=pc)。

② 全称是"千人计划"中的高层次外国专家项目，面向非华裔外国专家，目前重点引进长期项目专家，即至少连续来华工作 3 年，每年不少于 9 个月。

星大开眼界,"这些人才真不错,而且可以好中选优。如果是在上海摆摊招聘,投简历的都是大学生,但要想找到行业领军人才,或者技术精英就非常困难了",时至今日,复星集团已成为中国极少数具备系统化海外投资能力的企业,全球人才招聘功不可没。"天下人才天下用"的理念在一些著名跨国企业身上得到了更好的体现。全球范围内聘请高层次人才作为企业高层管理者已经成为众多跨国公司的通常做法。比如麦肯锡咨询公司(纽约公司)的员工来自20多个不同国家,微软亚太研发集团在中国研发基地的员工,分别来自23个国家。

根据我们的研究,目前跨国企业在海外市场部署人才的方式,以及企业对外派人才的观点具有两大转变趋势。其中,第一个重大转变就是当企业拓展进入新市场后,他们开始从地域更为广阔的人才库中搜寻领导人才,将其最佳人才部署至合适的职位,不再考虑国籍因素。使企业人才变得具有机动性,组织内部充满了来自不同国家的各种人才,能够带来不同的经验和新的思路。这些全球高管人才的经验和贡献为企业创造了独特的差异化竞争优势。

"不拒众流,方为江海",尤其是对刚刚踏上国际化征途的年轻中国企业来说,加大全球招聘力度,广纳天下英才为我所用,颇为重要。

人才本土化战略

有一句话说得好,"全球化就是本地化,本地化就是全球化。"全球人才的本土化越来越受到企业的关注,我们的研究显示,跨国企业在海外市场部署人才的方式第二个明显转变就是企业更加倾向于培养和部署当地人才,使其充分发挥在当地市场内管理和发展业务的技能和市场知识。由于短期内不一定能够找到合适的当地人才,因此在有效经营业务的同时,非本国高管(外派人员)通常还扮演着在市场内寻觅和培养能够接替领导职位的高潜力人才的双重角色。

华为,作为我国跨国经营的代表企业,人才本土化战略已经成为其企业文化的标识之一，本土化战略帮助华为较好地融入了当地社会，提升了企业形象，走出了一条以"本土化"战略推动企业发展的路径，迄今为止华为的海外员工本土化率高达57%[1]，充分显示了华为本土化人才策略在其跨国经营中的重要性。其实，华为刚进入墨西哥市场时，不仅发生过员工遭绑架、施工遭恐吓的情况，就连中国员工集体出去用餐都被当地报纸称为"入侵"。华为墨西哥公司积极实施本土化战略，不仅墨西哥本地员工占到90%，而且还间接为墨西哥城创造了5000个工作岗位。2014年，华为墨西哥分公司在本地的采购和投资达到3.18亿美金，实现销售收入6.5亿美金，纳税达到1亿美金以上。在公司高管团队的9人当中，有3人是墨西哥本地人。[2]

中海油一直将提升人才国际化作为企业目标。将"人才兴企"作为公司核心战略，从吸纳、引进、培养等方面建立国际化人才的制度体系。早期对外合作为建设国际化人才队伍提供了很好的机会，在熟悉国际惯例、掌握先进管理知识与技术、引进新观念等方面培养了人才。除此之外，中海油将引进国际人才与人才本土化相结合，既大力吸引专业水平高、有特长的国际通才，同时也注重雇佣当地人员，促进当地就业。在与各国的合作项目中，当地员工的雇佣比例在95%左右。例如在印尼的作业团队中，外籍员工占比高达99%，为文化融合减少了阻力，同样为公司的发展做出了贡献。

人才本土化对跨国公司的经营具有重要意义，跨国公司人才本土化的目标是要达到全球经营利润最大化，而它在实践中表现出很多优于其他人事策略的优点。通过人才本地化战略，企业通过招收大量当地工作人员，给当地提供就业机会、培训人才和依法纳税，促进当地的经济发展，有助于赢得当地人民的好感，树立其良好的企业形象。当地员工的加入也有助于克服文化

---

[1] 李裕鸿、仇静：《我国跨国公司人才本土化战略的博弈分析》，《经济研究导刊》2016年第26期。
[2] 《华为靠什么在墨西哥立足：本土化经营 当地员工占90%》（http://finance.sina.com.cn/roll/20150526/004622262805.shtml）。

差异导致经营困难,帮助跨国公司获得较高的利润,最大限度地消除文化隔阂,增强了公司与所在国政府打交道的能力。

培养本土的国际化人才

企业如果要真正实现全球化,除了引进国际人才,还必须未雨绸缪,培养出中国自己的高级技术专家、高级职业经理人,打造可持续的国际化人才梯队。韬睿惠悦的江为加女士认为,中国企业要想大规模"走出去",必须做好人才培养的规划,从高级管理人才到关键技术人才,各个层面的人才如何培养,何时培养,这些是很多企业必须直面的挑战。本土国际化人才的累积是根治国际化人才短缺痼疾的一剂良方,这或许是中国企业实现国际化的必由之路。国际上有一种十分常见的现象,那就是企业和政府共同合作,从而制定人才引进计划。对于中国企业而言,则需要加强与中国政府的合作,明确企业对国际化人才的具体需求,政府部门可以将人才培养和培训列为扶持企业"走出去"的重点项目。

筑巢引凤

人才的争夺远比物质资源争夺更为复杂,不仅要提供好的薪酬待遇,要创造能够适合人才发展的环境,还需要优化相关政策机制来吸引人才,留住人才。[①]"大环境对保留和开发全球人才方面是非常关键的,比如说生存条件,生存标准、语言,还有相应的政策,公共的平台,例如能否为开发人员提供开放式的实验室。政府能够提供什么样的便捷服务,特别是在他们建立自己公司的时候,能否给他们提供相应的融资服务,是否有足够的天使基金、风险投资给那些创新性的企业,这些要素都是非常重要的环境因素。只有建立

---

① 王辉耀:《国际人才战略文集》,党建读物出版社 2015 年版,第 12 页。

了肥沃的土壤环境，才能吸引人才的到来。"①国际化人才来到中国面临的签证、税收、医疗、环境、居住、子女教育等一系列问题，会使中国企业的竞争优势大打折扣。因此，政府政策对于企业能否招聘到国际化人才十分重要。"聚天下英才为我所用"，是每一个开放的时代都应具有的姿态。我国目前接纳国际人才的体制还相对保守与封闭，对国际化人才，中国还需展现开放的姿态，从法律体系、移民机构以及制度设计等层面入手，让海外人才可以"来得了"，而且可以"留得下"。

制定《移民法》，完善移民法律制度体系建设。引进境外人才涉及出入境、就业和生活等各方面，法律层面的顶层设计需要进一步加强。从国际情况看，各国都通过制定移民法规范外籍人才引进的各项制度。2015年3月中共中央印发的《关于深化人才发展体制机制改革的意见》指出，要完善外国人才来华工作、签证、居留和永久居留管理的法律法规。建议在综合现有法律法规基础上，加快研究制定《移民法》，使中国在人才引进、人才移民与人才管理的法律框架更科学和系统，在具体操作上有法可依。

放宽中国"绿卡"的受惠面。中国"绿卡"被戏称为"世界上最难拿到的绿卡"。从2004年开始实施"绿卡"制度到2016年，中国累计发放"绿卡"量约万张，年均发卡量不足900张。首先，建议放宽永久居留申请条件。扩大在华永久居留申请者聘雇单位类型范围、降低保持在华永久居留资格的最低时限要求、扩大永久居留申请材料出具单位范围，以更开放、灵活的政策吸引国际人才。其次，开通海外直接申请"绿卡"的渠道。较之美国有多种方式可以对还未到美国的外籍人士先发放"绿卡"，中国"绿卡"的发放则主要通过对已来华一定时间的符合条件者予以"追认"。再次，建议允许有意向来华发展的外籍高层次人才直接在海外申请在华永久居留，免去先来中国住满一定期限的要求。对优秀外籍人才提前发放"绿卡"，有助于提高其来华工作出入境方面的便利，加强生活、医疗、保险和子女教育等一

---

① 引自2013年中关村科技园区管理委员会副主任周国林在CCG举办的"国际猎头与国际人才发展"研讨会上的观点。

系列保障，以彻底解除优秀的外籍人才的后顾之忧，使其把来华工作作为优先选择。这也是中国在知识全球化时代，面向世界吸引顶尖外籍人才的自信力和积极态度的体现。

完善"绿卡转入籍"通道。目前外籍人入籍中国的主要渠道是通过依亲关系获得，并没有出台非依亲关系外籍人入籍的相关政策或细则。用有关学者的话说，就是把外籍人才当临时工，不利于留住外籍人才。因此，建议完善人才移民入籍的相关渠道，已获得永久居留资格的外籍创新创业人员，在华创新创业满一定年限且符合一定条件者，经本人申请，可批准其加入中国国籍，并在此基础上探索研究外籍华人申请双重国籍制度。如获得"绿卡"后居留满五年且累计居留时间达三年以上，无任何违法记录，提出申请并通过入籍考试就可允许入籍。

人才机制与国际接轨。我国人才制度的最大短板还是市场机制发挥不够，鼓励保障海外人才引进的机制不完善，企业人力资源管理未能与国际对接，与海外市场相比，我国人力资源管理理念与体系存在着显著差异。以个人所得税为例，降低个人所得税率可以提高中国企业在全球市场中竞争、挽留、培养国际人才的能力。目前，我国个人所得税率在 3%—45% 之间，施行七级超额累进税率，存在税率过重、征收方式不够合理等问题，非常不利于吸引海外高层次人才来中国工作。中国工商银行原副行长、CCG 副主席张红力，曾掌舵德意志银行、环球银行亚太区达 6 年之久，对此他颇有感触："如果你是跨国公司亚太区总部的负责人，你到中国内地工作就会多缴 3 倍的个税，你会不会愿意把家搬到内地来？会不会积极建议和推动将地区总部设到北京或上海？这是一个很现实的问题。我国现行的个人所得税政策动摇和削弱了跨国高级人才和留学归国人员在华长期工作的决心和意愿，影响了跨国公司将区域总部或管理中心迁往内地的进程，更不利于高级人才的引进。"对于高层次人才而言，世界是平的。如果国内给出的"待遇"没有足够的吸引力，高级人才就会选择"待遇"好的地方。

人才是企业应对国际、国内市场激烈竞争，实现企业战略目标和可持续发展的首要资源。随着越来越多的中国企业走出国门,参与到激烈的国际竞争中,国际化的人才也将因此面临巨大的缺口。对企业来说,利用好现有的人才库、引进具有国际化的人才在短期内将有效缓解"走出去"企业的用人之需,但是从长远来讲,建立和完善人才引进和培养机制,树立人才发展的可持续意识,才能真正从根源上解决中国企业在国际化进程中的人才的缺失问题。

第二章
风险挑战

自 2008 年全球金融危机以来，中国企业进行了数量众多、规模庞大的海外投资。CCG 研究显示，2016 年中国的对外直接投资额达到 1830 亿美元，同比猛增 44%，中国也因此跃居为全球第二大投资国。在中国企业"走出去"的热潮下，对外投资给企业带来机遇的同时，也带来了复杂的风险和挑战。有专家建议，中国企业对外投资的步子不能迈得过大，"宁可慢些，但要好些"，要警惕各种风险挑战。

企业"出海"：风急浪高

常言道，"买卖不成仁义在"，这句国人皆知的俗语在海外并购里却不太适用。2015 年，瑞典家电制造商伊莱克斯与美国通用电气公司的并购案中，因为未通过反垄断审查，伊莱克斯最后交付了 1.75 亿美元的"分手费"，然而，这个令人瞠目的数字在"分手费"的世界里根本不值一提。早在 2011 年，AT&T 公司并购德国电信旗下 T-Mobile 公司时，遭到美国司法部阻止后，向 T-Mobile 公司支付了 40 亿美元的"反向分手费"。2016 年，哈里伯顿和贝克休斯的合并交易在美国司法部及欧盟的反对下以失败告终，哈里伯顿向贝克休斯支付 35 亿美元的"反向分手费"。在中国企业"出海"航程中，类似"分手费""反向分手费"这样与中国传统文化、商业规则、政策环境等产生的"碰撞"还有很多。东道国政策不同，法律体系不同，市场环境不同，文化观念不同，环保标准不同，知识产权保护、劳工保护的规则不同……这些"不同"往往会给中国企业带来政治、法律、经济、安全等各种风险，正所谓"一着不慎，满盘皆输"，中国企业要想扬帆远航，就需要对各种风险有一个全面、深刻的认识，直面并解决因各种"不同"带来的种种碰撞。

政治风险

利比亚，一个距离中国上万公里的非洲国家，却因为一场动荡让中国企业切身感受到何谓"唇亡齿寒"。2011年2月，一场战乱迅速席卷利比亚，中国企业在利比亚所有项目被迫停工。根据商务部数据，利比亚动荡之前，中国在利比亚开展投资合作企业达到75家，人员超过3.6万人，涉及合同金额高达188亿美元，涵盖基建、电信、石油天然气等领域。时隔一年，时任中国商务部部长陈德铭坦陈：中国企业在利比亚的工程项目损失惨重。7年后的今天，利比亚国内局势动荡依旧。正如卡内基国际和平研究院高级研究员弗雷德里克·韦雷（Frederic Wehrey）接受《纽约时报》采访时所评论的"哈夫塔尔名噪一时，成了风云人物——外界甚至一度猜测他会攻下黎波里。之后爆出他的阵营内部出现了裂痕，事情就此搁置。眼下看来，没人知道这个国家下一步会往哪里走。"

科伦坡港口城项目位于科伦坡中央商务区核心，于2014年9月破土动工，由中国交通建设股份有限公司与斯里兰卡国家港务局共同开发。中方以直接投资的方式为基础设施投入130亿美元，成为斯里兰卡迄今最大的外国直接投资项目。2015年1月，斯里兰卡新政府上台后，中斯关系有所降温，该项目被新政府以"缺乏相关审批手续""重审环境评估"等为由单方面叫停，直到18个月后才得以复工。

CCG资深副主席、新希望集团董事长刘永好曾说过，"尽管我们在海外投资了20年，取得了一定的成就，但是我们感觉到海外投资仍然有相当大的风险。其中最大的一个风险是什么呢？那就是政治风险。"利比亚动荡、斯里兰卡新政府上台导致的政局不稳不过是中国企业"走出去"遭遇的政治风险之一。在当今世界，全球秩序处于重构期，不确定、不稳定性因素大大增加。据不完全统计，近十年来，"一带一路"沿线有 20 余个国家出现过大规模政治冲突，其中伊拉克、阿富汗等国则处于长期战乱或冲突状态。政局动荡、恐怖主义、局部冲突、地缘政治等会对中国企业在这些国家的投资产生严重，甚至致命的威胁，这些因素构成了中国企业"走出去"的主要"政治风险"。中国电力投资集团和缅甸政府共同投资的密松水电站项目、中远集团投资的希腊比雷埃夫斯港项目、中亚能源有限责任公司投资吉尔吉斯斯坦中大石油项目、中坤集团投资冰岛格里姆斯塔迪尔旅游项目、三一重工关联公司 Ralls 投资美国风电项目等等都遭遇了东道国各类政治风险的"袭击"。CCG 调研显示，由于政治原因导致失败的投资事件占 25%，其中 8% 是受东道国政治派系力量的阻挠而失败；因东道国的政治动荡、领导人更迭等而遭受经营损失的投资事件占 17%。[①]

随着中国的日益崛起，部分国家以"国家安全"为由，以政治手段阻挠我国企业进行正常的海外投资，也成为中国企业在新形势下必须正视的"政治风险"。据 Washington Trade Daily 2018 年 5 月 23 日文，美国正在推动外国投资委员会（CFIUS）改革，最新要求为增强"国家安全"加大对外国收购公司的关注，并重点审查支持全球恐怖主义的国家，以及中国和俄罗斯等"值得关心的国家"。其他如对外国投资者态度相对开放的澳大利亚，在金融危机后也收紧了对矿业投资的准入政策，颁布了"六条原则"，规定投资者的运营不得有政府背景、不可妨碍竞争对手或导致垄断、不能影响到澳大利亚的国家安全等。同时，澳大利亚希望外资占股比例下降，外资对澳大利亚主要矿业公司的投资比例应低于 15%，对新的矿业投资项目也不能超过 50%。当时这股"政治风险"也由发达国家向发展中国家蔓延，比如，2010

---

① 王辉耀：《中国企业国际化报告（2014）》，社会科学文献出版社 2014 年版，第 28 页。

年，巴西规定外国人、外资企业及外国人控股的巴西企业，不得购买或租赁 250 公顷或 5000 公顷以上的土地，随后又规定，不得购买或并购拥有土地所有权的巴西企业。[①]

经济风险

经济风险是指受东道国宏观经济环境和对外直接投资企业所处的行业环境共同影响而面临的、可能造成损失的一种风险，主要涵盖汇率风险、利率风险、违约风险等。

东道国的宏观经济变化、经济结构性问题导致的通货膨胀、经济衰退等可能导致国家外汇储备大幅下降，对中国企业海外投资活动带来"经济风险"。汇率风险是对外投资经济风险中常见的风险。我国企业遭遇汇率风险的典型例子就是 1990—1993 年由于卢布贬值，在俄罗斯或东欧经营的企业由获利转为严重亏损，甚至血本无归。尤其是在全球经济复苏乏力、各国贸易保护主义抬头、全球股市动荡不定的新背景下，国际投资合作中的汇率、债务等经济风险将持续存在。

违约风险包括企业违约风险与政府违约风险，即东道国的企业与政府违反合约造成的成本损失以及不确定性风险。例如，在"一带一路"沿线上，有一些国家政府信用较低、支付能力较为有限、违约风险较高。又如，2009 年，中铝集团收购力拓，因力拓单方面违约而宣告失败，给中铝造成了重大损失。早在 2008 年 2 月，中铝携手美铝斥资 140.5 亿美元收购力拓英国公司 12% 的普通股股份，并持有力拓集团 9.3% 的股份，成为其单一最大股东。2009 年 2 月，受全球金融危机影响，力拓迫于债务压力寻求中铝资金支持。经过谈判，中铝将向力拓注资 195 亿美元，交易完成后中铝将持有力拓 18% 的股份，并将向力拓董事会派出两名董事。该收购案得到澳大利亚

[①] 何帆：《中国对外投资的国际环境与四大风险》（https://www.sohu.com/a/82789125_335953）。

竞争和消费者委员会、德国政府、美国外国投资委员会等部门的认可，中铝也获得了国内四家银行提供的 210 亿美元贷款。然而，随着力拓财务状况的好转，力拓董事会否决了该收购案，收购以失败告终。

法律风险

中国企业对外投资中，由于自身法律意识不强，对东道国的劳工及环保法律、产业准入法律、跨国知识产权法律、跨国纠纷处理解决法律等相关法律制度缺乏深入了解造成的投资失败事件时有发生。

CCG 问卷调研显示，由法律原因导致失败或损失的投资事件占 16%。而其中 1/3 案例是由于企业的法律意识不强所致。例如，一些企业到了签署框架协议时，才让律师或法务人员介入。这种"法律后行"的理念导致企业在海外投资流程上的顺序往往是技术队伍、商务队伍、法务队伍。法律意识的淡薄，海外投资组织方式的不科学，会隐藏巨大的风险，甚至成为最后全盘皆输的主要原因。另有 1/3 案例是因为对东道国相关法律不熟悉，例如对外工程承包企业不熟悉东道国的《劳工法》，在用低价策略赢得订单后，准备从国内输出劳务人员，但东道国在本国劳工比例上有限制，对劳工的权益保障也极为严格，导致人力成本远远超出预算，在工期上无法保障。在对外投资并购事件中，由于劳工原因导致投资受损的事件比例较大，比较典型的是上汽收购韩国双龙，因员工罢工直接诱发韩国法院介入，最后宣布双龙进入破产程序。早前首钢收购秘鲁铁矿公司后，也长期受员工罢工困扰。[1]

此外，中国本土律师事务所起步较晚，国际化复合型法律人才不足，人员构成比较单一，无法完全满足从事国际法律服务业务的需求，使得许多"走出去"企业未能得到中国法律服务业的有力支持。

---

[1] 王辉耀：《中国企业国际化报告（2014）》，社会科学文献出版社 2014 年版，第 29 页。

海外安全风险

近年来,随着暴力和恐怖主义盛行,全球安全形势有恶化之势。比如"一带一路"所连接的欧亚大陆,途经多处安全破碎地带,各种宗教、民族、领土主权矛盾不断激化,恐怖袭击此起彼伏。2004年6月10日凌晨,在阿富汗昆都士,中铁十四局的一个项目工地就遭到了恐怖分子袭击,造成11名中国工人死亡,4人受伤。虽然工地保安人员进行了还击,可是仍然没能阻止悲剧的发生。"6·10"事件后,中铁十四局完善海外安保方案,聘请专业安保公司,制定恐怖袭击应急预案。两年后,当袭击再一次到来时,中方人员无一伤亡。

中国出口信用保险公司于2013年底针对"一带一路"沿线65个国家发布的信用评级显示,只有新加坡评级为1级,叙利亚、阿富汗属于国家风险水平最高的国家,印度、印度尼西亚等16个国家属于风险水平比较显著的国家,可见,"一带一路"沿线区域处于风险高位。

社会文化风险

许多老一辈英国人认为把劳斯莱斯卖给德国大众无异于叛国。日本索尼公司在收购美国哥伦比亚电影公司之后,美国掀起了抵制日货的风潮。这其中很大程度上都源于社会文化风险。中国企业对外投资不仅带来了资本的国际流动,也伴随着不同文化之间的交流与碰撞。在投资环境的构成要素中,社会文化环境是一种软环境,与国内企业间的并购不同,海外并购需要解决并购后企业的文化整合问题,这一过程不仅涉及公司文化的融合,还涉及不同国家、不同民族间的文化融合。

随着"一带一路"建设的推进,我国企业"走出去"、参与国际经济合作与竞争获得了难得的历史机遇,但同时,企业海外投资经营的风险不容忽视。东道国在经济发展、法律政策、社会发展、人文环境等方面存在较大差异，企业自身也存在某些经营管理的不足，这就会给"走出去"的企业带来风险和挑战。这些风险包括政治风险、经济风险、法律风险、安全风险、文化风险，以及其他多方面的挑战，因此，做好海外风险管理极其重要。

风险地图

中国企业"出海"面临的风险量级有多大？哪些国家是风险高发区？哪些行业、什么类型的企业曾经或者说经常中招？从过去 10 多年中国企业的出海经历中，我们试图对上述问题找到一些答案供大家参考。我们这里主要采用了美国企业研究所和传统基金会关于中国企业海外投资失败或受阻的金额在 1 亿美元以上的案例作为研究对象，由此绘制出一幅中国企业"出海风险地图"。

风险量级

根据美国企业研究所和传统基金会的统计数据[①]，2005—2018 年上半年的十余年时间里，中国企业海外投资共发生投资失败或受阻的风险案例（以下简称风险案例）254 起，涉及全球 83 个国家和地区，总金额达 3708.2 亿美元，平均涉案金额达 14.6 亿美元。

我们发现，金融危机后，风险案例数量开始呈现快速增长态势，2011 年比 2007 年增长了 127%，虽然之后风险案例数量有所起伏，但即使最少年份也仍高于金融危机前，并且 2016 年无论数量还是金额上都达到了历史最高点：33 起，386.7 亿美元！其中，澳大利亚以国家安全为由否决了中国国

[①] 这里的数据主要涵盖金额在 1 亿美元以上的投资案例。

家电网公司和香港长江基建对该国最大配电网络 Ausgrid 的收购成为该年度"涉案"金额最大的风险案例。

2018 年仅上半年，中国企业对外投资风险案例就达到了 13 起，金额已达 218.6 亿美元。其中，最受瞩目的莫过于中国华信能源与俄罗斯国油（Rosneft）的合作交易受阻一案。随着国际大宗商品贸易巨头嘉能可 5 月份发布公告称，公司与卡塔尔主权基金 (QIA) 组成的财团已向中国华信发出通知，终止向其出售俄罗斯国家石油公司 14.16% 的股权。这项预计高达 91 亿美元，中国华信成立以来最大一次的并购可能面临"夭折"。

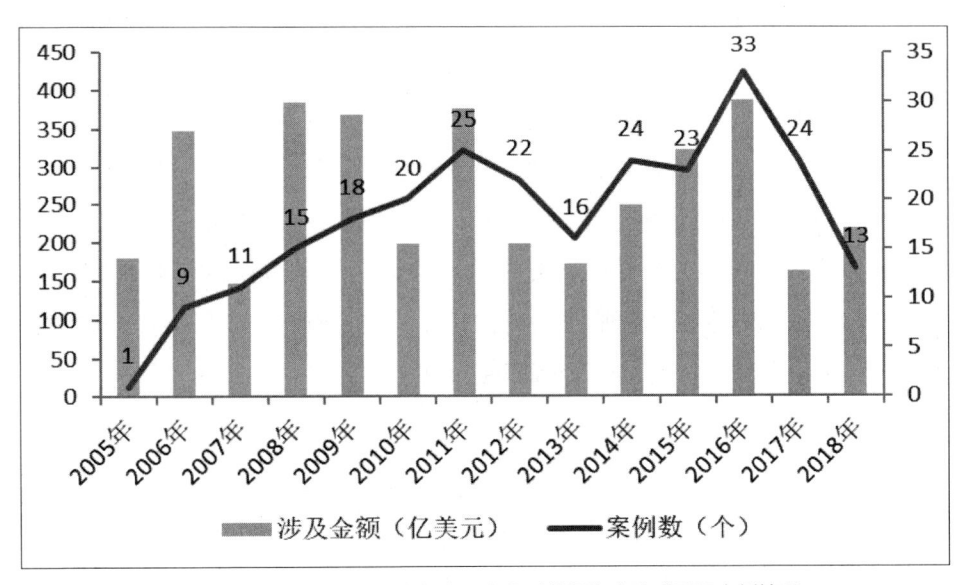

图 10　2005—2018 上半年中国企业对外投资失败或受阻案例情况

资料来源：根据美国企业研究所和传统基金会官网资料整理，其中 2018 年为上半年数据。

风险高发地

最近十余年，美国和澳大利亚是中国企业对外投资发生风险频率最高的地区，其中 1 亿美元以上的"大案"在美国发生了 41 起，"涉案"金额高达 710.5 亿美元，在澳大利亚发生了 31 起，"涉案"金额高达 593.7 亿美元，伊朗、德国、俄罗斯、利比亚、尼日利亚等国也以金额超过百亿美元而"榜上有名"。综合来看，中国企业海外投资风险主要集中于美国、澳大利亚、英国、德国等发达国家以及利比亚等社会动荡国家。

自 2005 年开始，中国企业投资美国的风险案例中，大约 75% 集中于金融行业、科技行业、交通运输业以及能源行业。这其中，金融行业和科技行业最具代表性的企业就是中投与华为，以华为为例，在过去几年间，华为在美国市场频频受阻。2008 年，华为试图与贝恩资本并购 3COM，被美国外国投资委员会否决；2010 年，华为试图收购摩托罗拉的无线网络业务被美国政府拒绝；试图并购宽带互联网软件提供商 2Wire 也失败；与 Sprint 达成的 4G 设备合约，遭到了美国商务部干预。

中国企业对澳大利亚的传统投资往往集中于铁矿石、煤炭等能源产业，这与风险案例高发的行业较为一致，从 2005 年开始，大约 84% 的风险案例来自于这两大行业，中国铝业、四川汉龙、中国五矿、中钢集团、兖矿集团、鞍钢集团等企业纷纷中招，其中金额最大一笔来自于 2009 年中国铝业并购全球前三大铁矿石生产商之一的力拓，交易金额达 195 亿美元，这笔被寄予厚望的交易最终因政治、经济等原因以失败告终。

表 17　　2005—2018 年中国企业海外投资风险案例的国家（地区）分布

国家	案例数	涉及金额（亿美元）	金额占总金额比（%）
美国	41	710.5	30.5
澳大利亚	31	593.7	25.5
伊朗	4	252	10.8
德国	3	153.8	6.6
俄罗斯	5	142.7	6.1
利比亚	8	126.6	5.4
尼日利亚	3	114.6	4.9
委内瑞拉	3	84.1	3.6
加拿大	5	78.1	3.4
阿根廷	1	71	3.1

资料来源：根据美国企业研究所和传统基金会资料整理。

央企、国企频频中招

2005年至今,在中国企业海外投资的十大风险案例中,绝大多数都是"中字头"的国家队,其中金属、能源行业又成为"重中之重"。石油、铁矿石等由于其不可再生性,往往属于一个国家的战略资源,而"中字头"的国家队与政府之间的关系又属于"扯不断理还乱",其海外投资行为常被认为是政府意图,因此,当中国企业蜂拥而至之时,东道国往往顾虑重重。当年中铝收购力拓一案就是一个很好的说明,当时澳大利亚民意调查结果显示,"受调查者中,反对中铝增持力拓股份至18%的比例高达59%,理由是担心中国通过央企控制澳大利亚资源,危害澳洲国家安全。中铝属于央企,这在澳民众的眼中,与民企对比而言,就属于是一个国家势力的入侵,而非商业行为的发生,对其具有极大的威胁性"。

表18　　2005年至今中国企业海外投资十大风险案例(按金额)

年份	案例	东道国	金额(亿美元)
2009	中铝并购力拓	澳大利亚	195
2005	中海油并购优尼科	美国	180
2006	中海油北帕尔斯气田项目	伊朗	160
2008	国开行收购德累斯顿银行	德国	139
2018	华信收购俄罗斯石油	俄罗斯	91
2016	国家电网收购Ausgrid	澳大利亚	76
2015	中国铁路工程高铁项目	委内瑞拉	75
2006	中国铁建铁路项目	尼日利亚	74.5
2011	中海油阿根廷能源项目	阿根廷	71
2014	中信铁矿项目	澳大利亚	69

资料来源:根据美国企业研究所和传统基金会资料整理。

"一带一路"：多重风险交织

CCG 顾问、中国石油化工集团公司原董事长傅成玉认为，"一带一路"是中国和世界共同的发展机遇，方向上要坚定，步子要稳。起步阶段，海外投资要注意防风险。"一带一路"沿途辐射的大多是发展中国家和地区，法律不健全、政策不完善、商贸环境存在不稳定性，"走出去"的中国企业如果对当地的法律、人文和税务环境不清楚，好事就不容易办好。

就经济风险而言，"一带一路"的重点是对中国周边若干区域经济的整合与提升，涵盖"21世纪海上丝绸之路""丝绸之路经济带"、中印缅孟经济走廊、中巴经济走廊、东北亚经济整合战略等多重区域。一方面，这其中的一些国家与地区往往是穷国与弱国，其政府信用较低、支付能力较为有限、违约风险较高，比如中亚和非洲的部分国家；另一方面，工程安全与管理问题也是"一带一路"的中国企业面临的重要难题之一。中小企业面临的安全问题尤为严重，容易造成这些企业海外投资短期化、投机化和泡沫化。沿线一些国家，尤其是中亚与西亚的国家，由于市场发育不成熟，市场监管能力弱小，大大增加了建设企业的市场风险。大多数"一带一路"沿线国家经济发展水平不高，金融机构抗风险能力较弱，货币币值不稳定，容易产生货币信用与金融风险。

在"一带一路"建设中将面临许多文明差异所引发的风险。"一带一路"沿线大多数国家民族众多，多元宗教信仰并存，文化差异引发的问题如不能及时有效地进行协调和疏通，很容易引起民族主义情绪，从而影响"一带一路"建设的进程。在"一带一路"上汇集了全世界四大宗教，即中亚、西亚、东南亚地区的伊斯兰教；欧洲、亚洲地区的基督教（天主教、东正教、新教）；南亚、东南亚地区的印度教；以及东南亚地区的佛教。如果再将华人地区的儒家文化与中国、越南等社会主义国家与苏联地区的共产主义、社会主义文化加入，那么"一带一路"上有六大差异明显的文化。

如何寻找与不同宗教、不同文化社会的有效交流方式，寻求这些社会对于中国"一带一路"构想的支持，是提升中国国家形象、构建中国软实力的关键问题。

"一带一路"沿线不同文明的地区对于外来企业有相应的期待与禁忌。我国企业走出国门时间尚短，对文化习俗差异意识较为淡薄，往往对当地宗教、文化缺乏敏感性，极易被误解或产生冲突。一些企业在面对国外民间社会时，准备十分不足，由于缺乏国际经验，不少企业照搬国内经验，对来自民间社会的风险要么根本看不到，要么视而不见，往往容易导致公共关系危机。由于公共关系处理不妥，以及由此引发的对中国"一带一路"意图的猜忌，增加了沿线各国合作的难度，都将成为"一带一路"推进中长期面临的重要风险。

如何化险为夷

近年来，具有国际影响力的中国企业对外投资事件不断涌现，对外投资的风险也越来越受到社会各界的关注，政府各部门更是高度重视。2017年年底，国家发改委、商务部等五部门联合发布《民营企业境外投资经营行为规范》。规范指出，支持有条件的民营企业"走出去"，提升其境外投资经营的风险防控能力。2018年年中，国务院国资委领导赴中国五矿、中国能建调研，要求中央企业切实抓好境外风险防控工作。5月29日，国务院国资委召开中央企业境外风险防控座谈会。国资委主任肖亚庆强调，中央企业要切实把境外风险防控工作落到实处。

政府：宏观统筹　整体保护框架

从政府层面来看，首先要做的是建立和完善中国海外投资的整体保护框架。很多发达国家都有一整套本国企业海外投资的保护体系。我们的邻国日本,从20世纪70年代开始积极扶持本国企业对外投资。为了保护"走出去"的企业,日本政府构建了全面系统的海外投资保护体系,在融资、保险、资金协调和信息咨询方面为企业提供了大量人财物支持,建立了完备的企业海外投资保护体系。其中,一个完备的海外投资保险制度尤其重要。日本政府于2001年成立了日本贸易保险有限公司(Nippon Export and Investment Insurance),隶属于日本政府经济产业省。该机构为日本公司和总部设立在日本的外国公司在出口、海外投资和融资方面提供保险业务。针对海外投资保险,日本贸易保险公司提供了"海外投资保险制度",用于保护由于不可抗力(战争、自然灾害、恐怖)造成的损失,东道国政府的征收和权利损害,以及外汇管制而造成收益无法汇回的损失。除"海外投资保险制度"以外,针对从事石油、天然气、木材、金属矿产以及煤等资源型投资,日本政府还设立"海外投资损失准备金制度"。日本政府的海外投资保险制度以国家输出信用保险制度为基础,以政府财政为理赔后盾的单边保险制度,不以与东道国订立双边投资保护协定为法定前提,从而有效地弥补了日本与东道国可能缺乏双边投资安排,或者即使有双边投资安排但投资保护不充分的机制缺陷。这种保险制度降低了企业在海外投资中面对的非商业风险。[1]

我国尚未建立起完善的海外投资保险制度。现有的保护手段主要集中在有关职能部门的应对和磋商上,未能在国家层面形成系统的保护机制,因此,借鉴国际经验,建立完善的海外投资保险制度是当务之急。目前中国的海外投资利益保护体系还是比较碎片化的,未来中国政府应该把各个政府部门、各种驻外机构(包括使领馆在内)、各种行业协会整合起来,形成一个系统性的海外利益保护框架。当中国企业在开展对外投资的时候,就能够从中获得帮助,包括投资前的风险预警与风险评估,以及投资受损后的利益保

---

[1] 潘晓明:《构建中国企业海外投资保护体系——以日本经验为借鉴》,《国际经济合作》2017年第9期。

护等。由政府部门牵头来建立这样的全面行动框架，有助于显著降低中国企业海外投资的各种风险。

双边投资协定

2012年9月9日，中国商务部部长陈德铭与加拿大国贸部长埃德·法斯特在俄罗斯符拉迪沃斯托克签署了《中华人民共和国政府和加拿大政府关于促进和相互保护投资的协定》。该协定涵盖了常规投资保护协定包括的主要内容和要素，共包括35条和6个附加条款，囊括了国际投资协定通常包含的所有重要内容，是中国迄今为止缔结的内容最为广泛的一个双边投资协定。除了包括投资定义、适用范围、最低待遇标准、最惠国待遇、国民待遇、征收、转移、代位、税收、争议解决、一般例外等条款外，《协定》还对税收和金融审慎例外问题作出了专门规定，这在目前中国对外商签的投资协定中尚属首次，反映了国际投资协定的新发展和新趋势。该协定的签署，对于进一步促进中加两国企业双向投资，深化中加经贸合作，具有积极意义。

中国政府应该积极地和一些主要的东道国来商谈双边投资协定。双边投资协定是保护企业海外投资安全的非常重要的制度性框架，目前中美和中欧BIT都在谈判过程中。中国政府应该争取尽快与重要的东道国达成BIT协议，并且积极地利用一些多边协议来保护中国企业海外投资的利益。目前已经有20多个国家与我国签订了双边投资保证协定，其中发达国家居多。目前我国已经与130多个国家签订双边投资保护协定，与多个国家签订基础设施领域合作协定、投资促进备忘录等。与我国签订双边投资保护协定的国家来自欧洲、亚洲、美洲、非洲和大洋洲，如英国、德国、法国、新加坡、澳大利亚等。由于近几年复杂的国际政治形势，今后我国更应在政局动荡的国家，重点依靠国内立法与国际双边和多边协定相协调，推动东道国政府为中资企业对外投资提供保护。

海外投资立法

为帮助化解中国企业国际化的风险，还需政府加强海外投资立法、发展法律中介服务。2016年前后，中国企业对外投资出现了一些非理性行为，如投资于房地产、酒店、电影城、体育俱乐部等，使得对外投资风险突出。对此，虽然对外投资的选择权在于企业，但政府应当加强对企业投资行为合规合法的监督。政府部门需要针对资金流动中存在的金融风险进行有效监管，对企业的海外投资进行合法性审查。应制定专门的法律法规加以规范，根据我国与其他国家签订的投资保护协议，明确我国企业对外投资的基本原则，确定企业对外投资审查程序。然而，我国在对外直接投资领域至今没有法律层级的立法，最高层级的立法是处于第四位阶的部门规章。虽然我国已经与不少国家签订了双边投资协定，但是无法取代对外投资法国内法的地位。对外投资法的制定，既可以满足法律稳定性的要求，又是实现国家法治化的需要，可以解决对外投资方面多头管理的困境，以对"走出去"的企业实施有效的监管和保护。

一是加快制定《中华人民共和国海外投资促进法》，在该法中明确海外投资的主体行为、权利义务规范以及海外投资市场的经营秩序以及促进措施等。与此同时，为与该法配套，也应尽快颁布《国际经济合作法》《境外合资经营企业法》《境外投资企业所得税法》《海外投资管理条例》等相关法律法规，建立以《海外投资促进法》为核心，各种单行法规相配套的海外投资法律体系。二是发展国际法律业务相关的中介服务。政府应鼓励和支持与国际法律业务相关的中介服务资源，如作为专家证人的专业咨询机构、仲裁员、鉴定机构、其他中介服务等，特别是涉及国际贸易、海事海商、国际工程等方面的专业机构，国内的这些相关机构应加快其国际化进程。同时，鼓励国内律师、学者、相关专业人员到国际商会仲裁院、斯德哥尔摩仲裁院等国际著名仲裁机构担任仲裁员等。

企业：搭建系统风险管控体系

随着"出海"经验的日益丰富，今天，越来越多的中国企业对海外投资风险有了更为深刻的认识。中国出口信用保险公司《2017全球投资风险分析报告》显示，为防范海外投资风险，企业使用各类风险管理工具的占比逐步提高，其中，使用政治风险保险的占比为80%，比2016年提高近9个百分点。同时，使用第三方咨询机构进行风险评估的意识也在加强。企业自身风险管控能力建设更加全面，据2017年调研数据显示，有超过72%的企业建立了风险管理组织体系，67%的企业对海外投资项目进行了风险评估，62%的企业建立了风险预警机制。

笔者认为，中国企业应首先搭建一套系统、科学的风险管控体系，该体系需涵盖风险评估、风险预警、风险识别、风险处置等基本环节，然后针对不同类型的风险，对症下药。

重视风险评估

TCL集团董事长李东生曾反思道："跨国并购前期的调研和分析非常重要，要对可能发生的风险有足够估计，不要急于求成。对自身能力要有客观评估，不要做自己力所不能及的项目。因此，需要借助有经验的咨询机构，虽然有相应的支出，但能够大大降低风险。"从现实情况来看，无论是中国国有企业还是民营企业，风险管理往往都是事中处置与事后补救。而风险评估是系统化风险管理过程中最前端和最基础的一个环节。长期以来，进行国际化经营的中国企业的风险评估主要集中于信用风险评估领域，如中国出口信用保险公司作为承办出口信用保险业务的国家政策性保险公司，以《进出口信用调查报告》和《国别风险评估报告》的形式提供风险评估产品。企业是否进入一个国家、地区或市场，需要以全面深入的风险评估作为基础，需要聘请一个专业、独立、客观的第三方风险评估机构进行评估。

国家信用评级可以追溯到"一战"以前，经过百年发展，目前市场上形成了标准普尔、穆迪，以及惠誉三家美国信用评级机构垄断的局面，占据全球90%以上的市场份额，与此同时，不同类型、各具特色的评级机构也通过差异化竞争在市场上谋得一席之地，比如经济学人信息社（EIU）、国际国别风险评级指南机构（ICRG）以及环球透视（GI）等。尽管各大评级机构评级对象各有不同，但指标体系都大致可以分为经济、政治和社会三大模块。在经济方面，经济基础与短期偿债能力共同构成一国的总体偿债能力；在政治方面，各大机构会对政治稳定性、参与度、治理有效性等进行考察；在社会方面，大部分机构注重考察社会应对危机的能力。[①] 我国商务部也曾委托中国对外承包工程商会研发了《境外企业项目外源风险管控评价体系》。该体系界定了恐怖主义社会治安风险、政治风险、经济风险、法律风险、环境风险和医疗卫生风险等6大类外源风险和应对防范措施，构建了风险评价模型和评估体系，为企业提供了风险评估的工具和智力支持。总之，我国企业需增强风险意识，认真研究并真正用好第三方机构的风险评估结果。

善用法律服务

长久以来，在中国企业中有一种普遍的认识，那就是购买法律服务是一项不必要的成本，但是当"某些矿业企业'走出去'，因为不了解当地法律规则，在矿权和地权分离的澳洲并购矿产，只买了矿权，没买地权，陷入了买了矿却不能踏足矿产所在地的窘境"的时候，这种认识就无法站住脚了，尤其是当中国企业海外并购浪潮扑面而来之际，律师的早日介入，对精准锁定目标国、目标企业的法律风险就显得尤为关键。一定程度上，专业律师的工作关系到企业的盈亏，甚至是"走出去"的成败。因此，企业应将法律服

[①] 张明、王碧珺等：《中国海外投资国家风险评级（2018）》，中国社会科学出版社2018年版，第5页。

务看作一项投资，而非一项成本。"企业走出去，法律要先行"。律师的法律服务不仅要存在于企业"走出去"之前，还应该贯穿于企业"走出去"的全过程，即"整链条、全方位"的法律服务。中国企业进行海外并购之前，需要对目标公司的主体合法性存续、企业资质、资产和负债、担保事项、重大合同、关联关系、纳税、环保、劳动关系等一系列法律问题进行调查，以提前发现重大风险。法律尽职调查是一项专业性很强的工作，同时受到专业知识和执业规则的限制，需要专业律师的服务。对于已经"走出去"的中国企业，在海外经营的过程中，遇到法律政策风险以及劳资纠纷、知识产权纠纷时，需要在法律方面寻求专业律师团队的帮助。

近年来，中国律所积极进行国际化布局，助力中国企业"走出去"。比如 2013 年，金杜律师事务所与英国律师事务所 SJ Berwin 结成全球法律联盟，极大提升了金杜律师事务所的实力和全球影响力。金杜律师事务所还分别加入了环太平洋法律顾问联盟和世界律师联盟。1997 年，君合律师事务所率先加入顶尖国际律所协会 Lex Mundi 和 Multilaw，与欧洲和亚洲主要国家最优秀的一些律师事务所保持着良好的合作伙伴关系。大成律师事务所加入了世界服务集团（World Services Group）。通过加入世界性行业组织，中国律所进一步扩大业务广度，拓展深度，在汇集全球顶级律师事务所、会计师事务所、投资公司、金融机构等专业性服务企业和公司的综合性平台上提高国际化水平，更好地助力中国企业国际化发展。

用好海外投资保险，有效分散风险

中国企业应认真选择保险公司，充分利用海外投资保险制度，同时要善于借助安保服务。比如中远航运将雇佣武装保安融入公司的安全管理体系中，要求下属船舶积极与武装保安合作，系统地进行安全管理。2011 年，"乐里轮"在印度洋遭受海盗伏击后，中远航运随行武装保安立刻反击，成功击退袭击。从各国海外投资保险的实践看，海外投资保险具有国家属性，由政府专门机构、政府投资设立的公司或者政府委托的机构提供，以国家支持为后盾，为本国进行海外投资的企业提供政治风险方面的保险。国务院在 2001 年 12 月 18 日设立了具有独立法人地位的全资国有政策性保险公司——中国出口信用保险公司。自此，它成为我国唯一一家有权从事海外投资保险业务的机构，此前涉及该业务的中国人民保险公司和中国进出口银行不再开办此项业务。中国出口信用保险公司除了为中国企业出口提供信用保险服务外，也提供海外投资保险服务，为投资者及金融机构因投资所在国发生的征收、汇兑限制、战争及政治暴乱、违约等政治风险造成的经济损失提供风险保障。

投资保险方式除国内的海外保险制度外，也包括利用 MIGA 的国际保险制度。相较一般海外投资保险制度而言，世界银行集团的多边投资担保机构 (MIGA) 对东道国的约束性强，能以多重预防的形式，对外商在投资过程中遇到的政治风险进行规避。同时 MIGA 作为一个国际经济组织，出面斡旋或调解不容易引起东道国的反感，利于化解政治风险。还有一点，MIGA 承保的政治风险范围较一般海外投资保险要宽，可扩大到其他非商业风险。

风险管理是"走出去"的中国企业能否成功的关键。这需要政府和企业双方共同努力，也需要第三方机构的服务和参与。在政府层面，需要做的就是建立和完善中国海外投资的整体保护框架，通过投资方面的国内立法和国际条约的签订来管控风险。对于每一个"走出去"的中国企业来说，都应搭建风险管控体系，将风险管理贯穿到投资经营的各个过程。重视前期的风险评估，以此为开展投资活动的基础。使用法律服务，发挥律师团体的专业作用，做好法律尽职调查和其他法务事项。用好海外投资保险，了解国内的海外保险制度以及国际保险制度，以有效分散风险。同时也要利用必要的安保服务，保障企业海外人员、财产的安全。

第三章
文化碰撞

跨国并购"七七定律"认为，70%的并购没有实现期望的商业价值，而其中70%的失败产生于并购后的文化整合。在面对形形色色的异域文化碰撞与冲击时，中国企业应如何跨越文化差异的障碍，弥补文化裂缝？又如何实现跨文化管理，最终达到文化融合的理想境界？

不同文化的碰撞

"1998年，一股狂热的合并浪潮席卷了整个世界。在这股浪潮中，有一件合并案最为引人注目。1998年11月，戴姆勒—奔驰公司以360亿美元的巨资收购了美国克莱斯勒公司。戴姆勒，这家德国最大的公司，跨越大西洋兼并了一位美国工业界巨人，这引起了全球汽车工业的一股前所未有的合并浪潮。顽强而富有民族激情的克莱斯勒公司——底特律'三巨头'中最小的一个，痛失独立。骄傲而又实力强大的戴姆勒公司向世界表明，德国人的野心远远超越了欧洲。戴姆勒—克莱斯勒公司的诞生，是跨文化合并最伟大的试验，也是大规模国际交易新的里程碑。"2004年元旦，一本名为《分久必合：戴姆勒—奔驰与克莱斯勒合并内幕》的图书序言中曾如此写道。就在大家对这起跨世纪并购津津乐道、无限憧憬之际，在平静海面的下方却早已礁石丛生、暗流涌动。

著名经济学家、CCG学术委员会专家陈志武认为,"虽然双方都是西方国家,但德国人比美国人更严谨更死板,美国人更务实一些,一个死板一个务实,一起做企业往往会出现冲突。"于是就有了下面的一幕幕:德国高层管理者可能会用长达50页的报告进行讨论和制定决策,美国同事却更倾向于直接的交流;德国员工习惯于研究问题并将结果直接交给上级,而管理者通常也会接受这项提议;美国的管理者通常在接受报告后将其存档,这种做法令德国员工难以接受;"德国企业非常注重stakeholder,就是利益相关者。而美国特别重视shareholder,就是股东股权拥有者。"[①]这种文化差异的真实存在是造成双方在经营理念、思维方式上差异的重要原因,重视股东利益的克莱斯勒公司喜欢尽快推出价廉而实用的新产品,但重视利益相关方的德国公司却对质量极为重视,常常耽误新产品的问世……

9年后,这场"跨世纪婚姻"走到了尽头。2007年5月14日,戴姆勒—克莱斯勒公司在其总部所在地德国南部城市斯图加特举行新闻发布会宣布:美国投资大亨Cerberus资金管理投资公司出资55亿欧元购买克莱斯勒公司80.1%的股份,改名后的"戴姆勒公司"则拥有克莱斯勒公司19.9%的股份。曾经被誉为"天作之合",最终却以失败收场,不得不说,资本再强势,也无法弥补文化的裂缝。

2004年,上汽集团击败雷诺、通用等买家,以5亿美元入主韩国双龙汽车,后经过增持股份,成为双龙的绝对控股大股东。这项收购被认为在战略及业务组合方面非常契合,曾一度被视作中国企业跨国并购的标杆,然而,好景不长,文化差异和相互认同的障碍很快在整合过程中显现出来。虽然同属于儒家文化圈,但是两家企业的认同感并不高,韩国过于强大的工会力量更是超出了上汽的想象。2009年,双龙申请法院接管,上汽正式放弃对双龙的经营权。

多年前,当联想收购了业界鼻祖、蓝色巨人IBM个人电脑业务时,杨元庆从到美国的那一刻,就感受到了两种文化的巨大差异;当沃尔沃的高级

[①] 引自商务部国际贸易经济合作研究院研究员王志乐观点。

工程师桑德默得知沃尔沃将被出售给吉利时，这位工会负责人第一个带头叫板，他的理由是：来自东方的吉利根本不懂沃尔沃的文化……桑德默所说的文化究竟是什么呢？沃尔沃工人们说，文化是一种生活方式，文化有自己的旅程，从人开始也结束于人。沃尔沃汽车公司全球高级副总裁沈晖说，他们把它比喻成一株莲花，有在水面以上的东西，水面以下就是文化，它就像莲花的水面下的部分，看不到，但是会影响水面上的各种行为。

荷兰著名学者霍夫斯塔德（Hofstede）提出：文化不是一种个体特征，而是具有相同的教育和生活经验的群体所共有的心理程序。他用五个文化尺度来衡量不同国家之间的文化差异。

表19　　　　　　　　　霍夫斯塔德的文化维度模型

文化尺度	表现形式
权力距离 (power distance)	权力距离即在一个组织当中，权力的集中程度和领导的独裁程度，以及一个社会在多大的程度上可以接受组织当中这种权力分配的不平等，在企业当中可以理解为员工和管理者之间的社会距离。
不确定性避免 (uncertainty avoidance index)	在任何一个社会中，人们对于不确定的、含糊的、前途未卜的情境，都会感到面对的是一种威胁，从而总是试图加以防止。在不确定性避免程度低的社会当中，人们普遍有一种安全感，倾向于放松的生活态度和鼓励冒险的倾向。而在不确定性避免程度高的社会当中，人们则普遍有一种高度的紧迫感和进取心，因而易形成一种努力工作的内心冲动。
个人主义与集体主义 (individualism versus collectivism)	"个人主义"是指一种结合松散的社会组织结构，其中每个人重视自身的价值与需要，依靠个人的努力来为自己谋取利益。"集体主义"则指一种结合紧密的社会组织，其中的人往往以"在群体之内"和"在群体之外"来区分，他们期望得到"群体之内"的人员的照顾，但同时也以对该群体保持绝对的忠诚作为回报。
男性度与女性度 (masculine versus feminality)	男性度与女性度即社会上居于统治地位的价值标准。对于男性社会而言，社会竞争意识强烈，文化强调公平和竞争，注重工作绩效；女性度高的社会中，文化强调平等、团结，重视生活质量、关心他人。
长期取向与短期取向 （long vs short term orientation）	长期导向代表对待长期生活的态度，其文化关注未来，重视借鉴和毅力。短期趋向的文化的价值观是倾向过去和现在的。

资料来源：Hofstede, G. (2001). *Culture's consequences: Comparing values, behaviors, institutions and organizations across nations (2nd ed.).* Thousand Oaks, CA:sage。

不同国度和地区的人都生活在特定的社会文化环境中,尤其是在中华文化圈之外的世界各地,例如美国和欧洲等地,这里的民众在风俗习惯、价值观念、宗教信仰等方面与我国存有极大差异。霍氏的各文化维度研究结果表明,东西方的文化差异是十分明显的,即使同为儒家文化圈的中国和日本的差异也非常明显。

表 20　　中国与部分发达国家霍氏文化维度得分情况　　（单位：分）

国家	权力化程度	不确定性规避	个人主义	男性主义	长期取向
中国	89	44	39	54	100
美国	30	21	100	74	35
英国	21	12	96	84	27
法国	73	78	82	35	—
德国	21	47	74	84	48
日本	32	89	55	100	—

资料来源：根据赵曙明,张捷《中国企业跨国并购中的文化差异整合策略研究》,《南京大学学报》2005 年第 5 期。其中 100= 最高,50= 中等。

研究表明,语言、价值观、领导风格、制度等方面的文化差异对企业决策、人际关系以及沟通方式等都会产生重要影响,是造成跨国并购文化整合失败的主要原因。当中国企业跨国经营时,他们所面对的是与母国文化根本不同的文化,以及由这种文化所决定的价值观念、态度与行为,文化的不同直接影响着管理的实践,一种在特定文化环境中行之有效的管理方法在另一种文化环境中的应用,也许会产生截然相反的结果,对管理者来说,无疑是一个巨大挑战。[1]当越来越多"不差钱"的中国企业走出国门,并购发达国家企业的时候,中国企业这种相对弱势的文化必然会遭遇来自发达国家强势企业文化的抵触与冲突,如何适应、容纳乃至统领强势企业的文化,成为中国企业必须认真思考的问题。

---

[1] 陈佳贵：《跨文化管理：碰撞中的协同》,广东经济出版社 2000 年版,第 14 页。

跨文化探索

"在全球经济一体化中,世界各公司的策略都着重发展如何能够满足最大市场、最多顾客的产品及其服务。而对不同文化及价值观的研究,是此类策略成功的关键。"[1] 跨国企业的成功与企业管理多元文化的能力息息相关。随着中国企业逐渐融入国际市场,如何在全球化与本土化之间,母公司与子公司之间找到适合公司发展的跨文化管理模式已经成为中国企业决胜海外的关键。

美国有条"海尔路"

2001年4月,"海尔路"在美国南卡罗来那州举行了盛大的揭牌仪式,这是第一条在美国以中国企业命名的道路。位于南卡罗来纳州的美国海尔工业园建立于1999年,属于中国企业在美国的第一个大型绿地投资项目,耗资3000万美元,为当地提供了200个就业机会。为感谢海尔对当地发展所做出的贡献,便有了这条"海尔路"。

"海尔路"可谓海尔获得当地政府和民众认可的一处精彩脚注。这处脚注的背后则是海尔对跨文化的不懈探索。同是家电产品,海尔在美国市场上销售的产品与在国内长期生产的产品有着非常大的区别。在美国市场上,海尔设计出容积为500多升的大冰箱,一个抽屉能放下一整只火鸡,满足了美国消费者在感恩节储藏整只火鸡的需求;针对单身一族和高校学生,海尔开发设计出一种轻盈小巧的全塑料迷你洗碗机,投放市场后很快成为"爆款"产品;海尔还投其所好,专门为高校学生研制了一种带活动桌面的小冰箱,

---

[1] Hofstede, G. (2001). *Culture's consequences: Comparing values, behaviors, institutions and organizations across nations (2nd ed.)*. Thousand Oaks, CA:sage.

很好地满足了美国大学生的需求。[1] 在对美国酒类消费市场进行深入调研后，海尔开发出拥有典雅外观和功能体贴的海尔酒柜，成为美国各大商场争相经销的抢手产品。纽约华尔街股票经纪人戴恩先生赞誉海尔酒柜带给他的享受说，"原汁原味的葡萄酒让我每一个毛孔都张开，细腻婉转的甜蜜味道回味无穷。就像喝啤酒只喝冰镇的一样，我现在再也不喝未经海尔酒柜冷藏过的酒，无论是什么名酒。"[2]

海尔的跨文化探索并没有仅仅停留在美国。在西班牙，海尔设计出符合当地文化风格和消费偏好的一体化滚筒机，不仅性能高，符合欧盟标准能耗，而且迎合了当地的审美标准，大大增强了同价位产品的竞争优势。西班牙骑士文化声名远播，悠久的历史传统和文化积淀使西班牙拥有了独具一格的欧洲文明特征，使其国民拥有了不同其他欧洲国家的审美观念。受印象派大师毕加索影响，西班牙人对色彩和外观鲜明独特的事物极为偏好，而海尔滚筒机的设计正迎合这种偏好，设计出极具视觉冲击力的操作系统彩色显示屏。同时，这款机型的操作面板采用简易的语言符号，不仅冲破了语言障碍，而且符合西班牙人简单随意的性格特征，使其更加生活化和人性化。此款机型很快风靡西班牙市场。而在法国这个浪漫国度推行本土化营销过程中，海尔召集世界顶级设计师（其中1/5来自法国本土）组成研发团队，充分考量市场需求，研制出充满法式风情的跨时代电冰箱，法国设计师甚至将当地浪漫的建筑风格融入了冰箱架构设计中。这种款式的"海尔兄弟"通过精致的细节为法国消费者生活带来了更多浪漫元素，例如，这款冰箱的冷藏室采用对门开设计，避免了在打开冰箱时把冷藏或冷冻空间全部暴露出来，最大限度减小了冷气消耗，而对开门的新颖设计，更添加了生活的新奇意味和浪漫色彩。[3]

张瑞敏将国际化比作一盘棋，他强调提升棋艺最好的办法就是找高手下棋，而张瑞敏选择的高手就是美国和欧洲这些发达国家与地区。海尔积极实

---

[1] 王常鑫：《海尔在美国的跨文化管理策略研究》，《商场现代化》2015 年第 20 期。
[2] 汪谓超：《从文化的视角看海尔的美国经营之旅》，《宜春学院学报》2010 年第 3 期。
[3] 张争：《海尔跨文化融合的三大法宝》，《人力资源管理》2008 年第 4 期。

施本土化战略，在精准拿捏不同文化背景下，不同消费群体的需求与痛点的基础上，进行了产品的本土化设计、本土化制造和本土化营销，最终跨越了文化差异的鸿沟，得到了东道国政府和民众的认可。

给"蓝色巨人"插上联想的翅膀

诺贝尔经济学奖获得者斯蒂格利茨曾指出，"没有一个美国大公司不是通过某种程度、某种方式的兼并而成长起来的，几乎没有一家大公司主要是靠内部扩张成长起来的。"并购成为企业获取资源和获得成长的重要机制，然而并购仅是第一步，并购真正的成功还取决于之后的整合。大量的案例告诉我们，并购后的整合是一个漫长而艰难的过程。正如"七七定律"指出，全球范围内 70% 的并购没能实现当初期望的商业价值，而当中 70% 失败于并购后的文化整合。跨国并购涉及不同文化背景的个体、团队和组织，双方员工文化价值观的不同会导致不信任、误解或者目标不一致等问题，文化间的距离会降低成功整合的可能性。[1][2] 随着跨国并购的日益频繁，中国企业也已经开始了跨文化整合的艰辛探索。

2004 年 12 月 8 日，当柳传志宣布，"我荣幸代表联想集团董事会向各界宣布联想集团以 12.5 亿美元收购 IBM 个人电脑事业部，收购的业务为 IBM 全球的台式电脑和笔记本电脑的全部业务，包括研发、生产、采购、销售"时，全场沸腾。《华尔街日报》感叹道，"联想最终收购了 IBM 的个人电脑业务，公司规模将大大增长。作为中国第一大计算机厂商，联想今天的成功从一定程度上讲也标志着整个中国计算机产业的成功。"《纽约时报》分析认为，"联想这个巨人此次初试身手，联手 IBM 进军国际市场，将会缓

---

[1] Sudarshanam, G. *Issues and Challenges of HR in Post Merger& Acquisition –An Observation.Asian Journal of Research in Business Economics and Management*, 2011, 1(2): 28-39.

[2] Cheng, S.S., Seeger, M.W. *Cultural Differences and Communication Issus in International Mergers and Acquisitions: A Case Study of BenQ Debacle. International Journal of Business and Social Science*, 2012, 3 (3): 116-127.

解部分的国内竞争压力。此交易一旦完成,联想集团将在国际舞台占有一席之地,从规模上也将成为世界级公司。不过,该公司也将面临诸多管理上的挑战,利润也可能将被稀释。"此时的联想虽然也是声名在外,不过,一个个人电脑业的后起之秀,却要吃掉个人电脑业的创始者,不论怎样都称得上一次壮举。

联想的文化中传承着传统的中国企业文化基因,IBM 则充满了典型的西方企业文化特征。巨大的文化差异意味着文化整合中的冲突与碰撞。为了保持并购后的企业稳定过渡,许多中国企业采用了保持双方文化独立的方式,但是这种方式并不是真正意义上的文化整合。联想在并购后的第一年也同样采取了保持双方相对独立的运营状态,不过,联想在第一年也设立了专门负责整合的团队——BT,由其负责探索双方的整合,其中最典型的一个活动叫"文化探索",通过这一活动,使普通员工和高管对双方文化差异的认知进行摸底,并为中外员工搭建起一个开放的平台,增进了解,消除信息孤岛。2005 年,联想任命原戴尔高级副总裁阿梅里奥接替时任 CEO 沃德,正式结束之前联想与 IBM PC 的独立运营状态,文化整合被正式提上日程。推崇欧美企业文化的阿梅里奥开始将西方管理模式与文化元素应用于联想,并首先选择公司高层作为突破口。BT 一位高管回忆说,"局限在高管团队可以以点带面,从上至下做好文化整合。"2007 年,联想对 IBM 部门的文化整合由"从西到中"单向渗透转变为"中西"双向渗透,标志性活动就是文化鸡尾酒活动以及高管工作互换活动,通过这种非正式与正式的接触进一步打通中西文化壁垒。2009 年,杨元庆接替阿梅里奥,标志着联想由一个欧美人管理的公司转变为以中国企业文化为主,西方企业文化为辅的国际企业。[①]至此,联想成功对 IBM PC 部门完成文化整合。[②]

---

① 王淑娟等:《一种跨国并购渗透式文化整合路径》,《南开管理评论》2015 年第 4 期。
② 苏敬勤、孙华鹏:《中国企业跨国并购的文化整合路径——以联想并购 IBM PC 为例》,《技术经济》2013 年第 9 期。

跨文化融合

> 花更多的精力在文化融合中，放更少的关注在数字（企业业绩、综合实力）上面，这样并购就会更加成功。
>
> ——杰克·韦尔奇

文化融合性评估

被誉为全球第一 CEO 的杰克·韦尔奇，在执掌通用电气的近二十年中，通用电气近千次兼并，市值从 100 多亿美元一路攀升到最高时的 5000 多亿美元。在每一次并购前，他优先考虑的就是两家企业的文化能否融合，如果两个企业的文化差异太大，杰克·韦尔奇的答案是：迅速扔掉。思科前并购主管丹·施恩曼 (Dan Scheinman) 被称作思科的文化"警察"，专门评估并购对象的企业文化和思科文化的兼容性，他说："无论目标公司的技术和人才再好，如文化不兼容，我们会毫不犹豫地放弃。"在他的带领下，思科曾一度成为行业内最成功以并购成长的企业之一。

许多中国企业在跨国并购中，管理层主要关注交易本身，他们会仔细调查目标企业的资产组合、经营状况、技术水平等，更多考虑的是技术、价格、产权等有形资源的组合，而对"文化"这一软性资产却很少考虑。[①] 这种跨文化管理意识的缺乏，容易导致文化融合性评估的缺位，为日后跨文化管理的失败埋下伏笔。中国企业实施跨国并购之前，需要高度重视文化的差异，组建专业调查团队，采用合理、系统和科学的方法，对并购目标的国家文化、企业文化等进行深入调研分析，再慎重决定取舍。

[①] 卢进勇等编：《中国跨国公司发展报告（2015）》，对外经济贸易大学出版社 2015 年版，第 241 页。

跨文化培训

文化可以分为三个范畴：正式规范、非正式规范和技术规范。正式规范是人的基本价值观，它能抵抗来自外部企图改变它的强制力量，因此正式规范引起的摩擦往往不易改变；非正式规范是人们生活习惯和习俗等，因此引起的文化摩擦可以通过较长时间的文化交流克服；技术规范则可以通过人们技术知识的学习而获得，很容易改变。跨国经营者首先要识别和区分文化差异，才能采取针对性的措施。[1]

丽莎·N. 利特瑞 (Lisa N.Littrel, 2006) 认为，跨文化培训主要是指针对即将长期（至少一年）或者短期（六个月到一年）居留在某一社会文化中的非本文化群体中的个体及其家庭成员，所进行的旨在加强其对不同文化环境的反应、适应能力，以及和不同文化背景的人进行沟通的培训。培训内容涵盖对文化的认识、文化的敏感性训练、语言学习、跨文化沟通及冲突处理、地区环境模拟等。[2] 在一项对跨文化培训是否有效的调查表明，有占绝对优势的证据支持这种培训促进了跨文化交流技能的提高，并导致了更高的工作绩效。比如在未经培训的企业中，每 100 名派往沙特阿拉伯的美国人有 68 人提前回国，因为他们无法逾越文化隔阂。但是，壳牌石油公司对派往沙特的 800 名员工进行了事先培训，结果只有 3% 的员工无法适应文化的调整。这项研究证明了跨文化培训的价值：无论受过哪种方式培训的员工，都比没有受过培训的人出色。[3]

2005 年，华为公司经过努力，注册成立了华为大学。这家大学旨在以融贯东西的管理智慧和华为的企业实践经验，培养职业化经理人，发展国际化

---

[1] 杨斌：《跨文化经营的挑战》，《北京工商大学学报》2002 年第 2 期。
[2] 赵曙明、张捷：《中国企业跨国并购中的文化差异整合策略研究》，《南京大学学报》2005 年第 5 期。
[3] 杨斌：《跨文化经营的挑战》，《北京工商大学学报》2002 年第 2 期。

领导力，成为企业发展的助推器。① 华为大学对本国海外派出员工进行异域文化的培训，也对东道国本土员工进行母公司文化培训。这些培训让员工形成了跨文化意识，增强了与不同文化背景的人打交道的能力，促进了不同文化背景的人有效沟通与更好理解，大大减少了因文化差异引起的冲突与碰撞。

中石油在苏丹运作油气项目多年，在跨文化培训上，取得了良好成效。他们通过情景模拟、游戏体验、案例分析、小组讨论等授课方式，让中苏员工一起参加跨文化培训，加深员工的沟通与理解，增强凝聚力。②

对企业组织来说，跨文化培训的一个重要观念就是，文化决定制度的成本。当企业组织内部的文化融合得好，且对主导文化认同度高的时候，企业制度成本就低，反之，当企业倡导的文化适应性差，且对主导文化认同度低的时候，企业制度成本就高。③虽然，海尔、华为、中石油等企业已经开始了跨文化培训的实践，但是对大多中国企业来说，跨文化管理的方法还较为陌生，跨文化培训并没有真正提上日程，这种状况对驻外经理处理文化冲突、当地员工理解公司经营理念、维持组织内的良好稳定的人际关系、保持企业信息流畅通、加强公司凝聚力、提高决策效率等方面都将带来不利影响，已经给企业国际化经营带来了困难，如不引起重视并进行改变，将严重影响中国企业的全球化步伐。

跨文化管理

跨国经营的企业是一种多元文化的机构，这种机构的经营管理思想形成了一个将政治、文化上的多样性结合起来进行统一管理的哲学思想体系④。跨文化管理称为交叉文化管理，就是在跨国经营中对不同种族、不同文化类

---

① 胡寅：《企业办大学，创新添活力》，《华东科技》2009 年第 9 期。
② 卢进勇等编：《中国跨国公司发展报告（2015）》，对外经济贸易大学出版社 2015 年版，第 237 页。
③ 孙英春：《跨文化传播学导论》，北京大学出版社 2009 年版，第 282 页。
④ 王箐、覃安基：《跨国公司文化管理浅析：以霍夫斯泰德文化维度理论为导向》，《人民论坛》2012 年第 9 期。

型、不同发展阶段的子公司所在国的文化采取包容的管理方法。跨文化管理强调在跨文化条件下如何克服异质文化的冲突,并据此创造出公司独特的文化,从而形成卓越有效的管理过程。[1]而这种经过努力培育的文化也就成了企业知识或企业能力,难以为其他企业效仿,且可以从中获取暂时"垄断利润"。

关于跨国并购文化整合,大量研究已经提出诸如融合、移植、渗透、嫁接、自主[2],凌越、妥协、合成隔离[3]、吸收型、融合型、保留型、反购并型[4]、修正调试[5]、基于文化渗透的文化整合模式[6]等模式与方法。研究表明,联想对 IBM PC 部门的文化整合与海尔对三洋家电的文化整合均采用了"探知—破壁—交互—重塑"的渗透模式,两者都实现了较好的文化整合效果。[7]不过,现实远比理论更复杂,中国企业只有结合实际,在实践中不断总结,才能找到适合自身的跨文化整合模式与发展路径。

跨文化营销

可口可乐公司于 20 世纪 30 年代进入中国,当时公司直接将饮料品牌音译为"口渴口辣",在中国人的概念中,这个名字确实难以想象,一款饮料"口渴"而且"口辣",实在无法为顾客带来好感。为了找到一个"讨喜"的名字,可口可乐耗费重金,在中英两国举行产品命名大赛,并最终寻得"可口可乐"这一符合中国文化的名字。公司在包装设计上也尽显"中国风",采用了十二生肖图案,最大限度融入中国元素。这样一来,不管是从名称上

---

[1] 郭琳依、张亚军:《企业跨文化管理:一个文献综述》,《企业导报》2010 年第 3 期。
[2] 潘爱玲:《跨国并购中文化整合的流程设计与模式选择》,《南开管理评论》2004 年第 6 期。
[3] 赵曙明、张捷:《中国企业跨国并购中的文化差异整合策略研究》,《南京大学学报》2005 年第 5 期。
[4] 文风:《从广州标致公司的阶梯看跨文化冲突与整合》,《科技进步与对策》2004 年第 4 期。
[5] 刘明:《企业跨国并购文化整合的路径选择:主动适应与修正调试》,《科技管理研究》2009 年第 4 期。
[6] 王淑娟等:《一种跨国并购渗透式文化整合路径》,《南开管理评论》2015 年第 4 期。
[7] 王淑娟等:《一种跨国并购渗透式文化整合路径》,《南开管理评论》2015 年第 4 期。

还是产品外观上，很快就赢得了中国顾客的接受和欢迎。

由于文化差异，很多在国内被大众习以为常的产品，在其他国家却根本没有销路，例如，有的日化企业通过宣传美白牙齿，请东南亚的某个土著人为其产品做广告宣传，而当地土著人却以咀嚼槟榔染黑牙齿为美。所以，企业要想在不同的文化背景成功拓展市场，赢得顾客，就需要世界跨文化营销。

美国学者保罗·郝比格教授在其代表作《跨文化市场营销》一书中将跨文化营销分为营销前、营销中和营销后三个部分。在营销前部分，主要分析不同文化对营销活动的影响，跨文化营销调研与沟通以及文化对适应性与标准化策略可能带来的冲击等。而营销中部分从产品、交易、广告、促销和分销等多个方面具体分析跨文化营销应当采取的策略。营销后部分重点强调服务的重要性，并结合营销领域的发展动态判断跨文化营销的发展趋势。

我国企业在"走出去"时，需要充分了解东道国的风俗习惯、价值观念、宗教信仰等方面的差异，避免文化差异所产生的营销问题。企业的产品与服务应充分体现东道国的特色，满足消费者的需要；广告投放过程中，注意消费者的接受能力，减少文化震惊。营销后，了解本土国和东道国对售后服务等的态度，因地制宜，制定出相应的策略。

第四章

品牌之殇

品牌是企业重要的无形资产。在世界离不开"中国制造"的同时，中国在世界上的知名品牌却是凤毛麟角。随着经济全球化的深化以及改革开放进程的加快，"谁拥有了著名品牌，谁就拥有了市场和竞争优势"逐渐成为中国企业家的共识，在尝尽品牌缺失的痛楚后，中国企业品牌意识已经觉醒。

制造大国 VS 品牌小国

未来的营销是品牌的战争——品牌互争短长的竞争，商界与投资者将认清品牌才是公司最宝贵的资产，拥有市场比拥有工厂重要得多，唯一拥有市场的途径就是拥有市场优势的品牌。

——著名营销专家莱利·莱特（Larry Light）

品牌的价值

"品牌"一词源于古挪威文，在《牛津大辞典》中被解释为"用来证明所有权，作为质量的标志或其他用途"。美国市场营销协会（AMA）的定义是，品牌是一个名称、专有名词、标记、符号或设计，或是上述元素的组合，用于识别一个销售商或销售商群体的商品与服务，并且使他们与其竞争者的商品与服务区分开。

品牌是企业重要的无形资产。"2018年BrandZ ™全球品牌价值100强[1]"排名显示，谷歌品牌价值为3021亿美元、苹果为3006亿美元。可口可乐[2]公司前董事长罗伯特·伍德鲁夫（Robert Woodruff）曾说过：即使公司在全球的工厂一夜之间化为灰烬，只要还有可口可乐品牌，公司就可以迅速振兴。这就是品牌的价值。在一项哈佛大学与麦肯锡公司早年对全球17个国家的公司调研中发现，影响企业竞争优势的因素是多方面的，而各种因素所产生的竞争优势持续的时间也大不相同，其中，价格产生的竞争优势可以持续60天，广告不到1年，产品创新可以持续小于2年，渠道持续时间小于4年……但品牌却是可以持久的。[3]

从某种意义上讲，品牌不仅是企业的灵魂，也代表着一个国家的形象。日本前首相中曾根康弘就曾感慨过：在国际交往中，索尼是我的左脸，松下是我的右脸。品牌竞争力是一种综合实力的展现。对于国家而言，在"某国制造"的背后表现的不仅是经济实力，还囊括文化、政治、人才等方面的衍生优势。人们在谈论制造业的时候，首先会想到德国，因为"德国制造"代表着高标准、高品质。就像《德国制造：一个国家品牌如何跑赢时间》序言中所说，"在很多德国公司，经常能听到三四代人在同一家公司工作的故事，尤其是机械制造方面，很多中小型公司都是家族企业，依靠高品质延续了上百年。"对企业而言，品牌竞争力包含了企业在资源、能力、技术、管理、营销、人力资源等方面的综合优势，是形成并实现企业可持续增长的动力源泉。

---

[1] BrandZ ™研究对象是那些已经融入消费者日常生活之中的品牌。这项品牌估值将全球300多万消费者的访谈结果与各家公司财务和经营业绩分析相结合。BrandZ ™的排名研究机制综合考虑品牌的财务表现（根据凯度消费者指数和彭博的数据）以及根据消费者研究获得的品牌贡献值（Brand contribution index）。通过与全球消费者的访谈所得出的品牌贡献值可以量化出消费者购买某个品牌的总消费中，有多少量和多少品牌溢价是由品牌价值所贡献的。

[2] 可口可乐在2018年BrandZ ™全球品牌价值100强中排名14位，品牌价值近800亿美元。

[3] 袁胜军、符国群：《中国企业品牌战略选择——基于生物进化论的思考》，《同济大学学报》（社会科学版）2012年第5期。

制造大国 VS 品牌小国

2005年,美国记者莎拉·邦焦尔尼一家曾尝试一年不买中国货,并于次年出版了畅销书《离开"中国制造"的一年》。作者在引言中写道:"我回想起抵制活动刚开始时的片刻疑虑。或许,中国制造并没有遍布我家的每一个角落;或许,这一切无非是我的幻想;或许,我们根本不该冒这次险,毕竟,我们宁静的美国生活,跟地球对面的中国,到底能有多大关系呢?答案很快就会揭晓:关系大着呢!"莎拉一家以亲身经历给读者呈现出"没有中国制造就活不下去"这个残酷现实。事实的确如此,在目前全球500种主要工业品中,中国有220多种工业品产量居全球第一位。早在2010年,中国的计算机、彩电、冰箱、空调、手机、洗衣机、微波炉的产量分别占全球总产量的68%、50%、65%、80%、70%、44%、70%。如果把中国排名第一的所有工业品都罗列出来,那将是让人眼花缭乱的一大串名单。

然而,在世界离不开"中国制造"的同时,中国在世界上的知名品牌却是凤毛麟角。在世界品牌实验室(World Brand Lab)[1]发布的2017年世界品牌500强中,中国仅有37个品牌入选,与之形成鲜明对比的是,"没有中国制造就活不下去的'莎拉'们"所在的美国却占据了500强中的233席,稳居品牌大国第一。品牌缺失导致我国企业只能陷于全球价值链中生产加工的低端环节,辛辛苦苦"为他人做嫁衣",以苹果公司的iPhone手机为例,虽然绝大多数的成机源自中国出口,中国真正拥有的价值仅为手机出厂价格的3.3%。[2]难怪有专家认为:"在全球价值链时代,品牌就是价值链的组织者和利润分配者。"

---

[1] 世界品牌实验室2003年成立于美国纽约,是世界领先的独立品牌评估及行销策略咨询机构,实验室每年依据市场占有率、品牌忠诚度、全球领导力等指标,对全球知名品牌进行评分。

[2] 彭水军、袁凯华:《全球价值链视角下中国加工贸易的升级演进》,《经济学家》2016年第10期。

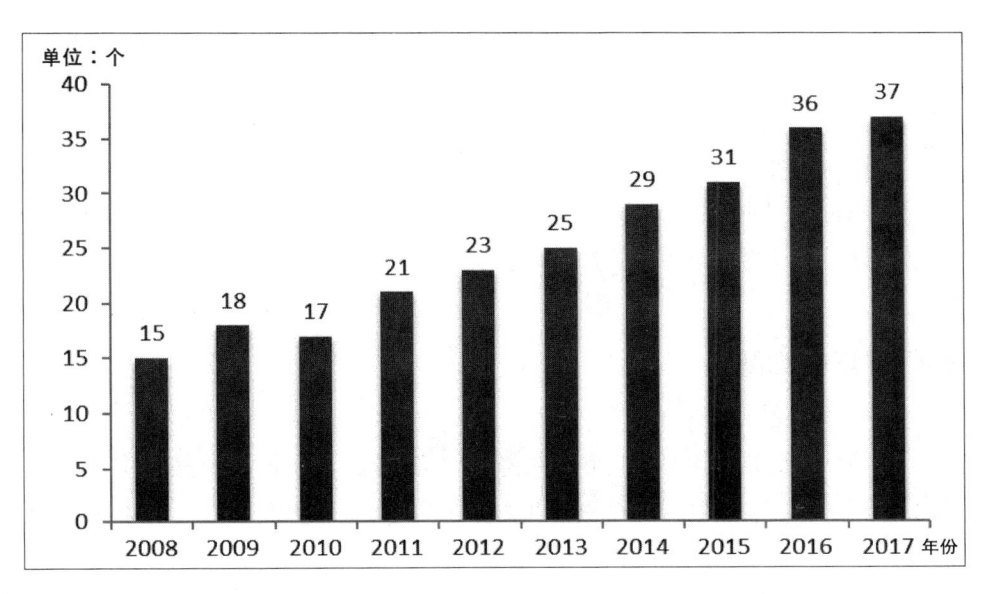

图11 2008—2017年中国企业入选"全球品牌500强"的情况

资料来源：世界品牌实验室，http://www.worldbrandlab.com/indexnew/worldbrand.htm。

过去几十年，中国以大量低廉的劳动力、高昂的环境为代价换来了"世界工厂"的名号，但这种"优势"已经发生改变。进入21世纪以来，中国以农民工为主体的普通劳动力的工资呈持续上涨态势，部分行业劳动力成本在2005年以后增长加快。据《经济学人》数据显示，2015年中国工人每天的平均工资是27.5美元，远高于印度尼西亚的8.6美元以及越南的6.7美元。波士顿咨询2015年发布的报告显示，相比于美国，中国目前的制造成本优势已缩水至5%以下[1]。随着中国劳动力成本的上升，众多在华外国制造企业纷纷移师南下，将工厂搬到了用工成本更为低廉的印度、越南等地区。与此同时，金融危机后，美国、日本和欧洲等发达国家和地区出台了"再制造业化"战略，比如美国在奥巴马的推动下，出台了《重振美国制造业框架》《制造业促进法案》《先进制造业伙伴计划》《先进制造业国家战略计划》

---

[1] 该报告以美国为基准，分析并比较了全球前25大出口经济体的四项关键维度——工人工资水平、劳动生产率、能源成本以及汇率水平。劳动力成本的上升，直接导致中国代工厂优势降低。

《制造业创新中心网络发展规划》等系列政策文件,决心利用美国的技术和劳动生产率优势重振制造业。早在竞选期间,特朗普就高举"制造业回流美国"的旗帜,要求美国本土制造企业把就业岗位留在美国,上任后又极力通过税改政策推动制造业回流。总之,未来制造业全球竞争势必异常激烈,中国以低廉劳动力成本为依托的制造模式不可持续。

品牌意识的觉醒

改革开放已走过 40 年,市场经济建立 26 年,加入世界贸易组织也已是第 17 个年头。尽管中国经济飞速发展,经济总量跃居世界第二,中国企业界涌现出华为、联想、吉利这些"中国制造"的业界翘楚,更不乏阿里、腾讯等互联网企业的高歌猛进,但是,我们不得不承认,"中国制造"廉价、低质的标签仍难被彻底撕掉,这其中既有历史因素,也有现实原因。

据世界史学者研究发现,人类真正意义上的全球商业往来始于 1492 年哥伦布发现新大陆。之后在三次产业革命的推动下,国际贸易空前发展,贸易增长率超过经济增长率,各国由商品交流的外在联系演变为生产分工为基础的内在融合,作为经济全球化载体的跨国公司也得到了空前发展。发达国家有实力的跨国公司走出海外,建立自己的市场范围,占据了价值链体系中的有利位置。我国大部分民族品牌的真正起步是在改革开放以后,企业普遍比较"年轻",品牌年龄较小。20 世纪 90 年代,当中国企业有实力和机遇融入世界经济体系时,不仅需要探索与世界接触的路径,还要与实力强劲的竞争对手面对面较量。在残酷的现实环境下,中国企业多以代工制造入手,长期处于"微笑曲线"[①]的

[①] 1992 年,施振荣先生提出微笑曲线理论,意思是微笑嘴型的一条曲线,两端朝上。微笑曲线中间代表制造能力,左边是研发和创新能力,右边是市场和品牌能力。通常价值链上的利润增值环节呈现出由高到低,在由低到高的特征,即从研发、设计的营运到加工装配区段再到营销区段,其中价值链的两端:上游以知识经济、知识产权为主导,包括研发创新机构等知识型企业;下游以品牌、综合服务等要素为主导,包括品牌、销售、物流、金融等高附加值的服务型企业,这两类可以获得价值链增值的绝大部分,而处于价值链中间的企业则仅能获得微薄的利润。

底端，凭借劳动力成本低廉的优势试图在激烈的国际竞争中为自己的发展赢得一席之地。

品牌的建立和维护，需要源源不断的资金与技术支持，需要长时间的积累和积淀。从现实来看，目前"大多中国企业主其实还是机会主义者，奉行的是做生意的经营思维，没把品牌化生存上升到企业经营战略的高度，正是这种做生意似的机会主义，让中国品牌失去了更大的机会，失去了走向世界的机会，大多很有前景的品牌就在企业主的这种思维中夭折。如果中国真要发展自己的民族品牌，真要打造享誉世界的中国品牌，就必须改变这种做生意的经营理念，树立做百年品牌的经营策略。"[1]

今天，随着经济全球化的深化以及改革开放进程的加快，我国与世界各国的经济交往越来越频繁，越来越多的企业开始走出国门，中国企业家在全球化竞争中意识到了品牌的重要性，"谁拥有了著名品牌，谁就拥有了市场和竞争优势"逐渐成为共识，特别是最近10余年，许多中国企业的海外并购纷纷以获得国外品牌为导向，如联想收购IBM的PC业务，三一重工收购德国普茨迈斯特，美的收购东芝白色家电业务。2018年7月，4年一届的世界杯足球赛在俄罗斯落下帷幕。虽然，在世界杯赛场上，我们无法看到中国队的身影，但令人欣慰地是，我们却很好地领略了中国品牌的风采，万达、海信、蒙牛、VIVO、青岛啤酒……醒目的中国企业品牌广告一次次出现在比赛现场。据Zenith调查显示，2018年世界杯期间的广告费用总计24亿美元，其中中国品牌占比约40%，超过美国，更高于东道主俄罗斯。这次世界杯广告，中国7个品牌只是崭露头角，尝试以世界杯塑造品牌知名度，这点深刻表明，中国企业品牌意识已经觉醒，中国企业品牌向全球化发展是大势所趋。

---

[1] 李光斗：《中国企业家为何做不出中国品牌？》，《第一财经日报》2011年4月26日。

探路品牌国际化

> 产品是工厂生产的东西,而品牌是顾客购买的东西。产品可以被竞争者复制,而品牌是独一无二的,成功的品牌却是永恒的。
>
> ——世界新闻传播集团 WPP 公司总裁 斯蒂芬·金

中国企业要真正在国际产业链中占据高端地位,就必须加强品牌国际化建设。在历经品牌缺失的阵痛后,中国企业正加快品牌建设和"走出去"步伐,在不断摸索中前进,其中的佼佼者正以高品质的产品和国际化的视野积极融入打造品牌的世界潮流之中,成为中国在全球市场上的亮丽名片。

自主品牌"走天下"

自主品牌[①]创造是指企业在发展的伊始就注重品牌的塑造,这对于起步阶段的企业而言较为困难,因为品牌的建设不仅需要投入大量的资金和人员、研发出具有自身特色的技术,而且在产品投放到市场后也需要经过一定的时间周期检验,对于刚刚起步的企业来说,是一条最为艰难的道路。

海尔就是这种模式的典型代表

1985 年,张瑞敏一柄大锤砸醒了海尔人的质量意识。

1988 年,海尔获得中国冰箱行业历史上第一枚国家质量金奖,海尔的名牌战略初获成功。

---

① 也有专家学者认为自主品牌应该包括自创品牌、自有品牌和合创品牌,这里的自主品牌更侧重于在中国国内成长起来的原生品牌。

1992 年，海尔家电产品通过 ISO 9001 认证。此后又先后通过 ISO 14 环保认证、美国 VL、加拿大 CSA、德国 VDE 和 GS、日本 S-MAR 等 20 项认证。[①]

1998 年，海尔出口美国的冰箱达到 1700 多万美元，占中国出口美国冰箱总额的 36%，成功在美国市场建立起自己的品牌。次年，在美国建立"三位一体"本土化海尔，设计、营销、生产中心分别设在洛杉矶、纽约、南卡罗来纳州，实现在美国本土融资、融智、融文化，利用熟谙美国市场的本土经销商构建营销网络，充分借鉴跨国公司本土化策略，把海尔品牌打造成美国本土名牌，成就了国际化的海尔。

2001 年，美国《家电》杂志公布了全球排名前十位的家电制造企业，海尔名列第九位，与惠而浦、伊莱克斯、通用电气、松下、西门子、美泰克、夏普和东芝这些百年巨头并肩而立。2004 年，世界价值品牌实验室评选的"世界最具影响力的 100 个品牌"中，海尔成为唯一入围的中国企业。

根据谷歌关键词实时搜索数据显示，在全球知名的八大家电品牌中，海尔以谷歌检索 9140000 次位居全球家电影响力第一。市场调查机构欧睿国际数据（Euromonitor international）显示，在全球大型家用电器领域，海尔以 10.5% 的品牌份额位居榜首，这是海尔第 9 次蝉联全球第一，成为中国家电全球化第一品牌。[②] 随着海尔六大家电品牌全球化战略的发布，海尔更是完成了从"世界第一白电品牌"到"世界第一家电品牌集群"的布局。

海尔的案例告诉我们，虽然自主创牌意味着在起始阶段投入大量的资金和时间成本，但一旦产品得到认可，拥有自主品牌的企业将占有关键优势。在"走出去"的过程中，海尔从一开始就坚持了自主创牌的发展道路，并且以本土研发、制造、销售的"三位一体"本土化战略深耕海外，虽然过程艰辛，却为企业全球化的长远发展提供了重要保障。

---

① 康学芹：《海尔推进全球化品牌战略的经验与启示》,《对外经贸实务》2016 年第 2 期。
② 《2017 年海尔集团实现全球收入 2419 亿元》(http://news.hexun.com/2018-02-12/192452180.html)。

从 OEM[①] 到 ODM[②] 到 OBM[③]

贴牌战略（Original Equipment Manufacturing，OEM），俗称贴牌生产，即跨国公司提供资金、先进的技术和管理，要求合作方（企业）根据订单生产产品，在产品上贴上跨国公司的商标。这些合作方（企业）就成了贴牌生产商，依赖跨国公司的订单维持自己的生存和发展。[④] Amsden（1989）研究指出，新兴市场的企业实现升级和创新的最佳路径是由简单的委托代工制造到研发设计，并最终建立自主品牌。随着经济全球化进程的加快和信息技术的不断发展，欧美等发达国家中一些具备技术优势和品牌优势的大企业在生产成本不断攀升的情况下，开始逐步剥离其生产制造业务，将产品的不同生产环节在全球范围内加以配置和管理，自己则越来越专注于技术开发、品牌经营和营销网络的建设。在此背景下，OEM 制造方式从无到有并迅速发展。[⑤] 发展中国家的许多企业都是贴牌（OEM）生产商。

改革开放初期，我国企业处于发展的起步阶段，无论是管理体制还是企业经营理念，与实力强劲的国际跨国公司相比，差距悬殊，在各方面条件都还不够成熟的情况下，贴牌战略成为我国企业有效参与国际竞争，融入国际价值链的重要路径。贴牌战略在引进外资和获得利润的同时，还可以从国外拥有品牌的公司获取一定的技术转让和企业管理经验，开拓国际市场。早在 1978 年，顶着"粤字 001 号"的太平手袋厂就在广东东莞开工了。由于地理

---

① OEM 是原始设备制造商（Original Equipment Manufacturer）的英文缩写，它是指一种"代工生产"方式，其含义是生产者不直接生产产品，而是利用自己掌握的"关键的核心技术"，负责设计和开发、控制销售"渠道"，具体的加工任务交给别的企业去做的方式。

② ODM（Original Design Manufacturer）意为"原始设计制造商"，是指一家公司根据另一家公司的规格来设计和生产一个产品。

③ OBM（原始品牌制造商，Orignal Brand Manufacturer），即代工厂经营自有品牌。

④ 田晓菁：《关于跨国经营中贴牌战略的思考》，《社科纵横》2004 年第 5 期。

⑤ 汪建成、毛蕴诗、邱楠：《由 OEM 到 ODM 再到 OBM 的自主创新与国际化路径——格兰仕技术能力构建与企业升级案例研究》，《管理世界》2008 年第 6 期。

优势、毗邻香港，在 20 世纪 80 年代中后期，东莞承接大量来自香港的制造业转移，东莞的经济也因此成功起飞。依靠贴牌战略，以广东省为中心的珠江三角洲成为全球制造业的中心。到 90 年代中后期，我国加工贸易已经占到出口额的 50% 以上[①]除了欧美、中国港台地区企业在中国内地积极寻找贴牌合作厂商外，我国本土企业也开始主动寻找贴牌品牌厂商，贴牌方式普遍存在于我国纺织、服装、玩具、家电、信息技术、通信技术等行业。

格兰仕是典型的以代工、贴牌方式起家，经过几十年的努力，实现对国外先进技术的消化吸收和二次创新，实现从 OEM 到 ODM 到 OBM 的转变，从而成功树立起自身品牌的企业代表。

20 世纪 90 年代初期，格兰仕由一家乡镇羽绒制品厂转型为家电生产商，并将微波炉作为突破口，通过贴牌战略成为各大国际品牌的生产制造商，1995 年，以 25.1% 的市场占有率坐上中国市场头把交椅，1999 年，跃升为全球最大微波炉制造商。格兰仕将这一历程称之为与跨国公司的"竞合"：通过整合跨国公司的先进装备力、技术力、营销力、品牌力和自身的成本优化控制力，站在世界巨人肩上发展，扩大国际化经营规模和管理水平，从全球产业链分工中找到优势位置。[②] 采取贴牌的办法帮助格兰仕成功打开国际市场。但是，作为贴牌生产制造商，格兰仕始终处于价值链的低端位置。

2000 年，格兰仕提出了由"世界工厂"向"全球名牌家电制造中心"转变的战略，强调"世界名牌格兰仕造"，弱化格兰仕作为代工工厂的低附加值形象，用包含有"研发设计"含义的"制造"一词来强化格兰仕的新形象。在随后的三四年内，格兰仕研发投入超过 10 亿元人民币。[③] 其间，格兰仕出口的中高档微波炉设计全部采用其自有专利技术，实现了 OEM 向 ODM 的转化，成功在价值链上向前迈进了一步。2004 年，格兰仕已完全掌

---

① 汪建成、毛蕴诗、邱楠：《由 OEM 到 ODM 再到 OBM 的自主创新与国际化路径——格兰仕技术能力构建与企业升级案例研究》，《管理世界》2008 年第 6 期。
② 宁平：《格兰仕的国际化路径》，《商学院》2008 年第 12 期。
③ 汪建成、毛蕴诗、邱楠：《由 OEM 到 ODM 再到 OBM 的自主创新与国际化路径——格兰仕技术能力构建与企业升级案例研究》，《管理世界》2008 年第 6 期。

握了微波炉相关技术，形成了自主创新能力，在国际市场上，以格兰仕自主品牌销售，且具有其自主专利技术的微波炉在市场上的占有率已达到了20%，OBM与OEM/ODM的销售比也达到1∶4，至此，格兰仕完成从"制造"到"智造"，从"产品规模"到"品牌与品质"的升级，近年来，更是积极开拓自主品牌的国际化道路，将那些曾经高不可攀的国际大牌"拉下神坛"。今天，当你走进欧美传统卖场，也可以与格兰仕自主品牌的微波炉、烤箱，甚至冰箱和洗衣机"相遇"。

作为全球经济一体化、产业分工日趋细化的产物，贴牌有助于我国企业在短时间内打入世界市场，但长远看来却不利于企业的持续发展。首先，以贴牌的方式走出海外，主要是在为委托者做"嫁衣裳"，中国企业作为中间加工商，只能赚取微薄的加工费用，不仅没有上升空间，而且无法积累充足的资金用来创新，其结果只能是一味地为外资打工，充当别人的廉价劳动力，长此以往，中国企业自身品牌就会日益萎缩，陷入恶性循环。其次，外资在中国的贴牌生产往往只是将技术含量较低的部分转移，我国企业虽然在贴牌生产的过程中能够学到某些技术与管理方法，但是始终无法获得外资品牌的核心技术。最后，过度依靠贴牌模式还存在着一定的风险，因为贴牌制造企业极大的依赖外部订单，一旦经济不景气就会受到致命的打击，例如2008年的经济危机就对我国东南沿海的制造业造成极大的冲击。更为关键的是，我国贴牌代工生产主要是依靠廉价劳动力优势获取的订单，随着生产成本的上升，资本逐利的天性决定了跨国公司们会将生产转移到劳动力成本更低廉的地方。

一言以蔽之，中国企业在融入世界经济体系初期依靠贴牌在国际市场上分得了一杯羹，但是企业要想真正地做大做强，需把贴牌和创牌结合起来，注重创新和建设自主品牌，才有可能在国际市场中真正占据一席之地。

收购国际品牌

无论是打造自主品牌还是从贴牌到创牌，都是企业赢得市场的一种路径,这种路径相对来说需要经过较长时间的积淀,在新的全球化背景下,全球已有的众多知识产权、专利和品牌保护,已经极大地限制了企业创新方面单打独斗的空间,而后发的企业正应该利用这些现成的技术、专利乃至品牌,通过引进、消化、吸收,快速地缩小与全球先进水平的差距[①]因此,通过并购的方式,整合全球范围内的资源、技术、品牌等,提高自身的知名度,借助高端产品提升整体影响力,成为许多企业进行全球化布局的新选择。

从当前全球产业的发展来看,收购国际品牌是近年来很多企业采取的品牌战略。金融危机后,国外许多知名品牌深陷泥潭无法自拔,这为中国企业走出海外,整合国际资源提供了契机。收购国际已有的知名品牌,不仅可以帮助企业顺利进入当地市场,扩大市场占有率,而且有助于自身品牌在短时间内提升国际地位,加快企业的国际化进程。以家电业为例,在日本家电市场,东芝等几大本土品牌长期占据龙头地位,国外家电品牌很难在日本市场立足。2016年3月,美的以约537亿日元(约4.73亿美元)获得东芝家电业务主体——东芝生活电器株式会社80.1%的股份。合作方案显示,美的可以在全球范围内使用东芝家电品牌,许可期限为40年。美的通过收购东芝白电,不但获得了专利技术,更曲线进入了日本市场,此举对美的全球化意义重大。美的和东芝家电业务的有效整合,将进一步推动美的成为亚洲,乃至全球白色家电的领先企业,在包括日本、东南亚在内的重要市场取得显著的业务规模和强大的分销渠道,并在专利技术应用及品牌方面获得东芝的强力支持。"在白电领域,日企在衰落,韩企也不是特别强,所以对于中国企业来说,这是个整合的好机会。"随着海尔并购GE家电业务、美的收购东芝白电业务,实际上全球"白电双雄"的格局已经基本确立。[②]

早期中国制造业更多是为发达国家品牌做配套,贴牌生产,赚取微薄利

---

① 卢进勇等主编:《中国跨国公司发展报告(2017)》,对外经贸大学出版社2017年版,第96页。
② 《美的收购东芝白电业务 白电格局基本确立》(http://finance.ifeng.com/a/20160318/14275738_0.shtml)。

润，中国家电企业的海外并购热潮，表明经过一定时间的积累，中国企业已经具备在国际市场上整合资源的能力。通过国际并购提升品牌的国际形象是企业国际化的重要路径。国际并购可以缩短中国企业培育世界名牌的时间，获得品牌下的先进技术，并且快速进入品牌覆盖的市场，弥补我国企业缺乏品牌和技术的不足，但是国际并购环境复杂，成功概率不高，比如TCL并购汤姆逊的彩电业务后，并没有实现并购后的协同效应，导致收购后的经营业绩不理想。因此，中国企业若想借收购国际品牌实现自身品牌的国际化，还有很长的路要走。

合力打造"世界名牌"

现阶段，我国企业的国际品牌建设已取得了一定的业绩，在国际市场上出现了一批具有一定知名度的品牌，比如华为、海尔、联想、福耀、三一重工等。但总体来看，我国企业的品牌国际化程度不是很高，在树立品牌方面仍属于弱国；我国企业的品牌与众多国际知名品牌比较，仍存在着一定的差距，并无大范围的影响力和感召力；我国大品牌中几乎还没有世界级的品牌，缺乏全球行业范围内的领导优势。[1] 全球品牌塑造是一个长期工程，也是一个系统工程，需要全球视野，更需要战略规划。[2]

树立品牌国际化意识

品牌国际化是经济全球化的产物。进入21世纪以来，随着经济全球化步伐的加快，品牌国际化已成为一个企业，乃至一个国家的重要发展战略。

---

[1] 林红：《中国企业品牌国际化战略探讨》，《国际商贸》2012年第13期。
[2] 《人民日报国际论坛：中国品牌塑造国家新形象》（http://opinion.people.com.cn/n/2015/0403/c1003-26792847.htmlhttp://opinion.people.com.cn/n/2015/0403/c1003-26792847.html）。

2014年5月10日,习近平总书记提出"推动中国制造向中国创造转变、中国速度向中国质量转变、中国产品向中国品牌转变",之后我国的品牌建设进入了蓬勃发展的新阶段。品牌工作连续三年纳入政府工作报告,质量品牌提升行动写入了国家"十三五"规划纲要。2016年6月国务院办公厅发布了《关于发挥品牌引领作用 推动供需结构升级的意见》为我国品牌建设提供重要指导,激发了企业界培育自主品牌的积极性。2017年是中国品牌战略发展历史上具有里程碑意义的一年,为了扩大自主品牌的知名度和影响力,国务院批复国家发改委《关于设立中国品牌日的请示》,同意自2017年起将每年5月10日设立为"中国品牌日",标志着中国品牌建设从产品和企业层面,跨越行业层面,升级到国家层面,使得"发挥品牌引领作用,推动供需结构升级"成为当前推动品牌建设的主导思想。

在全球化竞争日益激烈的今天,没有品牌就没有竞争力,没有竞争力就无法在市场中立足,品牌已经成为企业最具价值的无形资产。品牌不但成为企业利润的主要来源和生存基础,还是市场创新的动力源泉。消费者对于企业品牌的印象,源于其对品牌价值的认识和感受,企业通过产品推广与销售,使品牌印象在顾客心目中根深蒂固,从而达到引导需求、促进消费的目的,所以企业要想发展,必须要建立品牌意识,要想在全球化舞台上占据一席之地,必须树立品牌国际化意识。

练好内功,以硬实力造就"软"品牌

质量是企业品牌国际化发展的关键要素。随着国际市场竞争的激烈,低质量、拼价格的时代即将成为历史,企业只有真正意识到质量的重要性,通过生产符合消费者需求的高质量产品才能生存,才能进入国际市场并树立国际品牌。[①]

---

① 卢进勇、刘辉群、王辉耀等:《中国跨国公司发展报告2016》,对外经贸大学出版社2017年版,第107—109页。

以福耀为例，福耀在进入汽车玻璃行业之初，只能利用低成本的比较优势以加工贸易的形式参与全球价值链分工，承接发达国家生产制造环节的转移。随着自身实力的逐步壮大，福耀注重自主创新，不断提高产品质量，凭借高度的专注力与日益提高的工艺品质，陆续获得四大车系（欧洲、美国、日本和韩国车系）的认证，是同行业首个通过 ISO 9002、QS 9000、VDA 6.1、ISO 14001、TS 16949 体系认证的汽车玻璃生产销售企业。如今，福耀已成为国际上的知名品牌，福耀玻璃在全球市场的占有率已经高达23%，产品品质得到福特、奥迪、大众等多个顶级汽车生产商的青睐，产品"FY"商标也成为中国汽车玻璃行业迄今为止唯一的"中国驰名商标"。福耀对产品质量与创新的重视，成功地完成了由下游的汽车玻璃制造商，向上游的汽车玻璃原材料生产商，以及汽车玻璃设计研发商转移，完成了从赚取一块裸汽车玻璃的利润到分享汽车玻璃设计研发的利润的转变，实现了汽车玻璃制造商到汽车玻璃服务商的转型，这一切使福耀在汽车领域拥有了足够的话语权，进而有机会参与到整个行业国际标准的制定。

品牌国际化的路径选择

从国际分工来看，自主品牌决定着不同国家在世界产业价值链所处的不同地位。一个国家拥有的世界知名品牌越多，其价值链所处地位越高，主导能力就越强，在全球市场竞争中就越能够占领先机。[①]在全球化时代，除了像海尔一样通过企业自身的发展壮大形成自创品牌，也可以通过并购或合作的方式实现品牌国际化，这恰恰是经济全球化给企业带来的新机遇。如联想收购 IBM 的 PC 业务，吉利收购沃尔沃的汽车业务等都通过国际知名品牌提升了自身的品牌形象。

① 《把打造自主品牌提升到战略高度》(http://www.sohu.com/a/199569218_120809)。

互联网时代的品牌建设

美国加州大学伯克利分校 Haas 商学院米格尔·博阿斯教授 (Miguel Villas-Boas) 认为,"过去,中国品牌的命名、定价和形象设计,都不够国际化。在未来,随着移动网络和社交媒体的全球普及,能使中国品牌很容易接触到各国的最终用户,并迅速缩小与世界品牌的差距"。的确,互联网代表的是一种全新的思想,需要企业用不同的角度、不同的思维来看待自身的商业模式、理念、管理、组织、产品、市场,看待正在变化的用户。[①] 互联网将品牌的疆界扩展得比以往任何时候都要宽,它改变了传统的品牌传播方式,大大缩短了品牌形成的时间,任何一个拥有优秀产品的企业都有机会在互联网时代抢占品牌知名度的制高点。今天,即便是最著名的品牌,如果没有互联网的经营理念,便会落后于时代,中国企业必须学会用互联网思维进行品牌建设,开展品牌的国际化传播。

中国经济要转型升级,就必须重视品牌在经济体系和商业文明中的双重价值。在创建中国品牌的关键机遇期,学界应当加强基于中国市场和中国文化价值观的品牌理论创新。除了加强品牌基础理论研究之外,还应以智库建设为抓手,培育一批具有国际影响力的品牌评价理论研究机构和品牌评价机构。通过向全世界发布客观公正的国家、城市、区域、企业、产品等品牌价值评价结果,以及建设发展指数等研究成果,逐步提高公信力,争夺品牌建设的国际话语权。

---

① 杨谨莹:《论互联网+时代的品牌发展》(http://www.cqn.com.cn/zt/content/2016-07/07/content_3121648.htm)。

第五章
合规经营

"合规经营"是一个古老而常新的问题。在合规治理方面,发达国家和国际组织已有大量实践。早在20世纪70年代,美国就制定了《反海外腐败法》。全球金融危机以来,国际合规治理出现了新的趋势,各国的合规监管、对合规治理的全球合作不断加强。近年来,随着中国企业大举走出国门,"合规"成为中国企业适应全球竞争新规则和新方式的必由路径,是全方位"走出去"的关键所在。从树立主动合规意识,培养企业合规经营文化,到建立专门的合规部门,构建合规管理制度体系,再到保证合规管理制度落地执行,由此可见,企业合规管理体系建设是一个系统工程。

合规警钟长鸣

"合规"一词源于英文"Compliance",是企业在经营活动中遵守所在地的法律法规和监管规定;遵守企业内部规章;遵守职业操守和道德规范。"合规风险"来自于《新巴塞尔协议》,是指银行未能遵循法律法规、监管要求、规章、自律性组织制定的有关准则、已经适用于银行自身业务活动的行为准则,而可能遭受法律制裁或监管处罚、重大财务损失或声誉损失的风险。虽然合规风险最早来源于《新巴塞尔协议》,但是,合规风险不只存在于金融系统中,也存在于其他所有的商业活动中。

百年银行的倒闭[①]

"无论一个企业在本国经营地多么出色,当它们在投资那些司法体系有别于本国的其他国家的时候,它们就有可能因为合规与法律监管问题而遭受重大的损失。"[②]2016 年 5 月 24 日,瑞士和新加坡的金融监管机构 Swiss Financial Market Supervisory Authority("FINMA")和 Monetary Authority of Singapore(新加坡金管局,"MAS")向全球金融和合规行业投下一颗震撼弹:由于严重违反反洗钱法规,总部位于瑞士的私人银行 BSI Bank(以下简称"BSI")被两大监管机构联手判处"死刑"。MAS 宣布,由于 BSI 的新加坡分行严重违反反洗钱法规,MAS 决定取消其商业银行执照。随后,FINMA 表示,BSI 在与丑闻缠身的马来西亚主权基金(1 Malaysia Development Berhad,1MDB)的交易中严重违反了反洗钱法规。BSI 受到了金钱处罚。FINMA 要求 BSI 缴纳 9500 万瑞士法郎的罚金;MAS 要求 BSI 新加坡分行缴纳 1330 万新币的罚金。由于此前另一大瑞士私人银行集团 EFG International 已经提出收购 BSI,因此,FINMA 顺势同意了这一收购,但前提是"BSI 必须在 12 个月内完全解散以及并入 EFG;任何为相关不法行为负有责任的高管不得在 EFG 任职"。这意味着,因为合规问题,一家拥有百年历史的跨国银行轰然倒下。

中国企业合规问题凸显

中国企业要成功"出海",合规经营是最基本的底线。过去经常有媒体报道,一些海外经营的中国企业通过商业腐败和贿赂获得订单或者工程项目,这不仅给企业自身形象带来了负面影响,也给中国企业群体在海外投资

---

① 本案例根据微信公众号"国际合规法律问题实务与观察"的文章"一家百年银行的非正常死亡"整理。
② 尼尔·科博恩,汤森路透亚太地区监管情报专家。

经营带来了负面影响。近年来,随着中国企业大举走出国门,国际合规监管活动中涉及中国的案件越来越多。合规已经成为中国企业的新挑战。

2016年美国司法部《反海外腐败法》执法案件(含不予起诉决定)中,有10宗与中国相关,占比45%;美国证监会的相关执法案件中,14宗涉及中国,占比58%。自1999年起,世界银行即宣布不给"黑名单"内任何涉嫌贪污受贿的国际公司以投标资格,名单内的企业和个人在被处罚期限内禁止承接世界银行自主项目。截至2017年1月31日,尚在该"黑名单"处罚期内的中国企业和个人多达45个。① 按照世界银行的要求,参与世界银行项目的借款人(包括银行贷款的收益人)、银行资助项目下的投标人、供货人、承包人等,在采购和执行世界银行的合同时要遵守道德的最高标准。这个标准包括不得提供、给予、收受,或要求任何有价财物来影响公务人员在采购或合同执行过程中的行为,也不得有欺诈行为。从1999年开始世界银行建立"黑名单"制度。凡是经世界银行认定的企业或个人违反了这一规定就被纳入世界银行"黑名单",给予几年、十几年,甚至永远不得参与世界银行和其他国际银行项目的处罚。②

全球金融危机前后,我国非常重视企业的社会责任和环境责任,在企业文化建设上取得巨大进步,但是,对于最近10年全球企业强化合规的进展我们没有给以充分的重视。根据德勤(Deloitte)公司对约40家中国企业高管的调查显示,在受访的跨国企业中,约五成的企业合规管理职责都由独立部门承担,且拥有独立的首席合规官,能够作为高级管理人员参与到关于企业战略、价值观和文化的高级别讨论中;在受访的中国国有企业中,这一比例仅为17%,国企合规管理职责多由法律事务部门兼任(43%)。在合规管理工作重点方面,在受访的企业中排名前三位的分别是合规管理培训、内部

---

① 德勤(Deloitte):《依法治企 合规经营——国企改革系列白皮书之六》(https://www2.deloitte.com/cn/zh/pages/operations/articles/soe-transformation-whitepaper-issue6.html)。
② 丁继华、王志乐:《强化合规经营,促进中国企业海外投资持续发展》,《中国企业全球化报告(2017)》,社会科学文献出版社2017年版,第145—150页。

合规调查和专业领域合规支持。这与跨国企业合规管理重点存在较大差异。跨国企业的合规管理更为重视投诉和举报渠道的建立、维护,以及举报后续处理工作。同时,对第三方商业伙伴的合规管理也十分关注。在合规管理系统使用方面,有超过 1/3 的企业未使用任何信息系统或工具。相比而言,大的跨国公司正在探索运用大数据和信息化手段收集合规管理信息,分析合规管理成效,开展合规调查等。[①]

"走出去"合规问题不仅会给中国企业造成损失,不利于其进行可持续的全球化发展,同时也对我国的国家形象造成极大影响。在全球化发展的今天,加强合规经营实际上是提升企业竞争软实力的重大问题。在中国企业的全球化之路上,必须要正视全球范围内不断加大的合规反腐的力度,通过建立起完善的合规管理体系,培育植根于企业员工的合规文化,化解合规风险。

全球合规治理浪潮

企业在海外面临的合规风险加大并不是中国企业独有的现象,其他国家,包括发达国家的企业,因违规而被列入世界银行"黑名单"的也很多。世界银行"黑名单"始于 1999 年,在前 10 年名单上一共有 96 个案例,2009 年以来被处罚的企业和个人达到 654 个。合规经营的失败,将会给企业的声誉、效益等带来重大损失,甚至关系到企业的生死存亡。近年,全球兴起了强化合规管理的潮流。公平竞争、反舞弊、反腐败、反垄断、反洗钱、环境保护、产品和服务质量等合规要求已经成为全球立法和监管的趋势。

---

① 德勤(Deloitte):《依法治企 合规经营——国企改革系列白皮书之六》(https://www2.deloitte.com/cn/zh/pages/operations/articles/soe-transformation-whitepaper-issue6.html)。

国际合规治理新趋势

多年来,国际组织积极推动建立跨国公司行为规范。早在 1976 年,经济合作和发展组织(OECD)就出台了《OECD 跨国公司行为准则》。近年来,该组织积极推进企业从事"负责任的商业行为",即不仅要求企业承担经济、社会和环境责任,而且包括反对商业贿赂以及遵守企业道德等方面的要求。2000 年 7 月 26 日,全球契约在联合国总部正式发起。全球契约要求各企业在各自的影响范围内遵守、支持以及实施一套在人权、劳工标准、环境及反贪污等四方面的十项基本原则。[①]

表 21　　　　　　　　部分国际国内合规经营监管政策

法律和文件名称	内容及特点
英国《2010年反贿赂法案》	·防止贿赂失职罪:员工、子公司、其他第三方出于公司利益而实施贿赂,无论发生在英国还是国外,公司都会受到指控,只能借助"充足程序"抗辩。 ·充足程序:证明具有充足的合规程序,能够有效预防贿赂发生。
美国《海外反腐败法》	·1977年制定,1988年修订,禁止商业机构或个人(不限于美国企业)为获得或保留业务向外国官员行贿。 ·降低处罚方式:证明企业存在有效的合规制度,自愿披露、积极合作与认罪。
世界银行"黑名单"制度与《诚信合规指南》	·不给任何涉嫌贪污受贿的国际公司投标资格,禁止其参与由该行自主的所有项目。 ·制定并实施符合世界银行要求的合规诚信体系是提前终止、终止或有条件免于制裁的主要条件。
经合组织《税基侵蚀和利润转移计划(BEPS)》	·根据"利润在经济活动发生地和价值创造地征税"这一总的原则,将对跨国企业海外业务整体组织架构和商业模式产生重大影响。 ·以往,跨国企业常常在投资母国和被投资国之间安排一家或多家设立在低税率或零税率地区中间控股公司,跨国公司将大量的利润转移至这些低税率的地区,这一做法将不再行得通。
联合国全球契约十项原则	·自2000年7月26日联合国总部发起的全球契约正式实施以来,包括人权、劳工、环境和反贪污等4个方面的十项原则在全球企业界得到认同并持续推广。其中第10项原则就是:企业应当反对各种形式的腐败,包括敲诈勒索和行贿受贿。

---

① 王志乐、丁继华:《走向世界的中国跨国公司 2012》,中国经济出版社 2012 年版,第 59 页。

续表

法律和文件名称	内容及特点
国际经济合作和发展组织（OECD）《OECD跨国公司行为准则》	·1976年出台，2001年修订的《OECD跨国公司行为准则》，规定了10项指导原则，其中第六项以"打击贿赂"为题，专章规定了跨国公司在打击贿赂方面的行为准则。
国际标准化组织（ISO）的《合规管理体系指南》（国际标准ISO19600）	·该指南于2014年出台，指出，致力于长远发展的组织需要维护诚信与合规的文化，并考虑利益相关方的需求和期望。就此而言，诚信和合规不仅是组织实现成功和可持续发展的基础，还是机遇。重要的是，该指南还为各类组织如何建立、发展、实施、评估、维护和改进一个有效和及时响应的合规管理体系提供了指引。
我国《关于全面推进法治央企建设的意见》	·要求按照全面依法治国的战略部署，全面建设法治央企的工作。 ·强化依法合规经营，健全依法决策机制，依法参与市场竞争，依法开展国际化经营，严格按照国际规则、所在国法律和我国法律法规开展境外业务。
我国《关于建立国有企业违规经营投资责任追究制度的意见》	·第一次提出建立重大决策终身责任追究制度及责任倒查机制，明确了违规经营投资责任追究工作的9大方面54个雷区。 ·国有企业经营管理有关人员违反国家法律法规和企业内部管理规定，未履行或未正确履行职责造成国有资产损失以及其他严重不良后果的，应当追究责任。

来源：根据德勤（Deloitte）报告整理。

当前，国际合规治理出现了新的趋势。最明显的就是各国的合规监管不断加强，尤其是发达国家对于企业合规的监管日益严格。

美国在1977年制定了《海外反腐败法》，并在1988年、1994年和1998年等做了多次修改。2010年，美国发布《多德—弗兰克华尔街改革与消费者保护法》，规定如果证明举报者提供的信息真实存在，举报者可以获得奖励，奖励金额度为所举报公司受罚金的10%—30%。通过检举举报制度的创新，给美国证交会带来了更多的执法诉讼，从而加大了对跨国公司的商业腐败的打击力度。

英国于2010年4月通过了《反贿赂法》，2011年7月1日开始实施，被认为是在反腐方面最严厉的法案。该部法律规定了一般性贿赂罪、贿赂外国公职人员罪和商业组织防止贿赂失职罪三种罪名。其中的商业组织防止贿赂失职罪不但超越了国家地域的限制，还扩大了打击范围，从公共部门扩大到了私营部门，从行贿公司扩大到受贿的外国官员，将商业组织预防贿赂的职责上升到了法律层次。

不仅传统的合规监管国家如美国和欧洲的国家，继续坚持实施有力的监管政策，一些新兴国家的合规监管亦日趋严格。例如，2014—2017年，巴西与数十个国家达成183项国际反腐合作协议，启动了1765项调查程序。2017年5月，巴西政府对肉业巨头JBS公司就贪腐事件处以创纪录的103亿雷亚尔（约32亿美金）处罚。巴西最大的建筑商奥德布雷赫特公司，因在多地的工程项目中行贿而受到多国政府调查，该公司已经向巴西、瑞士、美国当局支付了26亿美元的罚金，且不得不与阿根廷、智利、哥伦比亚、厄瓜多尔、墨西哥、秘鲁、多米尼加共和国、委内瑞拉、巴拿马和葡萄牙等其他国家的监管机构谈判签署认罪协议。[1]

发达国家打击海外腐败的法律本就非常严格，近年又增大了对企业贿赂的打击力度，同时，企业有无合规体系逐渐成为受制裁和解除制裁的前提条件。美国的《反海外腐败法》和英国的《反贿赂法》是按照"长臂"法律的原则，对中国在英美等国上市的企业、英美等国企业在中国设立的子公司、代表处及其雇员，乃至通过英美银行转账的中国企业进行管辖。

全球金融危机以来，除英美等发达国家外，联合国、OECD、世界银行，以及国际标准化组织等国际组织在全球范围加大企业合规的监管力度。OECD理事会于2009年12月26日通过了《关于进一步打击国际商业交往中贿赂外国官员的建议》。2011年5月底推出了新修订版OECD《跨国公司行为准则》，此次最重要的修改在于强化供应链合规管理。[2] 2012年2月18日通过了《内控、道德与合规最佳行为指南》。

各国对合规治理的合作在全球范围得到了加强。例如，行贿"黑名单"作为合规管理的重要工具，已被纳入到全球信用管理体系中，并以此作为对企业或对国家的信用评价标准。政府间国际执法合作不断发展，越来越多的国际组织积极促进世界范围内建立广泛的反腐败联盟。

---

[1] 康义、周显峰、黄思哲、刘臻：《如何突破海外项目合规管理的"三道关卡"》，《国际工程与劳务》2018年第4期。

[2] 王志乐、丁继华：《走向世界的中国跨国公司2012》，中国经济出版社2012年版，第59—60页。

跨国公司合规建设实践

伴随着国际合规治理的新趋势，企业间的竞争规则也发生了深刻变化。在经济全球化浪潮的推动下，企业从跨国经营向全球经营转变，全球企业要求履行全面全球责任，推动合规反腐，强化企业合规文化，从而改变了企业全球竞争的规则。全球企业间的竞争已从过去以技术、产品优势竞争为主上升到以公司责任理念及道德水准为核心，通过负责任的商业行为整合全球资源才能赢得成功。强化合规经营已成为全球企业发展的一个新趋势。[①] 发达国家的企业普遍建立了自己的合规管理体系，并通过对员工进行合规方面的培训来加强企业的自律行为。

西门子：从深陷危机到成为典范

西门子公司曾经因为商业腐败案收到全球最大商业贿赂罚单，而后经过努力，成为跨国企业中合规经营的典范，连续多年获得道琼斯可持续发展指数最高分。

创建于1847年的西门子公司，一直享誉全球。直到2006年，经历了其历史上最黑暗的时刻。2006年11月，西门子公司特大贿赂案曝光。2007年2月3日，美国司法部就西门子贿赂案进行调查。2007年4月23日，西门子监事会主席冯必乐辞职。2007年8月，西门子贿赂案波及中国。2008年5月27日，西门子贿赂案调查范围扩大到10多个国家。2008年底，西门子以13亿美元的天价与美国和德国政府分别达成和解协议。这家百年老店身陷史无前例的危机当中。面对信誉危机和由此引发的财务危机，西门子开始了一套庞大的合规重建工作。

---

① 王志乐：《我国企业"走出去"与合规经营》，《国际经济合作》2012年第11期。

当前，西门子已经建立了一整套体系，成为合规经营和商业透明度方面的全球领导者。西门子将合规计划实施的愿景定为"保护西门子公司的正直诚信的良好企业声誉；减少企业风险；利用企业受指控的机会，建立最好的全球合法合规的执行团队"。为此，西门子首先设立了全球性的合规管理和执行的组织，如首席检察官、首席合规官、地区合规官。合规组织独立于各业务部门存在，并对所有业务部门进行监督和指导。该合规组织的最上层为首席合规官，负责领导西门子在全球的合规部门，并向监事会的审计委员会、公司执行委员会和管理委员会汇报；其次是由专家律师组成的总部合规办公室，负责公司所有刑事和行政的调查工作，向首席合规官汇报工作；然后是集团和区域合规官，分布在各业务集团和全球各地区公司中，负责各自范围内的合规事宜，并向首席合规官报告工作。

西门子合规管理体系包括防范、监督和应对三个方面。防范是通过员工培训、合规工具的应用及政策与流程的设定，预防合规事件的发生。监督是通过合规调查、合规审查和合规控制等，对事件进行早期识别。应对是对可疑事件实施合理应对措施。同时，根据企业的发展和环境的变化，西门子对合规体系持续进行改建和优化。

在西门子重建合规体系的初期，有些人对此表示怀疑，认为会造成订单下降、利润减少，但是，通过合规计划的实施，最终证实这将对公司全球业务带来深远的良好影响。西门子合规管理体系也为其在华业务的持续稳定发展做出了巨大贡献。正如西门子全球合规官所言，"我们只做廉洁的业务，如果我们认为环境不干净，我们宁愿选择放弃。"[①]

合规经营　坚守诚信

随着国际组织以及国家、行业组织等多方面的合规监管力度日趋严格，

[①] 陈志华：《企业跨国经营的合规风险防范研究——以西门子公司为例》，中山大学硕士学位论文，2012年。

对企业合规管理能力及建设提出了更高要求，企业依法合规经营已经成为当今企业治理的国际趋势。中国的企业也应顺应这一趋势，充分认识建立合规制度、强化合规经营的重要性，努力建设和实施符合国际标准的合规经营体系。

中国企业合规经营探索

"走出去"的中国企业越来越重视合规管理，一批中国企业在合规制度建设方面已有所成就。

中国石油企业逐步摸索搭建出合规管理的整体架构。中国石油天然气集团公司为有效防控合规风险，保障公司依法经营、健康发展，制定了《中国石油天然气集团有限公司合规管理办法》。将集团公司和所属企业主要领导作为合规管理第一责任人，对合规管理负总责。人事部门负责将合规培训纳入培训计划，将合规评价结果作为干部任免、考核奖惩的依据之一。我国石油企业逐步搭建起了合规管理、分级管理、全员参与、各司其职的整体架构，在企业总部及所属各单位分级建立健全合规管理制度，建立日常合规管理信息沟通机制，在全公司、全员范围内培育道德诚信的合规文化，有效应对了石油企业"走出去"面对的合规风险。

中国交通建设股份有限公司，目前已经建立起一整套完备的，既结合国际最佳实践、国际社会要求，又融合公司合规管理现状、海外业务特点及市场环境的"1+7+8"个海外业务合规风险管理体系，搭建了合规风险分级审批管理、工作传达与沟通、监督整改三大合规经营机制。结合公司海外机构设置情况，搭建了中国交建海外事业部、子公司总部、驻外区域中心、驻外国家机构四层级的海外合规管理架构，任命并确认了各层级合规官及合规人员。围绕制度体系的实施，形成了运作良好的闭环保障体系。目前，中国交建的海外合规业务管理体系已经在非洲全境 40 多个国家的驻外机构扎实推进，并正进一步向全球驻外机构推进。

中国电力建设集团[①]工程项目布局海外多个国家和地区，在海外合规经营方面拥有大量的实践经验，"合规经营是企业可持续发展的根本"的理念已融入其企业发展的文化和战略之中。中电建注重文化融合，例如，在缅甸的项目运营中，中电建对管理人员和工作人员提出，"只要去佛塔，不管是什么时候什么地点，一定要脱鞋脱袜子"，这是对当地文化的尊重。

民营企业方面，吉利控股集团在进行跨国并购实现全球化发展的过程中，注重培育合规文化。吉利从识别和评估企业存在的合规风险入手，建立了合规制度体系，完善了合规运行机制，为企业可持续发展创造了条件。

独行快，众行远。目前，国内一些企业和研究机构以"如何实现共同合规"为愿景和目标，开启了联合行动的先河，在推动合规体系建设方面做出了诸多有益尝试。例如，上海华东师大建立了合规研究中心，深圳建立了跨国企业合规研究院，北京新世纪跨国公司研究所建立了合规俱乐部和合规管理顾问委员会。

中国不断引导企业强化合规管理

中国政府高度重视合规管理体系建设，要求企业在国际化经营中牢固树立规则意识，遵守所在国法律法规。从2006年《商业银行合规风险管理指引》到2018年《企业海外经营合规管理指引（征求意见稿）》，一系列强化企业合规经营的法律、政策、文件相继出台，为中国企业海外发展指明了方向。

中国最早与国际组织合作推进合规反腐工作的是金融管理部门。2006—2007年，银监会和保监会先后出台了《商业银行合规风险管理指引》《保险公司合规管理指引》。之后，合规管理从金融业扩展到其他领域，并对境外

[①] 中国电力建设集团是全球能源电力、水资源与环境、基础设施及房地产领域提供全产业链集成、整体解决方案服务的综合性特大型建筑集团，主营业务横向跨越国内外能源电力、水利、铁路（地铁）、公路、机场、房屋建筑、水环境治理、市政基础设施及大土木、大建筑多行业，纵向覆盖投资开发、规划设计、工程承包、装备制造、项目运营等工程建设及运营全过程。

企业合规经营提出了明确要求。

2014年11月，亚太经合组织部长级会议通过了《北京反腐败宣言》，这是首个由中国政府主导起草的国际性反腐败宣言，集中反映了各经济体针对APEC反腐败合作重点以及未来的发展方向所达成的共识，包括《亚太经合组织预防贿赂与反贿赂执法准则》《亚太经合组织高效公司合规项目基本要素》等文件。后者专门探讨企业如何通过强化合规体系抵御商业腐败的冲击，其提到的"基本要素"是对众多全球型企业强化合规的经验和教训的总结，对于我国企业强化合规和反对商业腐败有重要的参考和借鉴意义。"基本要素"对企业强化合规提出了系统的简明扼要的建议，共包括11项。

会议还肯定和支持在企业内推进《亚太经合组织企业自愿和有效的合规项目之基本要素》建设，该文件对企业强化合规提出了系统的简明扼要的建议。

表22　《亚太经合组织高效公司合规项目基本要素》的11项基本要素

基本要素	解释
开展风险评估	这是因为旨在发现和制止腐败行为的有效的合规项目应当以风险评估作为基础。
管理层的全力支持和参与	合规项目的各个要素需要得到高级管理人员和公司内部各个层面的管理人员的全力支持和参与。管理层对项目的完全信守和支持表明企业上下对合规文化的承诺。
制定和遵守书面的公司行为准则	制定和遵守书面的公司行为准则
建立合规管理组织架构	根据企业的规模大小，执行合规项目的可以是单个人或者一个由合规/道德官组成的团队。
提供反腐败培训、教育讲座和持续指导	合规项目的全面成功取决于在公司内部各个层面以及针对业务伙伴推动法律和道德培训和认证。
开展基于风险和详尽记录的尽职调查	合规风险不仅来自企业自身，而且来自企业的供应商等商业伙伴。为了确保合规项目的高效率和有效性，企业需要基于风险开展迅速全面的尽职调查并予以详细记录。
审计和内部会计控制	内部会计控制体系的审计和监控有助于提早发现错误和不当行为（例如，贿赂、欺诈或其他违法行为），推动建立高效的合规项目。

续表

基本要素	解释
合规机制和报告要求	企业行为准则的执行是很关键的。如果仅有各项制度，而没有健全的运行机制，这些制度很容易形同虚设。
激励	企业应当确保在公司的各个层面提供合规激励，鼓励和积极支持员工遵守和维护反腐败（包括贿赂）项目。
惩罚	企业应当确保各级员工都明白，违反合规政策、程序和反腐败法规会受到轻重不等的纪律处罚，例如，按照相关法律的规定，可能会内部通报纪律处分，甚至可能被解除劳动合同。
定期审查和测试	随着企业的业务发展和变化，合规项目必须随之发展和变化。企业必须不断地审查、更新和改进自己的合规项目，确保项目的高效率，能够应对企业不断变化的风险状况。

资料来源：根据公开资料整理。

2015年，国务院国有资产监督管理委员会印发《关于全面推进法治央企建设的意见》，强调"着力强化依法合规经营"是一项重要的工作内容，并选择了中国石油天然气集团有限公司、中国移动通讯集团公司、中国东方电气集团有限公司、招商局集团、中国中铁股份有限公司五家央企开展合规体系建设试点工作。依法合规经营成为央企在"十三五"期间的重要法治任务之一。这为国资委在全部央企和地方国企推进合规管理体系建设提供了基础，为全国工商联积极推进民营企业合规管理体系建设提供了参考。此后，《关于建立国有企业违规经营投资责任追究制度的意见》《民营企业境外投资经营行为规范》先后发布，引导国企、民企依法合规诚信经营。

2017年5月23日，习近平总书记主持召开的中央全面深化改革领导小组第三十五次会议通过了《关于规范企业海外经营行为的若干意见》，会议强调，要加强企业海外经营行为合规制度建设。12月29日，由中国标准化研究院牵头制定的GB/T 35770—2017《合规管理体系指南》国家标准经国家质量监督检验检疫总局、国家标准化管理委员会正式批准发布，并于2018年7月1日起实施。

为更好地服务企业开展海外经营业务，推动企业持续提升合规管理水平，国家发改委会同有关部门和单位形成了《企业海外经营合规管理指引》，并于2018年7月5日发布关于《企业海外经营合规管理指引（征求意见稿）》公开征求意见的公告。《企业海外经营合规管理指引（征求意见稿）》主要包括总则、合规管理目标和要求、合规管理组织架构、合规风险识别与评估、合规管理制度体系、合规管理运行机制、合规评审与改进、合规文化培育等八部分，围绕"合什么规""怎么合规"等主要问题给出指引。该指引提出，企业开展境外投资，应严格遵守国内法律法规和监管要求，同时遵守业务所涉国家（地区）政府关于外资准入、贸易管制、国家安全审查、行业监管和反垄断申报等方面的法律法规和监管要求，确保合理有序开展境外投资活动，防范和应对境外投资风险，实现境外投资阶段全流程的合法合规。

企业合规建设刻不容缓

"合规"已经成为中国企业适应全球竞争新规则和新方式的必由路径，是全方位"走出去"的关键所在。国际经营合规风险防范是企业全面风险管理的重要组成部分，是企业国际化持续稳健发展的内在要求。"走出去"的中国企业要想实现可持续发展，必须建立并实施符合国际标准的合规体系。合规管理是一个完整的系统工程，涉及企业经营的各个方面。企业应将合规管理作为一个整体来考虑，将内控、法律、财税、信息管理等各方面的风险考虑在内，由高层统筹规划，将合规要求纳入各项具体业务流程中，建立法律、合规、风险、内控一体化管理平台。

树立主动合规意识

中国企业在海外经营时，一直以来对合规风险都不够重视，导致合规问题时有发生。为避免合规风险，全企业上下都应形成合规的理念和意识，尤其是企业的高层管理人员。比如中国海洋石油总公司积极强化合规经营，公司领导亲自开展"依法合规运营、廉洁自律从业"专题教育，进行专项效能监察动员，在全体员工中牢固树立了依法合规经营、廉洁从业的经营理念。①

通过对国外跨国公司和我国企业的案例进行分析，我们可以发现，企业高层管理人员对合规的重视，是企业强化合规管理的必要条件，当企业董事会和高管层做出表率，合规管理才能有效执行。根据德勤的调研，高层态度对于合规文化的重要性受到了受访企业的一致认同，高达74%的受访者认为"高级管理层积极宣贯合规文化、履行合规要求"是培育合规文化的最重要因素。②未来，通过从高层管理层培育合规意识，将合规融入企业的文化之中，中国企业在全球企业强化合规管理的潮流中，完全可以依据自身条件实现合规管理，从而促进企业合规经营水平的提升，增强企业全球竞争的软实力。

培养企业合规经营文化

文化就应渗透进每一个员工心中，要让每个员工意识到合规建设是公司经营发展不可缺少的一环。"合规是公司战略的基石"，企业是否具有合规文化非常重要。只有从企业管理层到企业员工都认识到诚信与合规的重要性，并自觉将合规体现在企业战略以及具体的各项工作中，企业才能真正实现合规经营。要培育整个企业的合规文化，使合规的理念深入人心，从而做到人人参与合规建设，自觉维护合规制度。

中国企业形成合规文化的一大挑战在于如何战胜潜规则文化。中国的传统文化讲究人情和关系。人们的处事习惯讲究变通。从积极方面看，讲人情和关系，注重变通往往使企业灵活应变；但是从消极方面看，这些习惯极易使人们超越底线而违规。"潜规则"是合规的天敌。消除"潜规则"文化，

---

① 王志乐、丁继华：《走向世界的中国跨国公司2012》，中国经济出版社2012年版，第63页。
② 德勤（Deloitte）：《依法治企　合规经营——国企改革系列白皮书之六》(https://www2.deloitte.com/cn/zh/pages/operations/articles/soe-transformation-whitepaper-issue 6.html)。

构建合规文化，企业需要长期持之以恒的努力和积淀。

有的企业以合规文化为基础。吉利控股集团是较早意识到建立诚信合规的企业文化对促进公司在全球化发展中持续稳健经营有重大意义的民营企业。李书福认为，合规是企业可持续发展的前提，是全球经济相互依存、依法竞争的关键，也是人类经济社会不断进步的游戏规则。可以说，吉利把合规看成企业的基本生存之道，承担社会责任的基本前提，建设全球型企业文化的重要手段。李书福要求，吉利要走向全球，必须合规。他说，"企业要想在全球化中取得发展……（要考虑）怎么在一条合规的道路上走得更远。合规就像是在公路上一样，如果你想开车，既要了解交通规则，还要遵守交通规则，还要提高自己的驾驶水平，这样才不会发生交通事故，才能达到企业的战略目标，这样企业才能走得远。否则的话，企业不知道什么时候发生了什么问题，一下子翻车了，这样企业就没法发展了。"吉利分步骤、分阶段地实施着合规文化建设，第一步是对全公司面临的合规风险进行识别；第二步是建立起覆盖全公司各层级员工和业务线的合规管理制度体系；第三步是建立保障合规管理运行的管制机制；最终，以持之以恒的精神和不断完善的决心促进公司形成诚信的合规文化。

建立专门的合规部门

关于合规管理体系的建立，首先就是成立合规部门。在实践中，很多企业采取了权宜之计，往往由一两名具有法务经验的负责人，以及从公司各个部门抽调过来的合规人员组成公司合规部门。这些合规人员可能来自财务部门，甚至业务部门，某些企业的合规人员甚至是在保留原岗位工作的情况下兼职参与合规部门的工作。应该说，这样的解决方式短时间内有一定的作用，但从长远来讲不足以应对企业合规工作的需要，难以实现全面落实执行企业合规制度的合规建设目标。企业应当尽快建立起一个专职的、专业的合规部门。[①] 企业应从战略层面赋予合规部门清晰的使命、内控框架、角色职能。保证合规部门的独立性,合规部门向高级管理层或董事会直接报告,给予合规部门不受干扰独立工作的权利。

与传统的公司法务业务不同,合规部门需要在整个公司内部贯彻实施合规制度,监督公司业务部门的工作,因此合规部门在组织架构上较传统的法务部门需要更多的人员。对于合规管理,企业各业务部门乃至整个企业员工的配合非常重要。合规部门不同于一般的业务部门,其工作内容往往是给其他部门"找麻烦",因而很容易遭受来自其他部门的抱怨和指责。因此,企业应提高合规部门在公司内部的地位,至少由一名企业高层领导担任首席合规官,并赋予下层合规人员直接汇报的权限。

构建合规管理制度体系

建立和健全企业的合规管理制度非常重要。根据英美等发达国家反商业腐败的司法实践,只有那些能够举证证明自身已经建立了"完善的合规管理制度"的企业,面临该问题时才可以免责。企业要制定适合本企业的合规管理制度。

建立健全合规管理体系,首先要进行调查研究,识别合规风险。对企业经营的重点业务地区,特别是地缘政治冲突地区和腐败高发区作为调查研究的重点地区。对企业经营的重点业务领域,特别是与政府审批监管密切的业务领域作为调查研究的重点领域。对企业内部的重点业务部门,如财务、销售、采购等部门作为调查研究的重点部门。对重点业务环节,如礼品、招待、慈善捐助等作为调查研究的重点环节。总之,把企业经营中合规风险大的地区、领域、部门和环节作为调研的重点。在调研基础上进行识别与评

[①] 康义、周显峰、黄思哲、刘臻:《如何突破海外项目合规管理的"三道关卡"》,《国际工程与劳务》2018年第4期。

估，发现企业存在的合规问题以及蕴含的合规风险。[1]

以风险为导向，制定合规管理制度。合规管理制度为企业及其成员提供行为上的指引和规范，是合规管理实施的基础和依据。针对合规反腐重点业务地区、重点业务领域、重点业务部门发现的风险制定专门制度，例如销售和采购等部门、高冲突国家等腐败风险高发区的合规规定。针对合规反腐重点业务环节制定具体制度纳入公司员工行为守则，比如好处费、加速费、礼品、招待费、促销费、慈善捐助等方面的规定。针对利益输送的风险制定避免利益冲突的制度。[2]

保证合规管理制度落地执行

建立起合规部门和合规制度之后，企业接下来需要做的就是对合规制度的宣贯和实施。在建立合规管理制度的基础上，还需要协调管理职能和资源配置、强化合规职责及其组织领导。首先要明确决策层和最高管理层在合规管理方面的职能，解决合规管理工作中的权力配置问题。合规职责的落实需要以合规部门与组织内、外部机构的有效沟通协调为保障。当然，领导者作为"关键少数"，其示范带头作用是加强合规职责的关键，对于树立合规管理理念、推动合规管理体系的建立和运行起到关键作用，领导者在履行各项合规要求中应作出表率。

合规管理制度的真正实施，还需要推进四个方面的运行机制，即全面的培训机制、严格的考核机制、通畅的举报机制和有效的查处机制。培训、考核、举报和查处四大机制能否顺利运行，在很大程度上取决于企业最高领导层是否以身作则推进合规。因此，保障合规机制顺利运行的核心是，企业领导层以身作则地积极推动合规。

---

[1] 丁继华、王志乐：《强化合规经营，促进中国企业海外投资持续发展》，《中国企业全球化报告（2017）》，社会科学文献出版社 2017 年版，第 155 页。

[2] 同上书，第 156 页。

没有一成不变的合规体系。合规体系的建立，还需要随着时间、所在国家法律法规的状况、新情况的出现进行不断地调整和完善。管理层应考虑企业面临的合规义务的变化情况，不断调整合规管理目标，督促组织根据合规管理目标对合规风险管理措施进行更新，以保障企业能够满足内、外部合规管理要求。

在新的全球化发展趋势下，在全球加强合规治理的大环境下，中国企业"走出去"应重视合规管理，积极借鉴成功跨国公司的合规管理经验，同时结合自身的特点，建立起高效的合规管理体系。这样仅可以避免企业当下的风险，而且还可以提高企业核心竞争力，获得持久发展的机会。

第六章
社会责任

　　世界经济一体化浪潮澎湃，中国企业也成为全球产业链中不可或缺的一环。改革开放之初，中国企业主要通过承接全球产业链的加工组装环节，通过贴牌代工等方式参与全球分工。彼时，为了保持与知名跨国公司的合作关系，中国企业不仅需要按照其技术标准进行代工生产，还需要遵守其供应链社会责任管理的要求，履行社会责任。改革开放40年来，中国企业成长迅速，在国内市场日趋饱和的压力下，许多成熟的中国企业开始"走出去"。与代工生产时代被动履行社会责任不同，走出国门的中国企业面临的是更加复杂的企业社会责任环境，各类规则、标准层出不穷，在社会责任的管理、披露和沟通等方面面临着重大挑战。但时代不允许中国企业停下全球化的脚步，如何在国际化经营中做好社会责任建设已经成为了中国企业全球化之路上的重大课题。中国企业必须思考如何回应各利益相关方期待，履行社会责任，打造负责任的全球企业。

社会责任的国际浪潮

　　中国企业可以通过负责任的企业行动，支持我们的地球、我们的社会和我们的集体安全，为中国这个伟大的国家和世界各地实现可持续发展和繁荣的未来奠定基础。

—— 联合国前秘书长　潘基文（Ban Ki-Moon）

社会责任概念发源于 20 世纪初的美国，有关其内涵的争议自 20 世纪 30 年代的"贝利—多德论战"延续至今仍未有定论。在概念诞生之初，企业社会责任一词被开创者们用于概括企业除了利润最大化目标之外的责任与义务。[1] 也就是说与传统企业观不同，企业社会责任理论家们认为追求股东利润最大化并非企业的唯一目的，在这之外还有一些与利润无关的义务有待履行，即企业的社会责任。利益相关方理论是当前学界、业界对企业社会责任的主流理解，这一理论中的企业社会责任即企业在其经营活动中，除了对股东、债权人和其他业务对手方负有法律责任之外，还对其员工、消费者、社区和环境等利益相关方负有责任。这要求企业不仅重视自己的经营和财务状况，还要对其经营活动所涉及或影响到的员工和消费者权益保护、环境保护和社会发展做出贡献。[2]

当世界变得越来越平，资本、商品、技术等要素的加速跨国流动为全球经济带来了空前活力，但与此同时，资本的强势与追求利润的"天性"也带来了劳资分配不平衡、环境恶化等问题。跨国公司及其背后的资本通过全球化运营获取了令人吃惊的超额利润，而劳动者工资和劳动条件、自然环境与资源则成为利润的牺牲品。劳工工资待遇增长缓慢，劳动条件简陋，气候变暖与环境恶化，自然资源遭到过度开发和浪费等问题的逐渐激化使得国际社会越发认识到企业社会责任应当引起广泛重视。20 世纪初国际社会有关企业社会责任的第一轮讨论，即由资本扩展造成的贫富分化等社会问题激起。两次世界大战和"冷战"的紧张局势让这一话题关注度有所下降，但自 20 世纪 80 年代开始，经济全球化的繁荣和其引起的劳工、环境等问题在世界各国间再次掀起"企业社会责任运动"。这场运动演变至今，已逐渐成为一股全球化的潮流。在这一潮流里，跨国公司、政府间国际组织、非政府国际组织等行为体都扮演着重要的角色。它们创造的各类标准、惯例、原则共同组成了当下全球企业社会责任规则体系，塑造着未来全球企业社会责任体系的发展方向。

---

[1] 卢代富：《国外企业社会责任界说述评》，《现代法学》2011 年第 3 期。
[2] 中华全国工商业联合会：《中国民营企业社会责任研究报告》2014 年 3 月。

监管与自律

跨国公司是全球化经济的主要推动者，它们的"研发设计→生产加工→销售服务"全球产业链布局广泛调动了世界各地的生产要素，实现了各个生产环节有效的全球资源配置。但跨国公司主导的全球价值链分工结构也使企业追逐利润的商业本质得到了最大程度的发挥。"二战"结束后，政府制定规则并进行监管，企业自行以"平等谈判"的方式组织资本、劳动力、原料等生产要素进行生产的模式一直主导着全球市场。但是随着全球化逐步深化，国家对全球产业链和跨国企业全球经营的监管治理能力逐渐下降，跨国公司在与劳动力提供方、原材料供应商谈判过程中逐渐占据了强势地位。便利的全球化运营条件让跨国企业可以轻而易举地规避许多发达国家的有关法规约束。为了追求更高利润，强势的跨国企业往往在谈判中对劳工、供应商和其他利益相关方提出苛刻的条件，供应商也往往将这些苛刻条件传递下去，最终引发劳工、环境等方面的社会问题。

在主权国家对企业社会责任的监管治理方面，欧美国家普遍并未采取立法方式对企业做出强制性要求，相反，履行企业社会责任被普遍认为是自愿的行为，应当由企业自发进行。相比之下，亚洲和拉美国家有更多社会责任法律规制，但其往往是针对与本国特色有关的议题，如巴西十分强调雨林保护，依靠劳动密集产业的亚洲国家对劳动保护的强调。此外，由于企业社会责任的特殊性质，诸如印度《公司法》（2013）第135条[①]等许多具体规定还饱受争议，在立法与执行过程中面临着巨大阻力。事实上，主权国家通过法规政策对跨国公司施加的管制远不如国际组织、跨国公司、非政府组织等行

---

① 要求在任一财年资本净值达到50亿卢比（约8300万美元）及以上、或营业收入达到100亿卢比（约1.6亿美元）及以上者，或最近三个财政年度平均净利润在5000万印度卢比（约83万美元）以上的公司，应在董事会下成立包括一名独立董事在内的企业社会责任委员会（CSR Committee），并将前三年平均利润至少2%用于企业社会责任支出。

为体共同构建的社会责任治理体系有效。

20世纪90年代，此起彼伏的"血汗工厂"和使用童工丑闻使得许多大型跨国公司面临着前所未有的舆论压力，席卷西方发达国家的"反血汗工厂"运动对企业声誉和经营活动造成了极大影响，也推动了跨国企业开始进行社会责任自律。著名牛仔服装品牌李维斯（Levi's）在1991年被曝光在海外工厂强迫工人在监狱般的工作环境中劳动，这一丑闻掀起了舆论和消费者的强烈批评，李维斯牛仔裤也一时之间成为了"血汗工厂"的代名词。为了挽救品牌形象，回应舆论抗议，李维斯主动为自己制定了生产守则，也与承包商签订了《业务合作伙伴雇佣条款》（*Business Partner Terms of Engagement*），成为了全球第一家自行制定生产守则进行社会责任自律的企业。[1] 1993年，为玩具制造商智高（Chicco）的意大利玩具品牌Artsana代工的深圳致丽玩具厂发生大火，造成87名工人死亡，51人受伤。这一事件与同年发生的泰国曼谷港资开达玩具厂大火一起引起了广泛的关注。涉事工厂为了经济利益，漠视工业安全和工人安全遭到了社会各界的广泛批评。随后意大利公会与Artsana公司制定了以国际劳工组织核心标准为基础的工厂生产守则，要求为其供货的所有工厂严格执行劳工保护标准，保障工人基本的安全与权利。

世界最大的运动品牌耐克在20世纪90年代被广泛视为残忍剥削劳工的典型"血汗工厂"。为了回应"反血汗工厂"人士的批评与抗议，耐克也主动进行改革，在1991年发布了规范承包生产商的行为准则（Code of Conduct）。1996年，耐克还设立了专门的企业责任部（the Department of Corporate Responsibility），成立专职团队负责企业社会责任工作。为了保证承包商行为准则的执行，耐克公司会定期组织验厂，在耐克公司的生产行为准则中，所有的合约承包商都被要求尊重所有雇员的权利，包括自由结社和集体协商的权利。此外，耐克公司还要求其供应链上的所有承包商都为雇员

---

[1] 高峰：《西方企业社会责任运动的兴起与发展》，《安徽农业大学学报》（社会科学版）2009年第5期。

提供"没有骚扰、辱骂或体罚的工作环境",不得对任何雇员加以歧视。为了确保雇员可以理解这些要求,耐克公司还把生产行为守则翻译成了包括汉语、蒙古语、越南语等在内的十几种文字并要求合约承包商在生产场所张贴。

到 2000 年,已经有超过 118 个跨国公司和 92 个行业协会制定了生产守则[①],形成了一场跨国企业主动进行社会责任自律的"企业生产守则运动",议题也从劳资关系扩展到反行贿、环境保护等多个方面。跨国公司的自律自然是好事,但"生产守则"往往是跨国企业参照跨国公司母国的国内法和国际劳工组织标准制定的,企业毫无疑问地会进行取舍并最大程度保护自身利益。作为一种企业内部规章,跨国公司的生产守则在监管较弱的跨国公司经营活动中依赖于公司的自觉履行,除了公众舆论监督外,并没有有效的执行机制,这也是跨国公司自律的局限所在。

编织规则网络

跨国公司的全球化运作使得主权国家在监管时显得力不从心,为了规范和引导跨国公司履行社会责任,超越主权国家限制的政府间国际组织随着全球化的深入也就发挥着越来越重要的作用。早在 1976 年,经济合作与发展组织(OECD)就制定了《跨国公司准则》(Guidelines for Multinational Enterprises),要求签署国政府践行有关经济政策、打击行贿、竞争、税收等方面的政策准则,鼓励企业遵守劳资关系、环境保护、拒绝行贿、消费者保护等方面的行为准则。该准则在 2000 年得到了修订,新版本准则更加强调可持续发展并囊括了国际劳工组织所有核心劳工协议,突出了对企业社会责任的关注。[②] 1976 年,国际劳工组织通过了《跨国企业关于社会政策的三方协议宣言》,建立了政府、雇主和劳工的三方机制以促进全球劳工标准的

[①] 数据来自经济合作与发展组织(OECD)。
[②] 《什么是〈跨国公司行为准则〉》(http://www.csr-china.net/a/zixun/lilun/20140902/1197.html)。

实施与进步。

1992年，联合国环境与发展大会通过了《里约环境与发展宣言》，提出了27项各国环境与发展领域的政策原则。在《世界人权公约》、世界劳工组织的一些核心原则和《里约宣言》的基础上，时任联合国秘书长安南在1999年瑞士达沃斯论坛上提出了《全球契约》，要求企业遵守人权、劳工、环境和反腐败等方面的十项原则。联合国《全球契约》是为企业社会责任而发起的主导型全球自愿倡议，旨在号召全球工商领导人们自愿参与，在企业领域内遵守全球契约原则，促进全球社会在人权、劳工、环境保护和反腐败等方面的进步。至今，联合国全球契约网络已经吸引了来自161个国家的9678家公司参与，发布了逾5万份公共报告。[①] 2008年，时任联合国秘书长人权与跨国公司和其他工商企业问题特别代表约翰·鲁格教授在联合国人权理事会第八届会议上做了报告，系统地提出了"保护、尊重和救济：工商业与人权框架"。该框架在2011年被联合国人权理事会以决议的形式被确定为联合国"保护、尊重和补救"框架指导原则。这一原则明确指出，国家有义务提供保护，防止第三方，包括工商企业侵犯人权，公司有责任尊重人权，(各方)应当为受害者提供更加有效的救济机会。在这一框架下，国家、企业与各方都有机统一起来，跨国企业尊重和保护人权的社会责任也被加以明确。

20世纪80年代以来，国际非政府组织（International Non-Governmental Organizations, INGO）、商贸协会（Business Association，或商业网络Business Network）和独立咨询机构等行为体也逐渐兴起，成为推动全球企业社会责任规范和标准发展完善的重要力量。1987年，雨林联盟（Rainforest Alliance）在美国纽约成立，其目标在通过授予认证要求企业在生产流程中减少环境污染与资源浪费，保护野生动物和保障农民权益。1990年，洁净服装运动（Clean Cloths Campaign, CCC）在荷兰成立，其宗旨在于

[①] 数据来自联合国全球契约官方网站（https://www.unglobalcompact.org/）。

改善服装制造业劳工的工作条件。此后，洁净服装运动迅速扩散到奥地利、比利时、瑞典等其他欧洲国家，并于 1998 年打造了一套适用于服装加工制造行业的劳动行为规范（CCC Model Code），引起了各大知名服装企业广泛的认同与参与。

1997 年，总部位于纽约的社会责任国际（Social Responsibility International）制定了全球首个第三方认证的社会责任国际标准体系 SA 8000。自 2000 年起，国际标准化组织（ISO）就开始准备推出社会责任全球标准，经过十年酝酿，世界上首个社会责任全球标准 ISO 26000 于 2010 年面世，社会责任的发展迈入了全球化的新阶段。SA 8000 和 ISO 26000 两大标准因系统完备，覆盖全面，得到了跨国企业的广泛采纳。直到今天，许多跨国企业的社会责任工作依然采用 SA 8000 和 ISO 26000 两套标准。同样在 1997 年，美国非政府组织对环境负责经济体联盟（CERES）和联合国环境署联合倡议成立了全球报告倡议组织（Global Report Initiative），其关注点主要聚焦于提高全球范围内可持续发展报告的质量与实用性。2002 年，全球报告倡议组织发布了第一版《可持续发展报告指南》，从经济、环境和社会业绩三个角度全面系统地为跨国企业明确了其可持续发展工作的经济业绩、环境业绩和社会业绩指标。此外，商业咨询机构也积极参与企业社会责任标准制定，总部位于英国的全球性咨询机构 AccountAbility 就是一个典型代表，其发布的 AA 1000 系列社会责任原则和执行标准现已被全球业界广泛引用，指导了许多企业的社会责任实践。此外商贸协会和其他非政府的国际组织也制定了许多具有影响力的社会责任守则，比如公平劳工协会（Fair Labor Association）、国际社会责任组织 (Social Accountability Association)、公平贸易联盟（Fair Trade Association）等。

广泛的参与

除了跨国公司、政府间国际组织和非政府组织之外，许多金融机构，甚至高校也积极发挥其影响力,扮演着企业社会责任的推动者角色。在全球金融市场间广泛应用的"环境、社会和治理"(Environmental, Social and Governance, ESG)准则现已成为明晟(MSCI)指数编制和纽约证券交易所、香港联合交易所等多家股票交易所信息披露体系的重要部分。金融市场的"遵守或解释"(Comply or Explain)机制要求企业按照 ESG 准则披露相关表现信息,否则应当解释不披露的原因。ESG 体系提高了企业经营信息的透明度,对金融市场的长期研究也发现 ESG 表现好的企业通常能有更好的财务表现和投资回报。[1]因此,ESG 表现较好的企业往往更受投资者(特别是机构投资者)的青睐,而这也极大地激励了企业自觉践行 ESG 准则,履行社会责任。

此外,具有高度社会责任感的高等院校也是推动企业社会责任进步的一股强大动力。与中国大学不同,几乎所有的知名美国大学都会将商标授权给运动品牌以制作带有学校元素的运动服装和周边产品。由于学生运动服装行业的巨大市场和学校对商标的所有权,高等院校在与运动品牌谈判的过程中有着较大发言权。2009 年,为了抗议耐克在海外的"血汗工厂"中的糟糕劳工条件,华盛顿大学的学生们组织了"学生劳工行动计划"(The Student Labor Action Project)。参加该计划的学生们在校园内游行并到校长办公室示威,要求学校在与耐克签订的授权合同中加入劳工保护条款,还要求耐克允许第三方组织调查其海外工厂。最终,耐克在压力下接受了工人权利协会(The Worker Rights Consortium, WRC)的独立调查。除华盛顿大学外,乔治城大学(Georgetown University)和东北大学(Northeast University)也爆发同样的抗议活动,学校最终要求耐克接受工人权利协会调查,否则将削减或取消商业合作。截至目前,已经有 175 所大学加入了工人权利协会[2],通过大

---

[1] Christopher P. Skroupa, High ESG Performance Translates Into High Financial Performance, Forbes (https://www.forbes.com/sites/christopherskroupa/2017/06/16/high-esg-performance-translates-into-high-financial-performance/#4adfa53cd708)。

[2] 工人权利协会官方网站(https://www.workersrights.org/zh/%E5%85%B3%E4%BA%8E%E6%88%91%E4%BB%AC/)。

学来向跨国运动服装制造商施压已经被实践证明是保护劳工权利的有效手段。

中国企业的社会责任之路

子罕言利,与命与仁。

——《论语·子罕》

源远流长

在中国企业走向全球化的过程中,社会责任也和战略、人才、文化等因素一样,是企业国际化发展和全球化运营的一块重要基石。如果说企业是国民经济的细胞,企业的社会责任就是将企业与整个社会联结起来的神经纽带。在经济全球化的推动下,中国的跨国企业在国际舞台上的企业社会责任实践也是其融入全球经济和社会,为整个人类命运共同体做出贡献的重要方式。

事实上,中国传统文化中也有许多与当下现代的社会责任理念呼应之处。很多中国家庭至今仍留有"天地君亲师"牌位以祭拜,"天地君亲师"五字所代表的是华夏儿女数千年来内心深处的精神信仰,是中华传统文化为现代社会责任理念留下的精神遗产。"天地"二字在中国人心中有着至高无上的位置,体现着中国人对"四时行焉,万物生焉"[1]的自然的敬畏。中国先圣主张敬畏自然,是因为认识到人类的生存离不开天地自然所赐,如《周易》所讲"天地氤氲,万物化醇;男女构精,万物化生。"[2]这种对于生命本源的思考促使了中国传统思想中产生了回归自然、认识自然、顺应自然的态度。孟子也指出,农林渔业生产应当顺应自然规律,有节制地开发资源才可

---

[1] 《论语·阳货》。
[2] 《周易·系辞传上》。

以可持续地满足人的需要。①《论语》记载中孔子垂钓而不用大网捕鱼，射鸟但不射栖息在巢中的鸟，也是体现了儒家对资源有限度地利用而不进行破坏性开发的观念。这种思想演化至现代也就成为保护环境、绿色发展的思想渊源，在社会责任的维度上，也就是对天地自然负责，对环境负责，倡导人与自然和谐相处的可持续发展。

此外，中国传统文化中的家国、仁义思想也对中国企业的社会责任产生了深远的影响。"天地君亲师"中的"君亲"在中国传统文化中占有极其重要的位置，其代表的正是中国人忠君爱国的思想。而"仁义礼智信"当中的"仁义"则被中国儒商发扬光大，成为传统思想在企业社会责任实践中的耀眼贡献。长期以来，一国之君被视作国家的代表受到推崇，辛亥革命推翻帝制之后，"君"就不再直接指向君王，其指向祖国的含义则更加明确。清代大儒顾炎武的"天下兴亡，匹夫有责"即把人人保卫祖国兴亡的责任抬升到了更加崇高的地位。匹夫如此，为商之人亦当如此。尽管长期以来中国古代"士农工商"社会环境让商人处于较低的社会地位，中国商人为国为民做出贡献的典例也不在少数。许多商人致富后为乡里铺路建桥、修建祠堂、资助教育、赈灾救济等。中国现存古代最长石桥，福建泉州安平桥就是宋代富商黄护出资兴建，明朝沈万三甚至出资为朱元璋修建了国都南京城墙。这些工作背后确有政治环境压力，但也展现了中国古代商人的乐善好施，主动负起社会责任的良好形象。

尽管中国企业是当前全球市场的后来者，但历史证明，中国在社会责任理论与实践上并不晚于西方企业。自2500多年前的孔子弟子子贡起，胸怀天下的一代又一代儒商秉承"经世致用"的儒家哲学②，在经营活动中践行着中国传统的商业道德和社会责任。在20世纪初，民族企业家张謇、荣氏兄弟等通过创办新型近代工商业而开展的"实业救国"运动实质上也就是中国

---

① "不违农时，谷不可胜食也；数罟不入洿池，鱼鳖不可胜食也；斧斤以时入山林，材木不可胜用也。"（《孟子·梁惠王上》）

② 张运毅：《论儒商文化的继承与发展》，中国儒商网（www.chinarushang.cn）。

企业社会责任在近代的实践。① 这些民族企业家是中国传统儒商家国情怀在近现代的最佳代表，也是中国企业将儒商思想带入现代经济体系并践行企业社会责任的先驱。儒商实际上早已超越了古典经济学意义上的经济人概念，其商业道德和社会责任感内核传承至今成就了中国企业在新时代的繁荣发展，也在为中国企业在全球化发展过程中提供了独特的社会责任路径。

方兴未艾

社会主义新中国的企业社会责任理论探索起步于改革开放之后，但早在计划经济时期《前线》杂志有关社会主义工业管理的劳动保护等方面的论述就已经出现一些企业社会责任思想的萌芽。② 与西方社会责任理论不同的是，我国的社会主义道路决定了我国在企业社会责任理论与实践上有着极强的特色和制度优越性。例如，在改革开放之前极具中国特色的社会主义工业企业思想政治工作中，群众路线的工作方式就要求了企业管理者（干部）了解职工，"切实地帮助群众（职工）安排好生活和解决各种困难"。③ 在很长一段时间内，我国许多公有制企业为职工及其家庭提供住房、教育（子弟学校）、医疗（职工医院）等福利，事实上承担了涵盖了职工生活的方方面面的社会责任。虽然这种公有制企业对员工生活大包大揽的传统在改革开放后的市场化经济中有了巨大改变，但对职工负起社会责任的思想仍得到了许多优秀的中国企业的传承。

在我国走入社会主义市场经济后，中国企业社会责任在理论和实践上的探索都迅速迈开了脚步，实现了迅猛发展。国内第一本企业社会责任方面的专著诞生于1990年，即袁家方主编的《企业社会责任》。该书将企业社

---

① 程世宝：《社会主义市场经济条件下的企业社会责任研究》，中共中央党校博士学位论文，2010年。
② 北京市劳动局：《社会主义工业管理问题讲解（廿七）怎样做好工业企业中的劳动保护工作》，《前线》1961年第17期。
③ 北京市劳动局：《社会主义工业管理问题讲解（三十）切实加强对职工的思想政治工作》，《前线》1961年第20期。

会责任界定为：企业在争取自身的生存与发展的同时，面对社会需要和各种社会问题，为维护国家、社会和人类的根本利益，必须承担的义务。这一定义虽存在争议，但也为中国拉开了企业社会责任研究拉开了序幕。20世纪90年代中后期，学界涌现出许多从法学、会计学等角度对企业社会责任进行探索的学术文章。进入21世纪后企业社会责任有关的研究更是呈现出井喷式增长，各类专著、研讨会、研究机构遍地开花，有力地推动了我国企业社会责任实践的发展。在自2006年国家电网发布我国第一份正式的社会责任报告以来，越来越多的中国企业开始重视社会责任并主动披露社会责任信息，发布社会责任报告。自2009年以来每年发布的《企业社会责任蓝皮书》的显示，截至2017年，中国企业300强社会责任发展指数已经从报告发布之初的15.2分增长到37.4分，整体已从"旁观者"阶段迈入"起步者"阶段。[①] 当下，我国企业社会责任研究与实践已经初步形成了研究指导实践，实践促进研究的良性循环，为我国企业走向全球化的社会责任发展提供了源源不断的动力。

中国企业社会责任的政策法律体系在近年来也不断完善，有力支撑了中国企业全球化运营中的社会责任实践。改革开放以来到21世纪初，与我国社会责任有关的立法呈现出碎片化的趋势，《环保法》《工会法》《劳动法》和《消费者权益保护法》等多部法律从不同的方面对企业的社会责任做出了规定。2005年十届全国人大常委会十八次会议对我国《公司法》做出修订，将"承担社会责任"写入第一章第五条，这在法律上明确了公司在从事经营过程中必须承担其社会责任，这是一项法律义务。

2006年10月，中共十六届六中全会审议通过"中共中央关于构建社会主义和谐社会若干重大问题的决定"，明确提出要"增强企业社会责任"。为了促进企业履行社会责任，国务院国有资产监督管理委员会在2007年底

[①]《〈企业社会责任蓝皮书（2017）〉发布：中国企业社会责任发展指数持续增长》(http://www.ce.cn/xwzx/gnsz/gdxw/201711/07/t20171107_26792819.shtml)。

印发了《关于中央企业履行社会责任的指导意见》，山东、浙江、广东等地的地方政府也相继发布了地方性社会责任政策文件和法规。2014年，党的十八届四中全会《中共中央关于全面推进依法治国若干重大问题的决定》把"加强社会责任立法"列为完善我国法律体系的重点任务之一。2015年6月，国家质量监督检验检疫总局和国家标准化管理委员会共同发布了GB/T 36000—2015《社会责任指南》《社会责任报告编写指南》和《社会责任绩效分类指引》等三项国家标准，标志着中国的企业社会责任从起步阶段走入了实质性系统化探索阶段。[①]

在国内外社会责任体系日趋完善的背景下，中国涌现出了一批在全球化经营中表现出色，积极实践社会责任的优秀企业，这些企业主动树立全球视野，结合自身业务实际，走出了一条中国特色的社会责任之路。令人可喜的是，在多年的尝试与探索后，中国企业的社会责任实践已经走过了单打独斗和粗放扩展的阶段，走入了打造品牌，精耕细作，有组织发展的新阶段。现在的中国企业"走出去"既有扛旗开路的龙头企业，也有抱团取暖的行业组织，更有落实"一带一路"倡议的大型项目，一个全方位、多层次的中国企业全球化社会责任实践格局已然初具雏形。

从家国情怀到"福耀全球"

"为中国人做一片属于自己的玻璃"，响亮的口号体现了福耀玻璃坚持数十年不变的家国情怀，支撑福耀一步一步做大做强，成为如今举世闻名的民族品牌。从当年的福建地方小厂走到现在的全球汽车玻璃行业龙头，福耀始终坚持"发展自我，兼善天下"的社会责任理念，积极履行对国家、人民、员工、驻地社区以及环境的责任。在全球化运营的过程中，福耀玻璃用"福耀全球"的口号定位自己的全球战略，也将其人民、家国、天下的社会责任

---

① 《社会责任国家标准正式发布》(http://www.csr.gov.cn/article/policies/national/aqsiqnews/201609/20160901395964.shtml)。

思想带到了海外。

2014年5月，福耀玻璃宣布买下前通用汽车设在美国俄亥俄州代顿市的莫瑞恩工厂，并宣布将追加2亿美元对工厂进行改造，建成福耀玻璃在美国的旗舰生产基地。莫瑞恩曾经有着辉煌的汽车产业历史，20世纪30年代起就有汽车产业在此运转，20世纪50年代，仅通用汽车公司一家就在此地雇佣了1.8万人。但在20世纪以来的美国汽车产业衰落大潮席卷之下，这个曾经的繁华汽车小城也没能摆脱沦为"锈带"城市的命运。2008年，通用汽车公司在金融危机来临之际关闭了莫瑞恩工厂，曾经的厂房也被废弃。福耀玻璃的投资计划无疑为经济萧条的"锈带"城市莫瑞恩带来了重焕活力的希望。

在俄亥俄州莫瑞恩市设厂后，重视社会和员工福祉的福耀果然不负众望。从开工生产到2017年，工厂产值从零增长到3亿多美元，曾经的废弃厂房也变成了世界最大的单体汽车玻璃工厂，雇员数量也从起初的800人增长至2000人。废旧工厂重新开工，不仅直接让数千人有了工作，更让这个人口仅有6000余人的小城有了新的活力。餐饮业、杂货、交通运输等配套产业一一开始复苏，福耀已经成为带动整个莫瑞恩市经济重新增长的火车头。在谈到福耀工厂时，莫瑞恩市的城市经理戴维·希克斯难掩心中的喜悦："福耀来了，如今的莫瑞恩天空蔚蓝，阳光明媚。我们需要的就是福耀这样的企业！"①

"福耀的政策是以国家、社会、人民、员工的福祉为第一考虑。只有做到这些，企业才有可能挣钱。"福耀集团董事长曹德旺曾经对媒体这样说道。福耀在国内经营如此，在海外经营亦是如此。福耀集团对员工和当地社区积极承担社会责任，倾听员工诉求，为员工办实事。为了与员工和当地社区拉近距离，福耀投入了近100万美元在莫瑞恩工厂外打造了一间餐厅，专门为员工和当地居民提供来自中国和世界各地的美食。此外，福耀也定期召开员

---

① 《我们需要的就是福耀这样的企业》(http://world.people.com.cn/n1/2017/0629/c1002-29369979.html)。

工见面会与员工交流，听取工人意见。

为了感谢员工，福耀公司在员工答谢日也会邀请员工的家庭成员到工厂田径场上开展集体活动，增进公司与员工家庭社区间的融洽气氛。"加班加点都是常有的事，但都是我自愿的。"在福耀莫瑞恩工厂负责后勤运输事务的尼基这样表达她对工厂的认可。她说她感动于福耀公司对其个人的信任和对其家庭的关心。[①] 福耀高度重视员工福利，其工资水平比当地同行业高出5%到10%，这对工人来说很有吸引力。此外，福耀美国公司还专门为工厂设立了基金会，每年拨款100万美元用于社会救济、帮助困难员工等。[②] 在宣布设厂投资后不久的2015年初，福耀集团就向工厂所在地的代顿大学捐赠700万美元。

比亚迪：可持续发展的全球梦

"Build Your Dreams"是比亚迪英文品牌标识"BYD"的展开全称，也是比亚迪为人类打造绿色梦想的响亮口号。全球化与绿色可持续是比亚迪成长之路一以贯之的发展战略，其技术进步和全球扩张为人类节能减排，应对气候变化提供了可靠方案。1995年成立的比亚迪公司仅有20名员工，注册资本250万元人民币，但3年后，这个刚刚起步的创业公司就成立了欧洲子公司，迈出了全球化第一步。比亚迪从电池起家，在2003年通过收购西安秦川汽车进入汽车制造行业，从此走上了新能源驱动交通方案提供者的可持续发展之路。

2010年与戴姆勒合资打造技术先进的腾势纯电动汽车，在新能源汽车领域跻身全球第一梯队，并在之后大跨步开始走向全球化。2014年7月，在习近平主席对巴西进行国事访问期间，比亚迪在习近平主席和罗塞芙总统见证

---

① 《福耀在美国用这几招摆脱了难缠的公会》（http://www.guancha.cn/economy/2017_11_18_435448_5.shtml）。
② 《曹德旺称〈纽约时报〉对福耀在美工厂报道不实》（http://news.163.com/17/0620/21/CNDDTA5H00018AOQ.html#f=post1603_tab_news）。

下签约铁电池工厂项目，比亚迪正式打入巴西新能源行业。次年，比亚迪又在李克强总理访巴期间与巴西最大巴士车身制造商签约合作生产纯电动校车巴士，同时，比亚迪还宣布进军巴西太阳能市场。2016年10月10日，比亚迪宣布将在匈牙利北部城市科马罗姆建设电动大巴车制造厂，这是欧洲首座中国新能源品牌投资兴建的电动车工厂。科马罗姆工厂已经于2017年4月建成投产，雇佣当地工人300余人。2016年，比亚迪在深圳发布新能源驱动的跨座式单轨交通"云轨"，在两年时间里已经拿下遍布世界的多个订单，年内还将在拉美地区实现突破性发展。① 经过多年的积极全球扩张，比亚迪在全球已经建立起30多个生产基地，成为名副其实的全球新能源产业领导者。

2015年3月底，拉丁美洲20多个城市的市长齐聚阿根廷首都布宜诺斯艾利斯召开首届C40拉丁美洲市长论坛，比亚迪作为全球唯一一家新能源汽车企业受邀参会。会议上市长们围绕全球气候问题和可持续发展目标热烈探讨发展策略，希望能够通过各个城市共同的倡议和努力，为减少温室气体排放提供可持续的解决方案。在享有联合国世界最宜居城市称号的巴西库里蒂巴市展示环节上，市长Gustavo Fruet先生自豪地向其他市长们展示了该市公共交通网络中运行的比亚迪电动出租车和电动大巴车，其零排放的绿色公共交通计划引起在座市长们的极大兴趣。② 在各方讨论后，论坛通过了《C40城市清洁能源巴士宣言》(The C40 Clean Bus Declaration of Intent)，宣布到2020年，来自亚、非、欧、南北美五大洲的22个签约城市将运营40515辆清洁能源巴士，与企业、金融机构合作，共同为应对气候变化做出贡献。③ 比亚迪集团作为全球新能源巴士产业的领军企业，将为这一倡议贡献巨大力量。

---

① 2018年5月，比亚迪高级副总裁向美国《彭博商业周刊》透露，公司已签下在巴西萨尔瓦多建设的全球首个跨海云轨订单，价值6.89亿美元，且公司正在美洲地区洽谈多达八笔交易，年内至少敲定两笔。
② 《比亚迪与拉美各国共议可持续解决方案》(http://chongqing.auto.ifeng.com/xinwen/2015/0407/11252.shtml)。
③ C40 Clean Bus Declaration Urges Cities and Manufactures to Adopt Innovative Clean Bus Technologies (https://www.c40.org/blog_posts/c40-clean-bus-declaration-urges-cities-and-manufacturers-to-adopt-innovative-clean-bus-technologies)。

比亚迪的可持续发展战略在国际上为其树立了对环境负责的企业形象，其新能源创新技术推动全球可持续发展的努力也为其赢得了世界的认可。2014 年 9 月，比亚迪作为全球唯——家获邀的新能源车企参加联合国气候峰会，董事长王传福向世界讲述了比亚迪的绿色梦想。2015 年 9 月 14 日，在联合国和中华能源基金委员会共同发起的"Powering the Future We Want"颁奖典礼上，比亚迪获联合国秘书长所颁发的"联合国能源特别奖"。2016 年 1 月，比亚迪因积极推动人类可持续发展，受邀成为联合国发展计划署"可持续发展咨询委员会"创始成员之一。同月，"扎耶德奖未来能源奖"也花落比亚迪。环保桂冠加冕之下的比亚迪俨然已是引领全球可持续发展，实现绿色梦想的旗手。

责任标准的"引进来"与"走出去"

2001 年，中国终于结束了 15 年的漫漫"入世"谈判，在多哈回合加入了世界贸易组织。此后，中国迅速融入全球化的世界经济，成为举世闻名的"世界工厂"。中国纺织业自改革开放之初至今一直是中国对外开放、参与全球产业链的排头兵，2017 年，纺织服装行业净创汇占到了全国的 58.9%。[1] 中国纺织服装行业不仅在经济上是我国出口创汇的支柱行业，在社会责任上也是全国先锋。中国纺织工业联合会是我国第一个推动社会责任工作制度化的行业组织，也是中国企业社会责任行业标准全球化的领头羊。

早在 2005 年，中国纺织工业协会（中国纺织工业联合会前身）就成立了社会责任建设推广委员会，设社会责任办公室为常设执行机构并推出了中国第一个行业社会责任标准中国纺织企业社会责任管理体系 (CSC 9000T)。次年，CSC 9000T 实施指导文件完成起草并开始在一些企业和产业集群试点推行，迈出了中国企业社会责任行业自律的里程碑式的一步。CSC 9000T 管

---

[1] 《改革开放 40 周年我国纺织行业的巨大成就》(http://www.chinayarn.com/news/2015/2018-5-15-114358.html)。

理体系自起草起就高度与国际标准接轨，参考了《世界人权宣言》、"全球契约"、ISO 14000 环境管理体系、OHSAS 18000 等国际通用的原则与标准体系，是我国首个满足全球化要求的社会责任管理体系。CSC 9000T 推出后，中国纺织工业协会积极开展 CSC 9000T 管理体系评估师、培训师和内部审计师等配套服务人才培养，并与哥本哈根商学院等国外教育机构密切合作。经过多年实践和两次修订，2017 年 12 月推出的新版 CSC 9000T 重点面向中国海外投资企业，为走向全球化的中国纺织服装企业提供了全面的履责指引。①

近年来中国企业海外投资加速，海外运营资产规模迅速增长，为了应对企业海外投资及运营的文化冲突、劳资纠纷、社区关系紧张等问题，中纺联社责办在 2015 年推出了"一带一路"与纺织服装行业负责任海外投资及区域合作项目。该项目对海外社会责任实践情况展开了广泛调研，在东南亚、非洲等地构建起了社会责任推广工作的地方网络。此外，中国纺织工业联合会社会责任办公室（以下简称中纺联社责办）还在柬埔寨、缅甸、孟加拉和越南等中的国纺织企业海外经营集中国家开展"中国纺织服装行业的海外投资与企业社会责任"调研，并于 2018 年 5 月 28 日的亚洲可持续发展与区域合作（盛泽）峰会上发布了《中国纺织服装行业的海外投资与企业社会责任：亚洲四国国别调研报告》。指出合规管理、文化传统和工会组织的影响是中资企业在这些国家履行社会责任时遇到的最主要挑战。

中国纺织工业联合会在走出国门参与企业社会责任全球化合作上也是全国先锋。2016 年，在中纺联社责办的推动下，来自孟加拉、柬埔寨、缅甸和巴基斯坦以及中国五国七个行业组织在上海签署了《亚洲纺织服装行业负责任供应链区域合作治理宣言》，促进区域社会责任交流与合作。2018 年 1 月 29 日，应经济合作与发展组织（OECD）邀请，中国纺织工业联合会受邀赴巴黎参加经济合作与发展组织"负责任鞋服行业供应链尽责管理"专家组

---

① 《〈CSC 9000T 中国纺织服装企业社会责任管理体系〉（2018 版）顺利发布》（http://www.csc9000.org.cn/news/responsibility/2018-03-27/485.html）。

会议暨2018"鞋服行业负责任供应链尽责管理论坛",在会议后,中纺联还与OECD正式签署了关于合作促进负责任企业行为的合作备忘录。2018年5月11日到12日,中纺联社责办联合英国道德贸易组织和Smart Myanmar项目,在仰光举办的《缅甸经商环境、沟通对话机制研讨会》上为企业代表们做了首次走出海外的社会责任能力建设培训。

中国纺织服装工业不仅在本行业的社会责任标准与实践上走向了全球,也涌现出了一批有影响力的企业社会责任实践者,撬动了更广泛的民间力量。2016年6月22日,时任联合国秘书长潘基文在纽约联合国总部宣布了联合国全球契约组织评选出的第一届"联合国可持续发展目标先锋人物"。中纺联社责办首席研究员梁晓晖以其十余年来在中国引进和推广企业社会责任所做的贡献而获此荣誉,他也是十位获奖人中唯一来自中国的面孔。[①]2017年5月20日梁晓晖与12位企业社会责任专家联合商道纵横、蚂蚁金服等十家机构共同发起了"5·20社会责任日"倡议,呼吁公众"从小爱到大爱",共同关注社会责任,解决社会问题。该倡议引起了广泛的关注,一年之后的"5·20社会责任日"已经有包括企业、公益组织、媒体等在内的30余家机构参与主办或倡议,多位公众人物积极参与推广,社交平台微博上的"为爱520"标签在短短10天内就获得多达1446万次阅读,掀起了一波关注社会责任的热潮。

负责任的金融业

2006年,联合国责任投资原则(UNPRI)组织由时任联合国秘书长安南发起,由联合国环境署金融倡议组织和联合国全球契约组织共同支持,旨在推动投资机构将"环境、社会和治理"(ESG)原则贯彻到投资决策中,推动社会责任投资实践。目前,全球有近2000家投资机构、服务商和资产持

[①]《人物专访:梁晓晖,让"可持续发展"更接地气》(http://www.xinhuanet.com/world/2016-08/03/c_129199491.htm)。

有人加入了联合国责任投资原则倡议，但其中仅有 11 个参与方来自中国内地，这说明我国社会责任投资整体仍处于起步阶段，发展空间巨大。不过让人欣慰地是，社会责任投资在国内关注度已越来越高，其广阔前景和强劲上升趋势是可以预见的。

2017 年 6 月 6 日，中国证券投资基金业协会在成立 5 周年纪念日论坛上明确将把"环境、社会和治理"（ESG）目标作为协会未来 5 年，甚至更长远的发展首要方向。当日受邀嘉宾均表示可持续发展是上市公司的重要责任，资产管理行业践行 ESG 投资是社会发展的必然要求和结果，也有利于投资的长期价值增长和企业与经济社会的可持续发展。[1]2018 年 5 月，中国证券投资基金业协会、北京基金小镇牵头数十家基金机构发布了《中国基金业社会责任宣言》，这是中国基金业首次向世界宣告自己的社会责任，进一步明确了中国基金业未来发展的时代使命。[2]

绿色金融是指为了支持环境改善、应对气候变化和资源节约高效利用的经济活动，通常包括对环保节能、清洁能源、绿色交通、绿色建筑等项目提供的金融服务。亚投行在成立之初就将"绿色"明确为其未来发展的三大构想目标之一，该行的信贷政策中就设定了绿色和可持续发展的原则。亚投行首个对华项目便是落户北京的天然气输送管网建设，项目投产后预计每年将为北京减少 65 万吨标准煤的使用，减少二氧化碳排放量 59.57 万吨、颗粒排放物 3700 吨、二氧化硫排放 1488 吨、氮氧化物排放量 4442 吨，将极大助力北京清洁能源的发展。亚投行副行长兼首席投资官潘迪安表示，亚投行将一直致力于帮助成员转向使用更清洁的能源，提高亚洲的经济与社会活力。[3]亚投行行长金立群也在 2018 年 3 月表示将继续遵循服务基础设施建设与保护环境的宗旨，毫不动摇地支持亚投行成员国实现各自环保目标，为更

---

[1] 中国基金业协会。
[2] 谢达斐：《基金业二十载再启程〈中国基金业社会责任宣言〉发布》，《上海证券报》2018 年 5 月 7 日。
[3] 《亚投行首个对话项目落户北京助力清洁能源发展》（http://finance.sina.com.cn/china/dfjj/2017-12-12/doc-ifypnyqi3879626.shtml）。

先进、更环保的能源技术发展提供支持与帮助。

2002年，国际上主流的大型金融机构齐聚英国格林威治，共同探讨确定了一套项目融资中应该关注的社会、环境方面的原则，这套原则后来便发展成为全球项目融资中被广泛采纳的"赤道原则"。"赤道原则"提出了项目融资中评价社会和环境风险的企业贷款全球标准，是金融领域全球治理的国际软法。截至2017年，全球已经有90家金融机构采纳了"赤道原则"，其中就包括了中国的兴业银行和江苏银行。值得一提的是，兴业银行作为中国首家"赤道"银行，还参与了"赤道原则"第三版的修订工作，为国际负责任金融规则的制定做出了贡献。2015年，中国人民银行研究局首席经济学家、中国金融学会绿色金融专业委员会主任马骏也在欧亚经济论坛（西安）上表示，把绿色金融理念融入"一带一路"的投资中去，有利于消解合作国家的疑虑，提升我国软实力和国际话语权。事实上，已经有许多"一带一路"投资项目开始借鉴"赤道原则"等国际规则，贯彻绿色金融理念，将投资项目的环境与社会风险纳入决策考虑，为世界的绿色金融和可持续发展做出了巨大贡献。

除了绿色金融之外，普惠金融、开发性金融等理念也在金融业的社会责任中扮演着重要角色。普惠金融体系这一概念源自2005年联合国宣传小额信贷年时所用的"Inclusive Finance System"一词，指的是能有效、全方位地为社会所有群体提供服务的金融体系。在国务院2015年印发的《推进普惠金融发展规划（2016—2020年）》中，普惠金融被定义为立足机会平等要求和商业可持续原则，以可负担的成本为有金融服务需求的社会各阶层和群体提供适当、有效的金融服务。[①] 近年来，中国银行、中国农业银行等各大商业银行高度重视普惠金融业务，创新方式服务普惠金融客户。除了大型商业银行之外，我们也欣喜地看到，包括蚂蚁金服、京东金融等在内的新兴互联网金融公司也大力运用其技术和平台优势，极大地推动了普惠金融的发展。这些业务理念与技术积累在我国金融企业走出国门开展全球化业务扩展

---

① 《国务院关于印发推进普惠金融发展规划（2016—2020年）的通知》（http://www.gov.cn/zhengce/content/2016-01/15/content_10602.htm）。

时将践行普惠大众，包容发展的社会责任。2017年5月，时任中国人民银行行长的周小川在"一带一路"国际合作高峰论坛"促进资金融通"平行主题会议上表示，"共商、共建、共享"的"一带一路"应当运用开发性金融，把中国农村地区金融服务、手机互联网技术等为核心的普惠金融经验与"一带一路"沿线国家交流和分享。

蒙内铁路："一带一路"的社会责任标杆

2013年8月19日，在习近平主席与肯尼亚总统肯雅塔见证下，中肯两国正式签署《蒙巴萨—内罗毕标轨铁路项目合作备忘录》。肯尼亚迎来了百年以来的第一条新建铁路，蒙内铁路项目也成为"一带一路"中非产能合作的第一张名片。蒙内铁路项目连接东非最大港口城市蒙巴萨和肯尼亚首都内罗毕，是东非铁路网最重要的干线，建成后将极大降低沿线物流成本，为肯尼亚甚至东非经济发展提供长足动力。蒙内铁路由中国交建集团下属中国路桥工程有限公司（中国路桥）承建，全线运用中国标准、技术、管理模式，采用中国装备运营。

蒙内铁路项目于2014年12月开工建设，已经于2017年5月完工投运，不仅体现了我国企业高水平项目建设运营能力，更是树立了中国企业在海外实践社会责任标杆。基础设施建设行业是当下"一带一路"倡议中中国企业"走出去"的重头戏，但许多基建企业在海外经营中往往面临着透明性不足、社会责任形象较差的问题。可喜的是，在蒙内铁路项目建设中，中国路桥主动与各利益相关方大力沟通，积极履行社会责任，打破了这一"惯例"，树立了"一带一路"项目建设的社会责任标杆。2016年3月24日，中国路桥在肯尼亚首都内罗毕发布了《蒙内铁路项目2015年度社会责任报告》，这是中国企业在海外发布的第一份项目社会责任报告。[①] 2017年5月，中国路桥

---

① 《中国路桥在肯尼亚发布中企海外首份项目社会责任报告》(http://silkroad.news.cn/2016/0425/45080.shtml)。

再度发布了《蒙内铁路项目 2016 年度社会责任报告》，进一步主动披露蒙内铁路项目建设和运营中的社会责任绩效。

　　蒙内项目自环境保护在肯尼亚当地法规中有着重要的地位，蒙内铁路坚持"热爱、尊重、顺应、保护"的环境理念，不仅严格遵守当地环保法规，更把环保创新作为项目业务优势，把蒙内铁路建成了"绿色发展之路"。项目建设将途经察沃国家公园，为了保证国家公园内野生动物的正常迁徙，项目部与肯尼亚野生动物保护局通力合作，创造性地建设了 14 个大型野生动物通道。"就连长颈鹿也可以不低头通过"，中国路桥总经理这样解释这一工程创新。① 环保生态理念不仅在生产设计中得到体现，更是在工程建设之外也得到广泛贯彻，在建设过程中还涌现出项目部出动大量力量救援受困野生大象的动人故事。

　　肯尼亚当地法规有严格的"当地元素"（Local Content）要求，蒙内铁路项目的建设和运营也大力加强当地经济的参与，最大程度为当地经济带来实惠。在蒙内铁路的各个施工段，肯尼亚员工随处可见。截至 2017 年 5 月，蒙内铁路为肯尼亚人民提供了累计超过 38000 个工作岗位，当地雇员占总员工比例高达 90%。另外，项目与当地 934 家供应商开展合作，在当地采购水泥、木材等物资，在当地购买和租赁了千余套车辆和机械设备，项目每 100 元花销中就有 40 元用于当地采购。② 除了采购之外，中国路桥还发起了"供应商能力建设"项目，通过培训、派驻管理人员等方式帮助当地供应商和分包商提升业务技能，改善社会责任绩效。此外，项目还带动了沿线餐饮、交通等配套产业增长，极大地带动了当地经济发展。在内罗毕郊区阿西河镇工地附近经营快餐店的查德就收益颇丰，施工高峰期，他的小店就是 400 多工人的食堂。说到蒙内铁路，他难掩喜悦："（项目开工）半年挣的钱比前三

---

① 《中国路桥向世界贡献"中国方案"绿色可持续发展》（http://n.cztv.com/news/12889975.html）。
② 金正、武笛：《通讯：肯尼亚铁路上的师徒情》（https://m.huanqiu.com/r/MV8wXzEwNTUzODI3XzEzNF8xNDkzMjgxMjAy）。

年都多，我以后要跟着项目走，项目干到哪里，我就把快餐店开到哪里。"①

在蒙内铁路建设中，中国交建也积极实现人力资源和技术的当地化，帮助当地打造了持续的"造血"机制，实现了项目建设和当地社区、经济发展的有机统一。项目大力招募当地工人，对当地员工开展岗位技能培训、铁路运营人才培训、铁路专业人才培训，为铁路项目的建设和运营打下坚定的人才基础，也培养了一大批肯尼亚技术人才。"我从中国人那学到了技术，再也不用担心生计问题了。"这是肯尼亚首都内罗毕郊区阿西河镇青年弗里德里克的心里话。弗里德里克是前文快餐店主查德的弟弟，曾经是小镇上的"卖货郎"，工作不稳定，时常面临温饱问题。在哥哥推荐下，弗里德里克加入了蒙内铁路阿西河大桥项目，跟中国师傅学习起了钢筋捆扎，练就了一手好技术。现在项目建设结束了，弗里德里克被推荐到当地火车站，当起了钢筋班组组长。他在参与管理运营火车站之余，还把学来的技术又教给新加入的当地工人，成为当地人中的铁路技术专家。

迎接挑战，砥砺前行

对接全球标准，参与国际社会责任讨论

当前，国际上已经形成了一套以联合国及下属机构、国际标准组织、非政府组织等主体编织的社会责任规则体系，从国际公约、指导原则、标准和评价指标体系等到具体的社会责任报告披露细则都有了细致的规定。中国企业走出国门进行全球化经营毫无疑问需要与现行的国际标准和规则体系主动对接，在社会责任管理中贯彻国际标准。

做企业，最根本的自然是要有过硬的产品和服务，所以企业全球化过程中

---

① 《中国交通建设股份有限公司 2016 社会责任报告》，第 71 页（http://www.ccccltd.cn/shzr/shzr/shzrbg/ 201706/P020170620377609802630.pdf）。

最基本的社会责任就是为客户提供符合全球标准的产品和服务。福耀玻璃在标准上的坚守和锐意进取可以说是中国企业中的典范。从乡镇企业发展起来的福耀玻璃早在20世纪90年代就决意进军国际市场，但质量问题却成了重大阻碍。从那时起，福耀玻璃意识到质量过关的产品是企业全球化经营的第一步，也是企业对客户最根本的责任。从此积极向国际标准看齐，引进国际先进生产线，大力投入研究开发，先后获得VDA 6.1德国最高标准质量管理体系和QS 9000全球汽车零部件行业标准认证，跻身世界汽车玻璃行业第一梯队。

质量标准往往只是企业全球化经营的最低门槛，打入国际市场后的中国企业面临的更大挑战往往是产品之外的社会责任标准。当前国际上已经形成了一套复杂交错但相对成熟的社会责任规则与标准体系，其设计原则与具体条款都对中国企业有着较高的参考意义。目前许多中国机构已经在企业社会责任标准上向全球化标准看齐，在制定适用于我国社会责任标准时，既适应了本国特点，也应用了全球原则。中国社会科学院企业社会责任研究中心发布的《中国企业社会责任指南》即参考引用了包括国际标准组织ISO 26000和联合国人权宣言等，深圳等地的地方社会责任标准也同样遵循了适应本地、看齐全球的标准体系。我国在进一步发展社会责任标准体系时，应当继续坚持主动与全球对接的工作方法，同时与我国实际相结合匹配，打造具有中国特色又适应全球化发展的社会责任体系。

在我国企业全球化经营迈入新阶段的时代背景下，中国企业社会责任的实践标准不仅要与国际对接，也要走出国门，在国际社会责任标准的讨论中发出中国声音。中国纺织行业社会责任标准的"引进来"与"走出去"为中国企业的全球化之路提供了良好的范本。自2005年发布国纺织企业社会责任管理体系(CSC 9000T)》以来，中纺联社责办就一直致力于推动国际社会责任标准在我国纺织业的推广以及"CSC 9000T管理体系"的"走出去"，近年来在参与国际讨论上更是活跃。中纺联社责办不仅积极参与OECD等国际组织有关负责人供应链的讨论，更是与OECD签订备忘录，合作推进服装行业尽责管理。此外，积极响应"一带一路"倡议，通过主办助力"澜沧江—湄公河"合作计划推动服装业产能合作中的社会责任合作，2018年，中纺联社责办还在缅甸为中外企业举办了首次海外社会责任能力培训。

积极参与各大国际组织、倡议的社会责任有关活动，积极为全球社会责任有关议题做出贡献也是中国企业全球化过程中争取国际认可、参与国际讨论的一个有效方式。在明确新能源技术支撑的可持续发展社会责任战略之后，比亚迪集团积极活跃在国际社会有关新能源应用、气候变化应对和可持续发展议题的讨论中。在C40城市论坛和联合国可持续发展目标中的积极参与为比亚迪赢得了世界的认可，获得"联合国能源特别奖""扎耶德奖未来能源奖"等国际大奖。此外，中国远洋集团（中远集团）贯彻全球契约，2006年发布首份以保护环境、节约资源、反腐败为重点的可持续发展报告，成为入选联合国"全球契约"典范榜的第一个中国企业，也是世界上入选该榜的第一个航运企业。比亚迪、中远集团对参与国际社会责任领域讨论的积极态度和实际贡献都帮助他们成为了行业内广受认可的社会责任实践先锋，打造了负责任的国际企业良好形象。

主动披露，严格合规，提高责任透明度

信息披露与透明度是当前国际上对企业社会责任关注的重点，社会责任信息披露水平被广泛认为是反映公司社会责任实际水平的最直接指标。不过出于公司经营自我保护的目的，企业往往不会主动进行充分的信息披露，这一点对于我国企业尤其明显。长期以来，我国企业，特别是国有企业的社会责任透明度一直饱受批评，这与我国企业相对不甚健全的公司治理体系有关，也更因为在当前的法律体系下，我国对社会责任披露并没有正式、健全的法律法规体系。2002年颁布的我国《清洁生产促进法》首次对我国企业生产的环境信息披露提出了要求，此后，《安全生产法》《妇女权益保障法》《节约能源法》等10余部相关法律为我国企业社会责任信息披露划定了法律底线。由于缺乏系统化的体系，这些法律对企业社会责任信息披露的要求呈现出碎片化且模糊不清的特点,已经不太适应当前中国企业全球化发展的经济形势。中国企业应当主动提高对自我的要求,提高社会责任信息披露水平,减少国际社会对中国企业社会责任透明度的批评。

在许多西方国家,有社会责任的国家,政府在督促企业社会责任信息披露上的法制较为完善,中国企业在"走出去"进行全球化运作时必须高度重视社会责任有关信息披露的合法合规,主动披露,提高透明度。美国是世界上最早制定企业社会责任信息披露的国家,其1934年颁布的《证券法》中就规定企业必须披露企业有关环境影响的财务和非财务内容。美国现行的有《清洁水源法》《固体废弃物处理法》《资源保护和恢复法》《污染防范法》等多部法律对跨国公司社会责任信息披露做出了严格要求。法国在20世纪70年代就有了强制达到一定规模的公司在资产负债表中披露与劳工福利有关的各项社会责任信息。英国在1985年的《公司法》中也明确规定了企业进行社会责任信息披露的内容,鼓励企业对其参与社会公益事业和社区活动的有关信息的披露。1995年,英国《环境保护法案》更是强制要求所有对环境造成污染的企业必须披露其在环境保护方面所做的努力。2012年,法国Grenelle Ⅱ法案强制要求所有雇员达到500人或营业额达到1亿欧元以上的公司披露有关环境和社会责任业绩的信息,包含社会、环境和可持续发展等方面在内的40个业绩指标。英国在2015年颁布的《现代奴隶制法案》(Modern Slavery Act)也要求企业披露其供应链中贩卖人口和强迫劳动有关的风险信息。[①]西方成熟国家的有关法律法规盘根错节,复杂交错,需要中国企业仔细研究,细心应对,在合法合规的基础上推动企业社会责任信息的透明化。

对于大型上市企业而言,加强信息披露不仅能够满足证券交易所的要求,也能够在金融市场塑造起公开透明的形象,在吸引更多投资者的同时,也无形中降低了投资成本,规避了许多风险。1993年,美国证券交易委员

---

① 王骏娴:《国际上市公司强制环境、社会及公司治理信息披露制度对我国的启示与借鉴》,《绿色金融》2016年第3期。碳排放交易网(http://www.tanpaifang.com/cdp/201603/0651173_5.html)。

会颁布了《92 财务告示》，要求上市公司及时准确披露现存或潜在环境责任，违者将被处以 50 万美元以上罚款并通过媒体曝光。现在，所有在美国的交易所上市的公司都需要每年向证券交易委员会上交明确披露各项环境事宜信息的年度报告（10-K）表格，几乎所有的大型上市公司都会在年度 ESG、社会责任或可持续发展报告中充分披露其社会责任有关信息。我国证监会也一直在推动企业社会责任信息披露上发挥着重大作用，在公开发行股票公司信息披露内容和格式准则中提到社会责任有关要求。在具体的信息披露指引上，各大证券交易所比监管机构做得更加细致。纽约、伦敦、新加坡等国际金融中心的证券交易所等早已在"不遵守就解释"的原则下为上市企业打造了细致完善的社会责任信息披露指导体系，我国的深圳证券交易所和上海证券交易所也在近年来建立起了有关体系，企业应当在全球化运营中加以重视。

做好规划，找对方向，增强责任沟通

在做好内部的社会责任管理与对外社会责任披露的基础上，主动做好社会责任沟通也是实现企业社会责任效果最大化的重要环节。社会责任沟通是企业与外部利益相关方进行动态互动的主要渠道，良好的社会责任沟通可以将企业的社会责任工作更加全面生动地展现给各利益相关方，甚至可以达到社会责任工作上事半功倍的效果。

企业在进行社会责任沟通时应该有长期规划，统筹资源与话语，打造全面稳定的沟通体系。自 2008 年起，不断有中国企业在海外发布社会责任报告，披露一些在当地所做的贡献，但是许多报告的话题比较局限，仅仅聚焦于环境污染等批评较多的方面，呈现出一种"批评—反应"的模式。这种模式原因在于许多中国企业在"走出去"后并没有完备的社会责任沟通准备，往往处于一种应对批评、应对危机的被动局面之中。这样的危机反应模式可能在一定程度上能够体现中国企业在问题出现时的应变能力，但是对企业的长期发展不能提供有效的、稳定的支持。企业在全球化经营中应当尽早评估各个方面的社会责任风险，结合经营业务实际统筹责任沟通规划，以长期、全面的社会责任沟通战略指导平时工作。当然，在社会责任方面的危机应对也需要提前做出预案，企业应当积极广泛地参考已有案例，在业务范围内寻找可能爆发的社会责任风险点，有针对性地做好准备。

此外，企业在全球化过程中的社会责任沟通要找准沟通的受众，有的放矢，找到最有效的沟通方向。俗话说"好钢用在刀刃上"，在社会责任沟通中也是一样。许多中国企业在海外经营时仍然以国内利益相关方作为沟通的重点，其结果是责任沟通本末倒置，在沟通成本巨大的情况下往往达不到理想的效果。2011年BBC拍摄了一部纪录片叫作《中国人来了》，讲述了中国企业到非洲投资的一些情况，也是表现出中国企业的社会责任沟通仍然是指向中国。在案例研究中我们也发现，许多中国企业在缅甸、赞比亚等地开展经营活动时开展了许多社会公益活动，但是在进行活动宣传时，中国企业往往联系中国的媒体，进行针对华人社会和国内的报道，很少有企业对当地社会的沟通有足够的重视。这一问题产生的原因往往是因为许多中国企业在走出后仍然保持着向国内上级负责、与国内媒体互动的工作逻辑，中国企业走出后应当有更国际化的视野，主动转向，面对当地和国际受众，以真正全球化企业的方式开展社会责任沟通。

责任沟通的第一步就是要找到正确的受众，再根据受众的特点与实际情况制定相应的沟通策略。在全球化经营的条件下，企业既是国际的，也是当地的，责任沟通一定要注意全球化和本土化相结合。当前中国企业在进行责任沟通时的中国特色依然十分明显，一定程度的中国特色当然是必要的，但要想实现沟通的最佳效果，企业必须在责任沟通中最大程度地实现沟通方式的本土化。一个最简单的方式当然是与当地媒体合作，因为作为外来者，中国企业往往对当地文化环境相对陌生，但如果能够与当地媒体展开合作，一来可以迅速克服文化与语言环境的隔阂；二来也一定程度上通过当地媒体的背书与当地社会拉近了距离。此外，许多案例的成功经验表明，以开放的态度与民众的直接沟通往往能够产生良好的沟通效果。中国路桥集团在蒙内铁路的修建中就直接与当地民众沟通，通过民众直接参与的铁路摄影比赛，捐建学校等拉近了与民众的关系，达到了极好的社会责任沟通效果。

结合实践，增强自信，发展责任理论

社会责任是十分具体的、情境化的，不同的国家、不同的行业，甚至不同的企业都有不同的企业社会责任实践环境，需要不同的社会责任理论指导。社会责任也是十分开放的，实际上涵盖了包括环境、劳工、平等、可持续等众多话题，企业在实践中有很大的发挥空间。在当前的企业社会责任讨论中，三重底线理论、利益相关方理论等都已被广为接受，为企业社会责任实践的发展搭建了相对成熟的理论分析框架。中国企业在全球化过程中应当结合业务实际，运用成熟的理论框架打造适合自身发展的社会责任理论体系。

最好的企业社会责任实践是与企业自身业务紧密结合的，社会价值和企业价值有机统一才是企业在可持续发展的基础上充分履行社会责任的最优方式。因此，企业应当明确企业发展的长期愿景，充分结合业务实际，坚持社会价值和企业价值的统一，搭建适用于自己的社会责任理论体系和发展战略。福耀玻璃从"为中国人造一块玻璃"到"福耀全球"的愿景变化就体现了福耀集团自身定位从国内企业到全球企业的变化。这一变化虽然没有对福耀的产品生产本身造成太大影响，但从福耀的企业文化、社会责任意识等方面都帮助其更好地走向了全球化。此外，比亚迪从电池厂成长到全球新能源行业发展领头羊的历程也印证了这一点。作为电池厂商起家的比亚迪在最初仅是各大电子产品企业的电池供应商，随着发展战略的转移，涉足新能源交通出行领域的比亚迪敏锐而又准确地把握住了全球可持续发展议题的方向。在明确电子产业、汽车产业和新能源产业三大产业板块之后，迅速将自身定位调整为新能源和全球可持续发展绿色梦想的构建者，走上了以可持续发展为核心的社会责任理论与实践道路。

国家利益、响应政策是我国企业社会责任中极具特色的一部分，尽管这与西方的社会责任话语体系不甚兼容，但其在中国企业上深远的意义和实践指导价值是毋庸置疑的。这种家国情怀是与中国传统的儒家文化和当下中国社会发展实际一脉相承的，中国企业应当加强理论自信、道路自信，发展中国特色的社会责任理论，在全球化过程中充分发挥中国的社会责任智慧。"一带一路"倡议发起以来，无数的中国企业积极响应，大力为构建互联互通的"一带一路"添砖加瓦。响应国家倡议并不是西方企业普遍认为的社会责任，但中国企业应当结合中国的社会责任实践，自信讲好中国社会责任故事。中国纺织业响应国家政策，主动参与"一带一路"中国与东南亚纺织服装业产能对接，为"走出去"的中国企业提供社会责任指导，是在推动中国企业全球化的社会责任理论与实践发展。中国路桥承建蒙内铁路项目，在中非产能合作中以身践行社会责任，更是在为中国企业全球化的社会责任贡献出实践智慧。

　　国有企业是我国社会主义市场经济的特色经济力量，具有雄厚实力和国家支持的国有企业在社会责任上实践上也是先锋。这一方面因为我国国有企业监管机构很早就提出了社会责任要求；另一方面是因为作为国有企业，其国家与社会的使命感更为强烈。但由于其国有性质，在全球化背景下走出国门参与国际市场的过程中往往被认为是政府意志的延伸，面临重重批评和阻碍。在履行社会责任的过程中，国有企业应当直面批评，摆正位置，自信地以商业姿态开展业务。中国五矿在 2011 年收购加拿大 Equinox 项目时，因为竞争对手提出报价大幅高于自己为标的设定的估值，主动放弃并购，退出了竞争。这种公开透明的商业化运作在"中国威胁论"甚嚣尘土之际有效消减了有关各方对中国企业国际化的担忧。《澳大利亚人报》甚至直截了当地评论道："中国五矿决定退出冲突表明，这家企业在按照常规的商业规则运营。这也具有启发意义：中国公司不会为了获得矿产而不惜任何代价。"[①]

[①] 王志乐主编：《走向世界的中国跨国公司》，中国经济出版社 2012 年版，第 249 页。

世界经济一体化浪潮近年来虽有波折，但大势浩荡，不可阻挡。中国当下已经成为新一轮经济全球化的旗手，中国企业也竞相扬帆，成为全球化浪尖上的"弄潮儿"。曾经处于全球产业链底部的中国企业经历了多年积累，逐步成长为具有成熟研发、生产、品牌营销体系的全球化企业。曾经被动履行社会责任的中国企业也成长为勇于承担社会责任的全球企业公民。在新时代的全球化经济中，员工、社区、供应商、政府、国际组织等各个利益相关方对企业的社会责任期望已经今非昔比，社会责任的广度与深度对企业也提出了更高的要求。为了在竞争日益激烈的全球市场和日趋完善的社会责任体系中博得一席之地，全球化的中国企业的社会责任理论与实践也逐步走上了新的台阶。不过挑战依然巨大，中国企业如何在正在形成中的全球化社会责任体系发出声音，如何打造负起社会责任的全球化企业等问题依然摆在中国企业面前。

路漫漫其修远兮，新时代的中国企业必将以全新的姿态拥抱全球化的社会责任挑战与机遇。

附录 1

改革开放 40 年中国企业对外投资相关政策

一、我国境外投资管理政策

1. 初步探索 1979—1983 年

1979—1983 年。这个阶段只是尝试性的、极为有限的对外直接投资，在管理上实行中央高度集中的统一管理。1979—1982 年中国企业境外投资项目，无论以何种方式出资，也无论投资金额大小，一律报请国务院审批。从 1983 年开始，国务院授权外经贸部为中国境外投资企业审批和管理部门。从管理角度看，主要是个案审批，尚未形成规范。

十一届三中全会确立了改革开放政策，为中国开始对外投资奠定了基础。

国务院：颁布 15 项经济改革措施

1979 年 8 月，国务院颁布了 15 项经济改革措施，其中第 13 项明确规定"允许出国办企业"。这是中华人民共和国成立以来第一次把境外投资作为一项政策确定下来，明确境内投资者可以出国办企业，由此我国企业开始了境外投资的探索之路。

对外贸易经济合作部：《关于国外开设合营企业的暂行规定》

1981 年 3 月，外贸部关于下达了《关于国外开设合营企业的暂行规定》。

为了扩大出口，进一步打出去做生意，增加外汇收入，积极推销我出口商品，逐步扩大我出口商品阵地，赚取外汇，为国家积累资金；学习驻在国在对外贸易方面的先进经营管理经验，提高国际贸易知识水平，为国家培养和造就一批国外贸易专业人才。[1]

1979—1982年，这一阶段中国的对外投资尚处于初步的尝试阶段，1983年开始，国务院授权外经贸部为中国境外投资企业审批和管理部门。从管理角度看，主要是个案审批，尚未形成规范。

虽然将境外投资作为经济体制的改革措施之一，但由于缺乏境外投资经验，外汇储备有限，同时境外投资存在着监控方面的困难和国有资产流失的顾虑，所以当时境外投资的政策是非常谨慎的。因此这一阶段被认为是我国境外投资管理体制演变的探索阶段。此时我国的境外投资促进体系刚刚开始建立，政策法规和投资环境尚不完善，对境外投资限制较多。这一阶段投资项目不多，境外投资企业规模小、数量少，境外投资总额不大。投资领域主要集中在餐饮、承包建筑工程、咨询和服务业、航运服务、金融保险等方面，这些投资分布在40多个国家和地区，特别以中国香港和澳门地区为主。[2]

2. 初步发展 1984—1990 年

对外贸易经济合作部：《关于在国外和港澳地区举办非贸易性合资经营企业审批权限和原则的通知》《关于在境外开办非贸易性企业的审批程序和管理办法的试行规定》

1984年5月，外经贸发布了《关于在国外和港澳地区举办非贸易性合资经营企业审批权限和原则的通知》

1985年7月，外经贸部颁布了《关于在境外开办非贸易性企业的审批程序和管理办法的试行规定》，对外直接投资初步实现由个案审批向规范性审批的

---

[1] http://www.110.com/fagui/law_162545.html。
[2] 黄彦岭：《我国境外投资促进体系的制度演进分析：1979—2009》，《经济与管理评论》2012年第3期。

转变，明确了境外投资的审批机关，形成了我国境外投资管理体制的雏形。

3. 调整整顿 1991—1996 年

在投资额迅速增长的同时，我国的境外投资也暴露出一些问题，主要是分散性和盲目性，导致投资失败、资本外逃现象时有发生。20 世纪 90 年代初，国家决定对境外投资企业进行清理整顿。

国家计划委员会：《关于加强海外投资项目管理意见》《关于编制、审批境外投资项目的项目建议书和可行性研究报告的规定》

1991 年 3 月，向国务院递交了《关于加强海外投资项目管理意见》，指出"目前我国尚不具备大规模到海外投资的条件"，成为这一阶段指导我国境外投资的基本政策，奠定了我国 20 世纪 90 年代初限制境外投资的基调。

1991 年 8 月，国家计委关于印发《关于编制、审批境外投资项目的项目建议书和可行性研究报告的规定》(以下简称《规定》)[①] 的通知，仅仅允许我国企业、公司或其他经济组织到港澳地区和苏联、东欧各国以投资、购股等方式举办或参与举办非贸易性项目 (当时主要包括境外工程承包、劳务合作等形式)，不允许我国企业到除此之外的其他国家开展境外投资。同时《规定》从审批程序和投资规模上严格限制了我国企业境外投资的自主权，明确了政府对企业境外投资项目可行性的审批权，还规定可行性研究包括编制项目建议书和可行性研究报告两个阶段，这在此后 10 多年的时间内成为对我国境外投资影响最重要的政策法规。

对外贸易经济合作部：《境外企业管理条例》

1993 年外经贸部起草了《境外企业管理条例》，进一步强化管理。该条例规定国家计委负责项目建议书和可行性研究报告的审批；外经贸部负责对境外投资方针政策的制定和统一管理，是境外投资企业审批和归口管理部

[①] 2004 年 10 月被国家发改委发布的《海外投资项目核准暂行管理办法》取代。

门；驻外使（领）馆经商处对中方在其所在国开办的各类企业实行统一协调管理；其他部委及省一级外经贸厅为其境外企业主办单位的政府主管部门。[①]

4. 鼓励提升 1997—2003 年

1997年党的十五大报告第一次提出"鼓励能够发挥我国比较优势的对外投资，更好地利用国内国外两个市场、两种资源"，2001年《"十五"计划纲要》将"走出去"与对外贸易、利用外资并列为"十五"开放型经济发展的三大支柱。这一阶段我国出台了一系列的积极地对外投资政策，促进了我国对外投资的快速发展。

对外贸易经济合作部：《关于设立境外贸易公司和贸易代表处的暂行规定》

1997年5月，原外经贸部《关于设立经外贸衣公司和贸易代表处的暂行规定》，明确我国可以在除港澳台之外的境外地区设立贸易公司和贸易代表处，从事贸易活动以及各有关部门的分工及相关配套政策措施，有力地促进了这一时期我国各种类型对外直接投资的迅速发展。

国务院：《关于鼓励企业开展境外带料加工装配业务的意见》

1999年2月，办公厅转发了国家经贸委、财政部、外经贸部《关于鼓励企业开展境外带料加工装配业务的意见》，鼓励轻工、纺织、家电等行业中具有比较优势的企业到境外开展带料加工装配业务，并对上述境外投资项目规定了单独的审批程序。该意见突破了以往由国家计委审批境外投资项目建议书和可行性报告的做法，而由国家经贸委负责境外加工贸易项目的审批，是对我国对外投资管理体制的重大改进和发展。

财政部、对外贸易经济合作部：《中小企业国际市场开拓资金管理办法实施细则》

2001年，为鼓励中小企业积极参与国际市场竞争，促进中小企业的健康

[①] 陈坚：《完善中国企业"走出去"政策措施体系之思考》，《国际贸易》2013年第10期。

发展，发挥中小企业在国民经济和社会发展中的重要作用，财政部、原外经贸部印发了《中小企业国际市场开拓资金管理（试行）办法》《中小企业国际市场开拓资金管理办法实施细则》[①]，该项政策以广大中小企业为扶持对象，专用于支持中小企业开拓国际市场的各种活动。

对外贸易经济合作部、国家外汇管理局：《海外投资联合年检暂行办法》

2002年10月，为加强境外投资的宏观监管，变动情况的掌握，和境外投资的健康发展，原对外贸易经济合作部和国家外汇管理局制定了《海外投资联合年检暂行办法》，加强了对境外投资企业的经营、监督和管理工作。

对外贸易经济合作部：《境外投资综合绩效评价办法(试行)》

2002年10月，为全面掌握我国境外投资状况，对我国境外投资活动进行有效监管，对我国境外投资活动进行客观、科学的综合评价分析，外经贸部根据政府职能转变的要求，结合加入世贸组织后境外投资的新情况、新问题，建立了"境外投资综合绩效评价体系"，印发了《境外投资综合绩效评价办法(试行)》，评价的结果将作为境外企业年检的重要组成部分，用于我国对境外投资的宏观管理和监督，我国国际收支状况、行业状况、对外经贸关系状况的预警系统，为制订境外投资促进、保障、服务的有关政策法规提供科学依据，引导企业选择投资方向和投资领域。

原对外贸易经济合作部、国家统计局：《建立对外直接投资统计制度》

2002年12月，原外经贸部和国家统计局联合发文《建立对外直接投资统计制度》，规定从2003年起，境外直接投资纳入国家统计范畴。我国第一次将境外投资纳入国民经济统计序列。

商务部：《关于做好境外投资审批试点工作有关问题的通知》

2003年4月，为加快实施"走出去"战略，支持和鼓励有比较优势的各种所有制企业对外投资，商务部发布了《关于做好境外投资审批试点工作

---

① 2010年商务部联合财政部新发布了《中小企业国际市场开拓资金管理办法》，将申请企业项目的中小企业由原来的"上年度海关统计出口额1500万美元以下"，调整为"上年度海关统计进出口额4500万美元以下"。新管理办法发布实施起，原管理办法（试行）和实施细则废止。

有关问题的通知》，在北京、天津、上海、江苏、山东、浙江、广东、福建、青岛、宁波、深圳、厦门等省市进行了下放境外投资审批权限、简化境外投资审批手续的改革试点，地方的审批权限由100万美元提高到300万美元。

国家发改委、中国进出口银行：《关于对国家鼓励的境外投资重点项目给予信贷支持有关问题的通知》

2003年5月，为了贯彻党的十六大关于加快实施"走出去"战略的精神，落实中央有关"加大对境外投资的金融支持"的指示，中国进出口银行下发《关于对国家鼓励的境外投资重点项目给予信贷支持有关问题的通知》，建立境外投资信贷支持机制，用于支持国家鼓励的境外投资重点项目。

2002年3月，原对外贸易经济合作部出台了《关于成立境外中资企业商(协)会的暂行规定》。

2003年，商务部发布了《关于建立企业境外投资意向信息库的通知》，在商务部政府网站搭建了企业境外投资意向信息库，提供境外招商项目信息服务。从2003年开始，商务部每年均编写《国别贸易投资环境报告》。

5. 全面推进 2004—2011 年

国务院：《关于投资体制改革的决定》

2004年7月，颁布《关于投资体制改革的决定》，对核准程序和核准条件做了详细规定以外，还对核准权限做了进一步细分。该决定是我国投资管理体系的一个转折性文件，标志着我国境外投资制度进入新的改革阶段。该决定改变了在境外投资中政府的主体地位，企业可自行决定境外投资的方向和规模，自主行使投资决策权。政府正在转变管理职能，确立企业的投资主体地位，最终建立起市场引导投资、企业自主决策、银行独立审贷的新型投资体制。[1]

---

[1] 董彦岭：《我国境外投资促进体系的制度演进分析：1979—2009》，《理论经济研究》2012年第3期。

商务部:《关于境外投资开办企业核准事项的规定》

2004年9月,为促进境外投资发展,商务部制定了《关于境外投资开办企业核准事项的规定》,支持和鼓励有比较优势的各种所有制企业赴境外投资开办企业,对"境外投资"实施透明管理,下放和简化相关审查程序。

国家发展改革委员会:《境外投资项目核准暂行管理办法》

2004年10月9日,国家发展改革委员会发布《境外投资项目核准暂行管理办法》[①](国家发展和改革委员会令第21号,即"21号令"),新办法取消了政府境外投资的审批制,确立中国境内企业境外投资核准制度,明确了政府在企业境外投资问题上主要发挥引导、服务和支持作用。

商务部从2004年开始发布中国对外直接投资统计公报和《对外投资国别产业导向目录》。

商务部:《国别投资经营障碍报告制度》

2004年11月,为了全面了解我国企业境外投资经营的总体状况及遇到的各类问题,加强宏观协调和指导,保护投资者的合法权益,促进境外投资发展,商务部印发了《国别投资经营障碍报告制度》,该内容包括我国企业在境外开展投资经营和服务贸易活动中遇到的问题、障碍、风险和壁垒,如东道国颁布的不利于外国投资的法律法规,东道国在公共治安和安全、企业诚信、政府廉政、基础设施等方面存在的问题等,发布有关报告内容,提供具体案例提醒企业规避投资风险,让我国"走出去"的企业减少境外投资的盲目性,规避投资风险。该制度与2002年10月原外经贸部先后颁布的《境外投资联合年检暂行办法》和《境外投资综合绩效评价办法(试行)》一起,共同规范了中国政府在境外投资方面的监督与服务工作。

商务部:《境外投资开办企业核准工作细则》

2005年10月,为进一步贯彻执行《关于境外投资开办企业核准事项的规定》(商务部令〔2004〕第16号)的有关内容,促进各级对外经济合作主

---

① 该〔办法〕取代了1991年的《关于编制、审批境外投资项目的项目建议书和可行性研究报告的规定》,随后又被2014年4月发改委发布《境外投资项目核准和备案管理办法》取代,详见下文。

管部门境外投资核准工作规范、科学、高效和透明，商务部制定了《境外投资开办企业核准工作细则》。

国家发展改革委：《境外投资产业指导政策》《境外投资产业指导目录》

2006年7月5日发布了《境外投资产业指导政策》和《境外投资产业指导目录》，在这一文件中明确规定了鼓励类和禁止类境外投资项目。对鼓励类境外投资项目，国家在宏观调控、多双边经贸政策、外交、财政、税收、外汇、海关、资源信息、信贷、保险以及双多边合作和外事工作等方面，给予相应政策支持。而对禁止类境外投资项目，国家不予核准并将采取措施予以制止。

国务院：《关于鼓励和规范我国企业对外投资合作的意见》

2006年10月，为了抓住经济全球化和区域合作的机遇，鼓励有条件的企业积极稳妥地参与国际经济技术合作，进一步提高对外开放水平，国务院总理温家宝于25日主持召开国务院常务会议，讨论通过《关于鼓励和规范我国企业对外投资合作的意见》，对我国境外投资工作进行全面引导和规范。

商务部、财政部、中国人民银行和全国工商联：《关于鼓励和引导非公有制企业对外投资合作的若干意见》

2007年5月，为充分发挥非公有制企业在实施"走出去"倡议的作用，商务部、财政部、中国人民银行和全国工商联于2007年发布《关于鼓励和引导非公有制企业对外投资合作的若干意见》，鼓励支持和引导非公有制企业通过对外投资、对外承包工程、对外劳务合作等多种形式，积极参与国际竞争与合作，形成一批有较强国际竞争能力的跨国企业。

商务部：《境外投资管理办法》

2009年3月，商务部颁布《境外投资管理办法》，下放了核准权限，简化了境外投资核准程序和企业申报材料，缩短了核准时限。减少了征求驻外使（领）馆经商处意见，境外投资事项中央企业境外投资改由商务部征求意见，地方企业一般境外投资事项不再征求意见，取代了2004年的《关于境外投资开办企业核准事项的规定》。

国家发展改革委：《关于完善境外投资项目管理有关问题的通知》

2009年6月8日，为适应新形势发展的需要，促进我国对外投资健康有序发展，国家发改委依据《境外投资项目核准暂行管理办法》（第21号令），就完善境外投资项目管理有关问题，做出了《关于完善境外投资项目管理有关问题的通知》（发改外资〔2009〕1479号），该《通知》具体细化了小路条制度，开始将"确认函"明确为有关企业向国家发改委报送项目申请报告的必备附件。

国家发展改革委：《关于做好境外投资项目下放核准权限工作的通知》

2011年2月14日，《关于做好境外投资项目下放核准权限工作的通知》（发改外资〔2011〕235号）将一部分国家发改委的核准权限下放至省级发改部门，并扩大了项目备案管理的范围、缩小了应进行信息报告的项目范围，开始确立了特殊项目（范围与后续9号令规定的敏感类项目基本一致）的核准制度。

6. 新时期2012年至今

2012年，党的十八大提出"加快走出去步伐，增强企业国际化经营能力，培育一批世界水平的跨国公司"，以习近平同志为核心的党中央统筹国内国际两个大局，高度重视对外投资工作，鼓励企业利用国际国内两个市场、两种资源，发展更高层次的开放型经济。2013年，中国提出"一带一路"倡议，鼓励资本、技术、产品、服务和文化"走出去"，对外投资进入全新的发展阶段。

国家发展改革委：《境外投资项目核准和备案管理办法》

2014年4月8日，发改委发布《境外投资项目核准和备案管理办法》（国家发改委发布9号令），标志着中国对外投资管理由"核准为主"转变为"备案为主，核准为辅"。大幅简化了审核手续，并将更多的权限下放。同时2004年10月发布的《境外投资项目核准暂行管理办法》（国家发改委第21号令）同时废止。

商务部：《境外投资管理办法》

2014年9月，商务部发布《境外投资管理办法》，商务部令2009年第5

号《境外投资管理办法》废止。

国家发展改革委：《关于修改〈境外投资项目核准和备案管理办法〉和〈外商投资项目核准和备案管理办法〉有关条款的决定》

2014年12月27日，国家发改委做出《关于修改〈境外投资项目核准和备案管理办法〉和〈外商投资项目核准和备案管理办法〉有关条款的决定》（国家发展和改革委员会令第20号），进一步下放了权限，将核准的范围仅限于敏感类项目。

国务院：《国务院关于第二批取消152项中央指定地方实施行政审批事项的决定》

2016年2月3日，国务院颁布了《国务院关于第二批取消152项中央指定地方实施行政审批事项的决定》（国发〔2016〕9号，"9号文"），取消了省级发改部门对上报国家发改委的境外投资项目核准、备案初审，简化了境外投资审批的程序。

国务院：《国家发展改革委　商务部　人民银行　外交部关于进一步引导和规范境外投资方向的指导意见》

2017年8月4日，国务院办公厅转发了《国家发展改革委　商务部　人民银行　外交部关于进一步引导和规范境外投资方向的指导意见》，按"鼓励发展＋负面清单"模式引导和规范企业境外投资方向，明确了鼓励、限制、禁止三类境外投资活动。加强对境外投资的宏观指导，进一步引导和规范境外投资方向，推动境外投资持续合理有序健康发展，防范各类风险，更好地适应国民经济与社会发展需要。

国务院：《关于促进外资增长若干措施的通知》

2017年8月8日，国务院印发《关于促进外资增长若干措施的通知》（国发〔2017〕39号），进一步提升我国外商投资环境法治化、国际化、便利化水平，促进外资增长，提高利用外资质量。

国家发展和改革委员会：《企业境外投资管理办法》

2017年12月，发改委《企业境外投资管理办法》从多方面对国家发改委于 2014 年 4 月发布、2014 年 12 月修订的《境外投资项目核准和备案管理办法》("9 号令")进行了大刀阔斧的革新。取消了项目信息报告制度、取消了省级发改委向国家发改委的转报程序,将取得主管部门的核准或备案文件仅作为实施境外投资项目的前提,明确了监管框架范围与惩戒措施等。11号令延续了缩小核准项目范围,简化审批程序的思路,在一定程度上提高了境外投资交易在主管部门获得核准或完成备案的可预见性,降低了交易成本。国家发改委对境外投资的监管不再限于事前的"核准"和"备案",而将进一步覆盖事中、事后的监管。

表　　　　　　　　　　境外投资审批政策的标志性文件

1991 年 8 月 17 日	2004 年 10 月 9 日	2014 年 4 月 8 日	2017 12 月 26 日
	21 号令	9 号令	11 号令
《关于编制、审批境外投资项目的项目建议书和可行性研究报告的规定》	《境外投资项目核准暂行管理办法》	《境外投资项目核准和备案管理办法》	《企业境外投资管理办法》
确立了审批制	取消了审批制,确立核准制	"核准为主"转变为"备案为主,核准为辅"	不再限于事前的"核准"和"备案",而将进一步覆盖事中、事后的监管
从审批程序和投资规模上严格限制了我国企业境外投资的自主权,明确了政府对企业境外投资项目可行性的审批权	新办法不再审查投资项目的可行性研究报告,只核准项目申请书(之前有项目建议书和可行性报告两道审批);明确了政府在企业境外投资问题上主要发挥引导、服务和支持作用	大幅简化了审核手续,并将更多的权限下放	取消 9 号令规定的项目信息报告制度和地方初审、转报环节,进一步简化事前管理环节等,降低制度性交易成本

二、我国境外投资相关促进政策

1. 外汇管理促进政策

1979 年 3 月,我国成立了国家外汇管理总局;1980 年,国务院公布了

《中华人民共和国外汇管理暂行条例》，标志着外汇管理工作进入了一个新阶段。

1989年，国家外汇管理局发布了《境外投资外汇管理办法》。[①] 由我国外汇管理部门负责境外投资外汇风险审查和外汇资金来源审查，并要求企业提交外汇资金来源证明。采取汇回利润保证金措施，境内投资者在办理登记时，应当按汇出外汇资金数额的5%缴存汇回利润保证金[②]。保证金应当存入外汇管理部门指定银行的专用账户。外汇管理部门凭银行入账通知书批准投资外汇资金汇出。未经外汇管理部门批准，不得动用"保证金专用账户"。

1990年，颁布了《境外投资外汇管理办法实施细则》。规定境内投资者以外汇资金对外投资的，需由我国外汇管理部门进行境外投资外汇风险审查和外汇资金来源审查，并要求企业提交外汇资金来源证明。境外投资所得的利润或其他外汇收益，必须按期调回并办理结汇手续。[③]

1994年，我国实行了外汇管理体制改革，开始实行外汇收入结汇制，取消外汇留成。国家外汇管理局调整了境外投资的外汇管理政策。

1996年1月，国务院公布了《中华人民共和国外汇管理条例》。

1996年6月，中国人民银行颁布了《结汇、售汇及付汇管理规定》。

2002年，国家外汇管理局发布了《关于清理境外投资汇回利润保证金有关问题的通知》。

2002年，国家外汇管理局启动了外汇管理改革试点，将北京、上海、浙江、山东等24个省(市)作为试点地区，开始进行大规模的外汇管制改革，每年给予试点地区一定的境外投资购汇额度，放松了300万美元以下的外汇审批权，同时允许境外企业保留利润，不必再调回国内。允许境外投资使用多种外汇资金来源，自有外汇不足的可以使用国内外汇贷款、政策性外汇贷

---

① 根据中华人民共和国国务院令第588号《国务院关于废止和修改部分行政法规的决定》的规定，该办法自2011年1月8日起废止。

② 2003年，国家外汇管理局正式取消了境外投资外汇风险审查和境外投资汇回利润保证金制度这两项行政审批，并将已经收取的保证金退还给相应的投资主体。

③ 董彦岭：《我国境外投资促进体系的制度演进分析：1979—2009》，《理论经济研究》2012年第3期。

款或者购汇解决。

2003 年，国家外汇管理局发布了《关于进一步深化境外投资外汇管理改革有关问题的通知》，正式取消了境外投资外汇风险审查和境外投资汇回利润保证金制度，放宽了企业购汇对外投资的限制并且简化了境外投资外汇管理审批手续。

2005 年 5 月，国家外汇管理局发布了《关于扩大境外投资外汇管理改革试点有关问题的通知》，将境外投资改革试点扩展到全国，提高境外投资购汇总额度，外汇管理分局对境外投资外汇资金来源的审查权限从 300 万美元提高至 1000 万美元。

2006 年 6 月，国家外汇管理局公布了《关于调整部分境外投资外汇管理政策的通知》，对境外投资外汇管理做出了重大调整，进一步简化境外投资外汇管理手续，取消了购汇额度的限制，彻底下放了境外投资外汇资金来源审查权。该通知明确指出，取消全国境外投资用汇规模限制，境外投资用汇采取核准制，不再对境外投资购汇额度做出限制。

2008 年 8 月，国家外汇管理局修订了《中华人民共和国外汇管理条例》，进一步简化了外汇行政审批制度，同时也进一步明确了中国企业对境外投资、投资项目的管理。

2009 年 6 月，为便利和支持境内企业外汇资金运用和经营行为，提高境内企业资金使用效率，拓宽境外企业后续融资渠道，规范对外债权的管理与统计，促进境内企业"走出去"发展，国家外汇管理局发布了《关于境内企业境外放款外汇管理有关问题的通知》。

2009 年 7 月，为贯彻落实"走出去"发展战略，促进境内机构境外直接投资的健康发展，对跨境资本流动实行均衡管理，维护我国国际收支基本平衡，国家外汇管理局制定了《境内机构境外直接投资外汇管理规定》，缓解了中国企业在境外融资难的问题。

2015 年 2 月 13 日，为进一步深化资本项目外汇管理改革，促进和便利企业跨境投资资金运作，规范直接投资外汇管理业务，提升管理效率，国家外汇管理局决定在总结前期部分地区试点经验的基础上，在全国范围内进一步简化和改进直接投资外汇管理政策，并发布了《国家外汇管理局关于进一步简化和改进直接投资外汇管理政策的通知》。

2015年8月16日，国家外汇管理局发布《关于调整境内外汇指定银行为境外投资企业提供融资性对外担保管理方式的通知》，对现行对外担保管理政策进行了调整，梳理、澄清了对外担保管理实践中需要明确的技术性和操作性问题，进一步推进了对外担保外汇管理方式改革，深化了境内机构提供对外担保管理改革。

2. 金融信贷促进政策

1999年，国务院发布文件鼓励企业利用援外优惠贷款和援外合资合作项目基金开展境外带料加工装配业务。

2004年10月，由国家发改委与中国进出口银行联合下发的《关于对国家鼓励的境外投资重点项目给予信贷支持政策的通知》，明确规定"国家发展改革委和中国进出口银行共同建立境外投资信贷支持机制"。根据国家境外投资发展规划，中国进出口银行在每年的出口信贷计划中，专门安排一定规模的信贷资金用于支持国家鼓励的境外投资重点项目。进出口银行依据项目特点制定了《境外投资贷款管理办法》。境外投资专项贷款享受中国进出口银行出口信贷优惠利率。[①]

2005年8月，为支持企业参与国际经济技术合作和竞争，促进投资便利化，解决境外投资企业融资难问题，根据《境内机构对外担保管理办法》及其实施细则，国家外汇管理局决定进一步简化对外汇指定银行为我国境内机构在境外注册的全资附属企业和参股企业提供融资性对外担保的管理手续。外管局发布《关于调整境内银行为境外投资企业提供融资性对外担保管理方

---

① 石桐灵：《论我国促进海外投资金融信贷优惠制度的完善》，《国际经济法学刊》2013年第2期。

式的通知》,推进了境外投资的便利化。

2005年9月25日,为贯彻党的十六大关于加快实施"走出去"战略的精神,落实中央有关"加大对境外投资的金融支持"的指示,国家发改委和国家开发银行联合下发了《关于进一步加强对境外投资重点项目融资支持有关问题的通知》,以鼓励和支持国内企业进一步提高融资能力,发挥各自优势,积极参与境外重点项目的投资活动。

2008年12月,中国银行业监督管理委员会颁布《商业银行并购贷款风险管理指引》,该指引规定达到条件的商业银行可以为中国企业在境外进行产业重组与并购时提供必要的金融支持。

2012年6月29日,由国家发改委会同其他十二部委联合下发的《关于印发鼓励和引导民营企业积极开展境外投资的实施意见的通知》,明确规定进一步"加大金融保险支持力度",鼓励国内银行为民营企业境外投资提供流动资金贷款、银行贷款、出口信贷、并购贷款等多种方式信贷支持,积极探索以境外股权、资产等为抵(质)押提供项目融资。

3. 财政税收促进政策

1994年实施的我国《企业所得税暂行条例》第12条规定:纳税人来源于境外的所得,已在境外缴纳的所得税税款,准予在汇总纳税时,从其应纳税额中扣除,但是扣除额不得超过其境外所得依照本条例规定计算的应纳税额。

1997年11月,财政部、国家税务总局在发布的《境外所得计征所得税暂行办法》(修订)中对境外投资的减免税处理做了具体规定:纳税人在与中国缔结避免双重征税协定的国家,按所在国税法及政府规定获得的所得税减免税,可由纳税人提供有关证明,经税务机关审核后,视同已交所得税进行抵免。

2008年初开始实施的《中华人民共和国企业所得税法》第23条规定:

我国企业来源于境外的应税所得已在境外缴纳的所得税税额，可以从其当期应纳税额中抵免，抵免限额为该项所得依照本法规定计算的应纳税额；超过抵免限额的部分，可在以后五个年度内，用每年度抵免限额抵免当年应抵税额后的余额进行抵补。

2009年12月25日，财政部、国家税务总局下发了《关于企业境外所得税收抵免有关问题的通知》，对企业境外所得的税收抵免问题进行了重新梳理和部分补充。

2010年7月2日，根据《中华人民共和国企业所得税法》、《中华人民共和国企业所得税法实施条例》及《财政部 国家税务总局关于企业境外所得税收抵免有关问题的通知》（财税〔2009〕125号）的有关规定，国家税务总局发布了《企业境外所得税收抵免操作指南》。

2017年12月28日，根据《中华人民共和国企业所得税法》及其实施条例和《财政部 国家税务总局关于企业境外所得税收抵免有关问题的通知》（财税〔2009〕125号）的有关规定，财政部、税务总局联合印发《关于完善企业境外所得税收抵免政策问题的通知》（财税〔2017〕84号），落实《国务院关于促进外资增长若干措施的通知》（国发〔2017〕39号）"对我国居民企业（包括跨国公司地区总部）分回国内符合条件的境外所得，研究出台相关税收支持政策"的要求，完善我国企业境外所得税收抵免政策问题。

4. 保险促进政策

2005年1月25日，国家发改委、中国出口信用保险公司联合发出《关于建立境外投资重点项目风险保障机制有关问题的通知》，贯彻党的十六大关于加快实施"走出去"战略的精神，落实中央有关"加大对境外投资的金融支持"的指示，鼓励和支持有比较优势的各种所有制企业开展对外投资，规避投资涉及的相关风险，为我国的境外投资提供政策性保险支持。

2005年8月10日，为推动非公有制企业"走出去"开拓国际市场，商务部和中国出口信用保险公司做出了《关于实行出口信用保险专项优惠措施支持个体私营等非公有制企业开拓国际市场的通知》。

2006年1月18日,国家开发银行、中国出口信用保险公司联合发布了《关于进一步加大对境外重点项目金融保险支持力度有关问题的通知》,加大对境外重点项目的金融保险支持力度。

2007年7月26日,为了加强保险资金境外投资管理,防范风险,保障被保险人以及保险资金境外投资当事人合法权益,中国保险监督管理委员会、中国人民银行、国家外汇管理局共同制定了《保险资金境外投资管理暂行办法》。

2015年3月27日,为加强保险资金境外投资监管,进一步扩大保险资产的国际配置空间,优化配置结构,防范资金运用风险,同时为适应相关保险业务外汇管理政策的变化,中国保监会决定调整保险资金境外投资相关规定,发布《关于调整保险资金境外投资有关政策的通知》。

2018年2月1日,为贯彻落实全国金融工作会议精神和党中央、国务院关于境外投资的决策部署,加强保险资金境外投资监管,完善保险资金境外投资法规,引导保险资金服务"一带一路"国家战略,防范境外投融资风险,中国保监会会同国家外汇管理局发布《关于规范保险机构开展内保外贷业务有关事项的通知》。

附录 2

改革开放 40 年 100 个中国企业海外投资重大案例

（按投资金额排序）

年份	投资方	交易方	交易金额（亿美元）	事件概述
2016	中国化工集团公司	Syngenta	430.00	2017年6月，中国化工集团公司宣布完成对瑞士先正达公司的交割，收购金额达到430亿美元，这也成为中国企业最大的海外收购案。
2015	碧桂园集团	马来西亚第二大城市新山市	364.86	2015年12月18日，碧桂园在广东宣布，将投资2500亿元人民币（约364.86亿美元）在马来西亚第二大城市新山市打造占地约14平方公里的森林城市。
2015	中国广核集团	法国电力公司EDF能源	235.00	欣克利角C项目计划建造两台核电机组，由中广核集团牵头的中方联合体与法国电力集团共同投资180亿英镑（约235亿美元）建设，中方股比33.5%。
2015	富士康科技集团	软银集团、印度Bharti公司	200.00	2015年日本软银与印度的Bharti Enterprises和富士康组成的合资公司承诺给印度太阳能工程投资200亿美元，目标是发电200亿瓦特。
2017	中国投资有限责任公司	黑石集团	138.00	2017年6月，中国投资有限责任公司以138亿美元收购黑石集团旗下的欧洲物流仓储公司Logicor。
2017	万科企业股份有限公司、厚朴、高瓴资本、SMG、中国银行	普洛斯（GLP）	115.30	万科、厚朴、高瓴资本、SMG、中银投组成财团，拟斥资790亿元人民币（约115.3亿美元）私有化世界第二的工业及物流设施地产商普洛斯。

续表

年份	投资方	交易方	交易金额（亿美元）	事件概述
2018	中国长江三峡集团公司	葡萄牙电力公司	109.00	三峡集团日前提出以91亿欧元（约109亿美元），全面收购葡萄牙电力公司（以下简称"EDP公司"）。目前，三峡集团已持有EDP公司23%的股权。若这一交易完成，它将成为中国在欧洲最大的收购案之一。
2017	渤海金控投资股份有限公司	CIT及其下属全资子公司CIT Leasing	100.57	2016年渤海金控拟以支付现金方式购买纽交所上市公司CIT下属商业飞机租赁业务，交易价格约为100.57亿美元收购完成后公司将成为全球第三大飞机租赁公司。
2018	长江实业（集团）有限公司	APA Group	94.20	2018年8月，长江基建集团有限公司已与澳洲最大天然气管道运营商APA集团签订了130亿澳元（约94.2亿美元）的收购协议。这一交易正在接受外国投资审查委员会（FIRB）和澳竞争和消费者委员会（ACCC）的审查。
2018	浙江吉利控股集团有限公司	戴姆勒	90.00	2018年2月，吉利正式通过二级市场收购了戴姆勒公司9.69%的股权，由此成为了戴姆勒公司第一大股东。
2015	中国信达资产管理股份有限公司	香港南洋商业银行	87.00	2015年12月，中银香港与信达金融控股有限公司)签署股权买卖协议，同意出售南洋商业银行的全部已发行700万股股份，交易总额为680亿港元，约87亿美元。2016年5月，信达完成对南洋商业银行的收割。
2016	腾讯控股有限公司	游戏公司Supercell	86.00	2016年6月，腾讯以约86亿美元的价格收购知名手游厂商Supercell的84.3%股份。
2015	中国化工集团公司	倍耐力	85.00	2015年，中国化工集团通过全资子公司中国化工橡胶有限公司与意大利Camfin公司及其股东签署协议，以73亿欧元（约合85亿美元）收购倍耐力全部股份并由中国化工橡胶公司控股。
2017	中国远洋运输（集团）公司	东方海外货柜航运有限公司	62.63	2017年7月，中国远洋海运集团有限公司向东方海外国际全体股东发出要约收购，总金额约为428.7亿元人民币（约62.63亿美元）。交易完成后，中远海运集团将成为全球第三大船运公司。
2016	天津天海投资发展股份有限公司	Ingram Micro Inc.（IMI）	60.00	2016年11月，天海投资收购IMI100%股权已通过反垄断审查和美国外资投资委员会审查。
2016	安邦保险集团股份有限公司	Strategic Hotels & Resorts Inc	55.00	2016年，安邦斥资55亿美元向黑石集团收购了Strategic Hotels & Resorts Inc.的大部分资产，包含15处豪华酒店地产。

续表

年份	投资方	交易方	交易金额（亿美元）	事件概述
2016	青岛海尔股份有限公司	General Electric	54.00	2016年1月15日，青岛海尔发布公告，与通用电气（General Electric）签署了协议，拟通过现金方式向其购买家电业务，交易金额为54亿美元。同年6月完成收购。
2015	中国民生投资股份有限公司	印中商务理事会	50.00	中国民生投资股份有限公司(下称"中民投")宣布将带领数十家国内优势产业龙头民营企业，共同在印度尼西亚投资50亿美元建设中民新型工业城镇和升级版产业园，且投资规模短期内将超过百亿美元。这是中民投贯彻落实"一带一路"倡议、践行企业国际化的最新举措。
2018	金沙江创业投资基金	—	45.00	2018年，金沙江资本同土耳其Zorlu签署协议，至2023年，双方在土耳其共同进行总额达45亿美元的投资，新建专供电动汽车的电池生产基地。
2016	巨人网络集团股份有限公司	凯撒娱乐（Caesars Entertainment Corp.）	44.00	2016年7月，由上海巨人网络领衔的一个中资财团同意以44亿美元现金从美国赌场巨头凯撒娱乐（Caesars Entertainment Corp.）手中收购以色列社交移动游戏公司Playtika Ltd.。
2017	美的集团股份有限公司	库卡集团	42.50	2017年1月6日，美的集团正式以37亿欧元（约合42.5亿美元）的价格完成了对于库卡机器人（KUKA）94.55%股份的收购。
2018	天齐锂业股份有限公司	Inversiones TLC SpA，与Nutrien	40.66	天齐锂业拟以自筹资金约40.66亿美元购买Nutrien集团持有的Sociedad Química y Minera de Chile S.A.（SQM）A类股份。这部分股份约占SQM总股本的23.77%。交易预计将于今年四季度完成。
2016	珠海艾派克科技股份有限公司	Lexmark International, Inc.	39.00	2016年12月，艾派克宣布与太盟投资(PAG)及君联资本成功收购国际打印机及软件公司利盟国际有限公司。交易金额达39亿美元，此次收购创下打印行业最大规模跨国并购。
2016	中国长江三峡集团公司	—	37.00	2016年1月，三峡集团以约37亿美元中标的巴西伊利亚、朱比亚两座水电站特许经营权。
2017	中国投资有限责任公司	Equis Energy	37.00	2017年，Global Infrastructure Partners（GIP）与中投公司等以37亿美元收购再生能源业者Equis Energy。

续表

年份	投资方	交易方	交易金额（亿美元）	事件概述
2017	神华集团有限责任公司	Copelouzos	35.00	2017年，希腊Copelouzos集团与中国神华集团宣布签订合作协议，合作开发绿色能源和在希腊及其他国家升级改造发电设备，合作投资规模预计将达到30亿欧元（约35亿美元）。
2017	恒逸石化股份有限公司	文莱政府	34.45	2016年7月，恒逸石化定增38亿元人民币用于文莱PMB石化项目。2017年，恒逸实业又宣布文莱项目一期34.45亿美元的投资决定。
2016	广东振戎能源有限公司	—	30.00	2016年，广东振戎能源将在缅甸"土瓦经济特区"附近建设炼油厂，投资额约为30亿美元。
2017	腾讯控股有限公司	芬兰游戏制作公司Rovio Entertainment	30.00	2017年，腾讯考虑以30亿美元收购芬兰游戏制作公司Rovio Entertainment。
2015	山东钢铁集团有限公司	南澳艾尔半岛的铁矿石项目	28.90	2015年9月，山东钢铁集团有限公司与澳上市公司IronRoad公司签署价值40亿澳元（约28.9亿美元）的协议，双方将共同开发南澳艾尔半岛的铁矿石项目。
2018	长江和记实业有限公司	Wind Tre	28.61	2018年7月，长江和记实业同意以24.5亿欧元（约28.61亿美元）收购意大利电信巨头Wind Tre剩余的50%股份。Wind Tre是2016年由VimpelCom旗下的Wind电信与长江和记旗下3 Italia合并而成的。此次收购将使长江和记成为Wind Tre的唯一所有者。
2016	中国建银投资有限责任公司	荷兰恩智浦半导体公司	27.50	2016年，恩智浦半导体同意将其Standard Products部门以27.5亿美元出售给中国建投集团旗下企业北京建广资产管理有限公司。2017年2月正式完成交割。这是中国资本迄今为止在半导体领域的最大海外并购案。
2015	北京建广资本	NXP	27.50	2016年，建广资本收购NXP标准件业务。2017年2月正式完成交割，交易金额为27.5亿美元。
2018	中国泛海控股集团	Genworth公司	27.00	2016年10月，泛海宣布拟斥资约27亿美元收购在纽交所上市的美国大型综合金融保险集团GenworthFinancial, Inc（Genworth金融集团）的全部已发行股份。2018年6月，美国海外投资委员会（CFIUS）已完成对该交易的国家安全风险审查。
2015	中国机械工业集团有限公司	非洲地区清洁能源项目	27.00	通用电气和国机集团将对非洲清洁能源项目进行联合开发、联合投资和联合融资，项目合作金额超过27亿美元。

续表

年份	投资方	交易方	交易金额（亿美元）	事件概述
2017	兖州煤业股份有限公司	力拓(Rio Tinto)	26.90	2017年9月，兖矿集团完成了对力拓下属联合煤炭实业有限公司（"联合煤炭"）的收购。
2016	洛阳栾川钼业集团股份有限公司	Freeport-McMoRan Inc.	26.50	2016年11月，洛阳钼业完成收购刚果（金）铜钴矿项目的交割，获得位于刚果（金）的Tenke铜钴矿项目56%股权，并由此跻身为全球最重要的铜生产商之一和全球第二大钴供应商。
2015	天津渤海租赁有限公司	Avolon Holdings Limited	25.55	2016年5月，渤海租赁斥资25.55亿美元完成了对飞机租赁企业Avolon的收购，收购完成后，渤海租赁拥有超过400架飞机的庞大机队，位居全球飞机租赁行业前列。
2016	协鑫集团有限公司	—	25.00	2016年3月，能源企业协鑫集团投资的大型液化天然气项目在东非国家吉布提开工，总投资25亿美元，预计2018年建成投产，这是吉布提迄今最大的能源工程，也是协鑫东非能源综合开发体系的一部分。
2016	中国民生投资股份有限公司	Sirius International Insurance Group	25.00	2016年4月，中国民生投资股份有限公司旗下的中民国际已完成对思诺国际保险集团的收购，交易总金额约为25亿美元。
2017	山东如意毛纺服装集团股份有限公司	英威达（Invista）	24.00	2016年10月，山东如意科技集团与美国聚合物及纤维供应商英威达签署最终协议，拟收购后者的服饰和高级纺织品业务，其中包括旗下著名LYCRA莱卡面料业务。2018年7月，如意科技集团收购"莱卡"事项，日前已获美国外国投资委员会(CFIUS)批准。
2016	中国广核集团有限公司	马来西亚国家投资基金1MDB（1Malaysia Development Berhad）	23.00	2015年，中广核收购1MDB旗下埃德拉公司（Edra）的全部13项电力资产。
2017	中国企业总部基地（ABP）	—	22.30	2017年，由中国企业总部基地（ABP）投资17亿英镑（约22.3亿美元）开发的皇家阿尔伯特码头项目在伦敦正式开工，这块荒废了30余年的土地有望成为伦敦继金融城、金丝雀码头之后的第三个金融中心。这也是中资民营企业迄今为止在英最大规模的投资之一。

附录2　改革开放40年100个中国企业海外投资重大案例

续表

年份	投资方	交易方	交易金额（亿美元）	事件概述
2017	海航集团有限公司	地产投资公司Brookfield Property Partners LP以及纽约教师退休基金New York State Teachers Retirement System	22.10	2017年，海航集团项收购曼哈顿公园大道245号（245 Park Ave.）大楼，总价值达22.1亿美元，为纽约摩天大楼交易中价格最高的。这栋大楼总面积15.8万平方米，出售方为地产投资公司Brookfield Property Partners LP，以及纽约教师退休基金New York State Teachers Retirement System。
2018	康得新复合材料集团股份有限公司	海外先进高分子材料平台企业	22.00	2018年2月，康得新拟议22亿美元收购海外先进高分子材料平台企业100%的股权。
2016	潍柴动力股份有限公司	DH Services Luxembourg Holding S.à.r.l	21.00	2016年11月，潍柴动力境外子公司KION GROUP AG（凯傲）已与交易各方在美国完成了DH Services Luxembourg Holding S.à.r.l 100%已发行股份收购的交割工作。此前，潍柴动力宣布将通过海外子公司德国凯傲集团，斥资21亿美元并购德国企业 DH Services Luxembourg Holding S.à.r.l。
2015	中国电力建设集团有限公司	卡塔尔AMC公司	20.85	2015年，中国电建下属间接100%持股的全资子公司中水电海外投资有限公司拟与卡塔尔AMC公司以BOO模式共同投资建设巴基斯坦卡西姆港燃煤应急电站项目项目。项目总投资约为20.85亿美元，由海投公司与AMC公司按51%、49%的比例进行投资。海投公司将全面负责项目的投资、建设及运营。
2017	中信股份、中信资本、凯雷投资	麦当劳	20.80	2017年1月，中信股份、中信资本、凯雷投资集团同麦当劳达成战略合作并成立新公司。新公司将以最高20.8亿美元的总价收购麦当劳在中国内地和中国香港地区的业务。同年7月完成交割。
2016	中国铁建股份有限公司	马来西亚	20.00	在马来西亚首都吉隆坡投资20亿美元兴建区域总部，并以此为中心推动其在东南亚地区的铁路、公路等基础设施建设项目。
2016	中国人寿保险股份有限公司	喜达屋资本集团	20.00	中国人寿保险股份有限公司以20亿美元的价格购买了喜达屋资本集团（Starwood Capital Group）部分股份。
2017	振华石油控股有限公司	雪佛龙（Chevron）	20.00	2017年2月，振华石油已与世界石油巨头雪佛龙(签订初步协议，将购买后者位于孟加拉的天然气田，交易作价约20亿美元。
2017	腾讯控股有限公司	snapchat	20.00	腾讯斥资20亿美元，购入阅后即焚应用Snapchat母公司Snap1.46亿股股份。

续表

年份	投资方	交易方	交易金额（亿美元）	事件概述
2018	复星医药有限公司	诺华制药公司	20.00	5月11日，彭博社援引匿名消息来源称，复星医药集团是诺华制药公司（Novartis AG）价值20亿美元资产的入围竞标者之一，这些资产包括诺华在美国的皮肤病学业务。诺华制药是一家总部位于瑞士巴塞尔的制药及生物技术跨国公司。它的核心业务为各种专利药、消费者保健、非专利药、眼睛护理和动物保健等领域。
2016	渤海金控投资股份有限公司	GECAS飞机租赁资产	19.70	2016年渤海金控拟通过子公司Avolon和HKAC及下属全资SPV，以支付现金方式向GECAS及相关卖方收购45架附带租约的飞机租赁资产(不含负债)，交易价格为19.7亿美元。
2016	中国长江三峡集团公司	黑石(Blackstone)(BX.N)	19.40	2016年，三峡集团从黑石集团手中购得德国Meerwind海上风电项目80%股权。彭博社援引两位知情人士的说法称，这笔交易的价格约为17亿欧元（含债务）(约19.40亿美元)。
2016	中国中信集团有限公司	豪威科技(OVTI.F)	19.00	2016年，中信资本、北京清芯华创投资管理有限公司和金石投资有限公司组成的财团，已成功完成对数字成像处理方案开发商豪威科技股份有限公司的收购。
2016	北京控股集团有限公司	殷拓集团	18.92	2016年3月，北京控股以14.38亿欧元（约18.92亿美元）正式完成对德国最大垃圾焚烧发电企业EEW100%股权的并购。
2015	神华集团有限责任公司	印尼国家电力公司	18.84	2015年，中国神华首个海外百万千瓦级项目落地印尼，动态总投资约为18.84亿美元
2015	山东玉皇化工有限公司	—	18.50	2014年，山东玉皇化工有限公司计划投资18.5亿美元，在美国路易斯安那州圣詹姆斯教区的密西西比河岸边新建一座世界级的甲醇生产工厂。2015年9月，该项目举行奠基仪式。
2017	中国石油天然气集团公司	阿布扎比国家石油公司	18.00	2017年2月，中石油将斥资18亿美元获得阿布扎比国家石油公司8%的境内石油开采权。
2017	联想控股有限公司	Precision Capital	17.90	2017年9月，联想控股宣布将从卡塔尔Precision Capital公司手中收购卢森堡国际银行(BIL)的股份。2018年7月，联想控股已取得包括来自于卢森堡金融业监管委员会和欧洲中央银行的所有所需监管及相关审批，并完成了国家发展和改革委员会的项目备案，成功完成收购卢森堡国际银行89.936%股权。

附录2　改革开放40年100个中国企业海外投资重大案例

续表

年份	投资方	交易方	交易金额（亿美元）	事件概述
2017	腾讯控股有限公司	Tesla Motors, Inc. 特斯拉汽车	17.78	2017年3月，腾讯通过旗下的黄河投资以17.78亿美元的价格收购了特斯拉816.75万股股票，其持股比例达到5%，腾讯已成为特斯拉的第五大股东。
2015	中国投资有限责任公司	悉尼	17.73	2015年，中国投资有限责任公司敲定了一笔24.5亿澳元的（约17.73亿美元）交易，将买下9栋澳洲办公楼的股份，其中7栋都在悉尼。
2016	国家电投上海电力股份有限公司	迪拜阿布拉吉集团	17.70	2016年10月，国家电投上海电力股份有限公司与迪拜阿布拉吉集团在京签署买卖协议，将以17.7亿美元现金收购巴基斯坦卡拉奇电力公司（KE公司）66.4%股权，成为控股股东。
2015	南方电网，中国电力国际	Vinacomin	17.50	中国南方电网责任有限公司和中国电力国际有限公司将投资约17.5亿美元在越南永新建设热电项目，并在移交越方之前由中企运行25年。
2016	洛阳栾川钼业集团股份有限公司	英美资源（Anglo American plc）	17.00	2016年5月，洛阳钼业通过香港子公司CMOC Limited以支付现金的方式收购英美资源集团旗下位于巴西境内的铌、磷业务。同年10月完成收购。
2016	浙富控股集团股份有限公司	—	16.68	2016年，浙富控股全资子公司AED投资建设印尼巴丹图鲁510MW水电站项目，项目总投资额约16.68亿美金。
2016	中国人寿保险（集团）公司	曼哈顿美国大道1285标志性写字楼	16.50	2016年5月，中国人寿16.5亿美元收购曼哈顿美国大道1285标志性写字楼项目。
2018	宁波均胜电子股份有限公司	Takata Corporation	15.88	2018年4月，均胜电子子公司均胜安全系统（JSS）收购日本高田资产顺利交割，本次收购价格为15.88亿美元。
2017	国家电网有限公司	巴西圣保罗工业集团(Camargo Correa SA)	15.70	2016年，中国国家电网将斥资58.5亿雷亚尔(约15.7亿美元)收购巴西圣保罗工业集团(Camargo Correa SA)持有的CPFL股权。2017年12月国家电网完成巴西CPFL公司股权要约收购结算工作。通过此次要约收购，国家电网在巴西CPFL持股比例增加至94.75%。要约收购完成后，CPFL项目合计总交易金额超过250亿雷亚尔，是国家电网迄今为止交易规模最大的海外收购项目，也是巴西历史上最大的现金收购交易。

续表

年份	投资方	交易方	交易金额（亿美元）	事件概述
2018	科瑞集团	德国血浆产品制造商Biotest (BIOG_p.DE)	15.19	2017年4月，Biotest同意被科瑞集团以13亿欧元（约15.19亿美元）现金收购。2018年2月，收购完成。
2017	中渝置地控股有限公司	British Land及Oxford Properties	15.13	2017年5月，中渝置地买下英国伦敦金融城最高楼利德贺大楼的全部股权。该栋大楼的估值约为11.5亿英镑（约15.13亿美元）。
2015	锦江国际集团	卢浮集团（GDL）	14.59	2015年1月，锦江集团收购卢浮集团100%股权。
2015	中国投资有限责任公司	美国房地产集团世邦魏理仕（CBRE）	14.40	2015年，中国投资有限责任公司以约13亿欧元（合14.4亿美元）收购位于法国和比利时10家购物中心，成为该基金在欧洲规模最大的投资交易之一。
2018	鼎晖投资有限公司	Sirtex Medical	14.00	2018年7月，鼎晖投资收购澳洲医械公司Sirtex Medical，目前已获澳大利亚外商投资审查委员会（FILB）批准。
2017	中国长江三峡集团公司	Odebrecht	13.90	2017年8月，中国长江三峡集团公司牵头的一个财团已同意斥资13.9亿美元，从巴西建筑商Odebrecht手中收购秘鲁一座水电站。
2016	海航集团有限公司	瑞士航空服务商佳美集团(Gategroup)(GATE.S)	13.74	2016年7月，海航集团以14亿瑞士法郎（约合13.74亿美元）全现金方式，完成对瑞士航空配餐公司Gategroup Holding AG的收购。
2016	山东太阳纸业股份有限公司	美国阿肯色州	13.00	2016年，太阳纸业宣布在阿肯色州阿卡德非亚市投资约10亿至13亿美元，建设年产能为70万吨的生物精炼项目，创造250个就业岗位。
2018	中国南方电网公司	加拿大资产管理公司BIP	13.00	2018年3月，南方电网公司以13亿美元的价格成功收购加拿大资产管理公司Brookfield Infrastructure Partners（BIP）持有的智利Transelec公司约27.8%股权。
2016	丝路基金有限责任公司	诺瓦泰克	12.70	2016年，中国丝路基金以10.87亿欧元（约12.70亿美元）价格获得"亚马尔液化天然气"项目9.9%的股权。
2015	大连万达集团	盈方体育传媒集团	12.28	2015年2月，万达集团正式宣布成功的以10.5亿欧元（约12.28亿美元）并购瑞士盈方体育传媒集团。
2016	大连万达集团股份有限公司	Odeon&UCI Cinemas Group	12.11	2016年11月，万达以9.21亿英镑(约12.11亿美元)并购Odeon&UCI完成交割。

附录2　改革开放40年100个中国企业海外投资重大案例

续表

年份	投资方	交易方	交易金额（亿美元）	事件概述
2015	中国投资有限责任公司	美国领盛投资管理公司	12.00	2015年，中国投资公司(CIC)已经联手美国领盛投资管理公司(LaSalle Investment Management Inc.)，以1400亿日元（约合12亿美元）的价格购入日本东京都目黑区的雅叙园商业综合体(Meguro Gajoen)。
2016	中国长江三峡集团公司	美国电力生产商杜克能源（Duke Energy）	12.00	2016年10月，三峡国际能源投资集团公司与美国杜克能源公司签订股权收购协议，以12亿美元（含债务）的价格收购杜克能源巴西公司100%股权。
2018	广东锦峰集团有限公司	Incarlopsa	12.00	2018年4月，锦峰集团洽谈收购西班牙肉制品生产商Incarlopsa的大部分股权，价值在10亿欧元(12亿美元)。
2017	深圳立讯精密工业股份有限公司	采埃孚(ZF)	12.00	2017年8月，立讯精密同意收购采埃孚股份公司的汽车控制面板制造和射频电子产品业务，该业务价值约12亿美元。
2016	大连万达集团股份有限公司	卡麦克影业（Carmike Cinemas）	11.00	2016年，万达旗下AMC 11亿美元收购Carmike。
2016	北京控股有限公司	Rosneft Oil Company	11.00	2016年，北京燃气以标的价11亿美元购得俄罗斯石油公司旗下位于东西伯利亚的Verkhnechonsk油田公司20%的股份。以标的价11亿美元购得俄罗斯石油公司旗下位于东西伯利亚的Verkhnechonsk油田公司20%的股份。
2017	中信现代农业产业投资基金	陶氏化学	11.00	2017年7月，中信股份斥资11亿美元收购陶氏化学(Dow Chemical)巴西玉米种子业务的部分股权。
2017	复星集团	印度药企Gland Pharma	10.91	2017年，复星医药集团收购印度印度药企Gland Pharma公司74%的股份，这起交易案曾经刷新中国药企海外并购金额纪录。
2015	中国石油化工集团公司	Caspian Investments Resources Ltd	10.90	2015年8月，中石化完成以10.9亿美元从Lukoil PJSC收购一家哈萨克斯坦石油生产商50%股权的交易，实现对这家拥有五个油气田权益的公司的完全控股。
2016	中国化工集团公司	Onex Corporation	10.82	2016年4月，中国化工集团公司与Onex基金就收购德国克劳斯玛菲集团完成交割。
2014	绿地集团	—	10.00	2014年，绿地集团在洛杉矶投资10亿美元建设大都会公寓、酒店项目。2017年3月开始营业。

续表

年份	投资方	交易方	交易金额（亿美元）	事件概述
2016	前海金融控股有限公司	ACR Capital Holdings PteLtd	10.00	2016年10月，深圳前海金融控股有限公司与深圳市投资控股有限公司已同意收购ACR Capital Holdings。
2017	海航集团有限公司	新加坡物流和仓储公司CWT Ltd.	10.00	2017年4月，海航集团拟10亿美元收购新加坡上市物流公司CWT的全部股份。
2015	中国远洋控股股份有限公司	Kumport集装箱码头	9.00	2015年9月，中远太平洋有限公司与招商局国际有限公司和中投海外直接投资有限责任公司收购土耳其伊斯坦布尔Kumport集装箱码头约65%股份。
2018	威高集团有限公司	Argon MedicalDevices Holdings	8.44	2018年1月，威高股份宣布完成对美国Argon Medical Devices Holdings,Inc.（爱琅）的收购，交易金额达8.442亿美元。
2017	三胞集团有限公司	Valeant Pharmaceuticals International	8.19	2017年1月，三胞集团与全球生物医药界企业Valeant公司达成股权收购协议，以8.19亿美元收购后者旗下美国生物医药公司Dendreon100%股权，创下中国企业收购美国药品的最大交易纪录。
2015	中国交通建设集团有限公司	澳大利亚最大工程建筑公司约翰荷兰公司	1.09	2015年5月，中国交通建设股份有限公司出资1.5亿澳元（约1.09亿美元）收购澳大利亚约翰·霍兰德（John Holland）全部股权。

资料来源：CCG 中国企业对外直接投资数据库。

参考文献

陈佳贵：《跨文化管理：碰撞中的协同》，广东经济出版社 2000 年版。

博阳、贾康、魏昕：《中国企业跨国发展研究报告（下）》，中国社会科学出版社 2002 年版。

[美] 比尔·维拉斯克：《分久必合：戴姆勒—奔驰与克莱斯勒合并内幕》，胡小军、熊焰、刘丽洁译，华夏出版社 2004 年版。

王志乐：《走向世界的中国跨国公司》，中国商业出版社 2004 年版。

吴晓波：《激荡三十年》，中信出版社 2007 年版。

王辉耀：《人才战争》，中信出版社 2009 年版。

王辉耀：《国家战略：人才改变世界》，人民出版社 2010 年版。

杜玉平：《中国企业国际化：把脉中国企业内向国际化研发 (R&D) 模式》，中国经济出版社 2010 年版。

王志乐、丁继华：《走向世界的中国跨国公司 2012》，中国经济出版社 2012 年版。

王辉耀、苗绿、孙玉红：《中国企业国际化报告（2014）》，社会科学文献出版社 2014 年版。

王辉耀：《国际人才竞争战略》，党建读物出版社 2014 年版。

武常岐：《中国企业国际化战略——理论探讨与实证研究》，北京大学出版社 2014 年版。

王志乐：《全球公司——跨国公司发展新阶段》，上海人民出版社 2014 年版。

赵昌文、张文魁、马骏：《中国企业国际化及全球竞争力》，中国发展出版社 2014 年版。

卢进勇等编：《中国跨国公司发展报告（2015）》，对外经贸大学出版社 2015 年版。

王辉耀：《国际人才战略文集》，党建读物出版社 2015 年版。

王辉耀、苗绿：《中国企业全球化报告（2015）》，社会科学文献出版社 2015 年版。

王辉耀、苗绿：《国际猎头与人才战争》，机械工业出版社 2015 年版。

王辉耀、苗绿：《出海潮》，机械工业出版社 2015 年版。

王辉耀、杨河清：《中外国家人才发展战略》，中国人事出版社 2016 年版。

卢进勇等编：《中国跨国公司发展报告（2016）》，对外经贸大学出版社 2016 年版。

成海清：《华为傻创新—持续创新企业的中国典范》，企业管理出版社 2016 年版。

王辉耀、苗绿：《中国企业全球化报告（2016）》，社会科学文献出版社 2016 年版。

卢进勇等编：《中国跨国公司发展报告（2017）》，对外经贸大学出版社 2017 年版。

王辉耀：《中国区域国际人才竞争力报告（2017）》，社会科学文献出版社 2017 年版。

王辉耀、苗绿：《大转向：谁将推动新一波全球化？》，东方出版社 2017 年版。

王辉耀、苗绿：《中国企业全球化报告（2017）》，社会科学文献出版社 2017 年版。

王辉耀、苗绿：《中国留学发展报告（2017）》社会科学文献出版社 2017 年版。

王辉耀、苗绿：《全球化 VS 逆全球化：政府和企业的机遇与挑战》，东方出版社 2017 年版。

王辉耀、康荣平：《世界华商发展报告 2017》，中国华侨出版社 2017 年版。

吴晓波：《激荡十年，水大鱼大》，中信出版社 2017 年版。

王辉耀：《著名专家论人才创新——中国人才 50 人论坛文集》，中国人事出版社出版 2018 年版。

王辉耀、苗绿：《人才成长路线图》，社会科学文献出版社 2018 年版。

王辉耀、苗绿：《人才战争 2.0》，东方出版社 2018 年版。

王辉耀、康荣平：《世界华商发展报告 2018》，社科文献出版社 2018 年版。

Wang Huiyao, *Globalizing China: The Influence, Strategies and Successes of Chinese Returnees*, Emerald Publishing, United Kingdom. 2012

Wang, Huiyao, "Comment on'The Mobility of Chinese Human Capital'" in the book Movement of *Global Talent: The Impact of High Skill Labor Flows from India and China; Policy Research Institute for the Region*, Princeton University Press. 2007.

Wang Huiyao, Liu Yipeng: *Entrepreneurship and Talent Management from a Global Perspective: Global Returnees*, Edward Elgar Publishing Ltd., United Kingdom, 2015.

Wang Huiyao, Miao Lu: *China Goes Global: The Impact of Chinese Overseas Investment on Transforming Business Enterprises*, Palgrave Macmillan, 2016.

Zhang Wenxian, Wang Huiyao and Alon Ilon: *Entrepreneurial and Business Elites of China: The Chinese Returnees Who Have Shaped Modern China*, Emerald Publishing, United Kingdom, 2011.

Bijun Wang, Huiyao Wang, Chinese Manufacturing Firms' Overseas Direct Investment (ODI): Patterns, Motivations and Challenges in the book of *Rising China: Global Challenges and Opportunities*, Jane Golley and Ligang Song, eds., ANU Press, 2011.

Wang, Huiyao,*China's New Talent Strategy: Impact on China's Development and its *Global Exchanges, The SAIS Review of International Affairs*, the John Hopkins University Press, Nov.,2011

Wang, Huiyao, David Zwieig,Lin, Xiaohua:Returnee Entrepreneurs: Impact on China's Globalization Process,*Journal for Contemporary China*, Vol.20,No.70,June.,2011.

Beamish, Paul and Wang, Huiyao, Investing in China via Joint Ventures, *Management International Review*, 29(1).,1989.

Wang, Huiyao, Chinese Companies Expands to Overseas Market, Intertrade, Official Journal of Chinese Ministry of Foreign Economic Cooperation and Trade, February Issue,1986.

Wang, Huiyao, China Sets up Joint Ventures Overseas, Intertrade, Official Journal of Chinese Ministry of Foreign Economic Cooperation and Trade, January Issue,1986.

Zweig, David & Wang, Huiyao,"Can China Bring Back the Best? The Communist Party Organizes China's Search for Talent." China Quarterly, 2013.

后　记

写完本书，掩卷深思，感悟良多。

在对企业全球化四十年的历史脉络梳理过程中，人生的记忆也随之被拉回历史长河，十一届三中全会、邓小平南方谈话、中国"入世"、金融危机、"一带一路"、"中国开放的大门不会关闭"……改革开放四十年的历史就是一部中国不断融入全球化的历史，中国从全球化的被动参与者到主动实践者，中国企业从最初的睁眼看世界、探索徘徊直到鏖战全球、书写全球版图新格局。

回首四十年，越来越多的中国企业开始坚定地踏上全球化之路，对外投资几乎涉及了国民经济的所有行业，覆盖了全球大部分国家和地区。然而，作为新兴市场的后来者，中国企业在走向全球的道路上必然承受着额外的负重。衷心希望本书能为中国企业全球化提供参考和借鉴，为中国企业在国际舞台上可以"长袖善舞"贡献一分力量。

本书得到了北京东宇全球化人才发展基金会的大力支持。

在本书的研究写作过程中，全球化智库（CCG）的研究员于蔚蔚、侯少丽、李珊珊、刘倩、孙晓萌、戴苗强参与了对本书的研究和资料编辑工作，在此一并致谢。

借此机会，我们还要感谢中国社会科学出版社责任编辑黄山老师对本书顺利出版所提供的积极支持与细心配合。

本书写作周期较长，虽然付出很多心血，鉴于笔者水平能力有限，书中难免出现纰漏。我们欢迎社会各界批评指正，以便在未来的研究中改进。

王辉耀　苗绿

2018 年 9 月于北京